동아시아 공영 네트워크와
한반도 평화

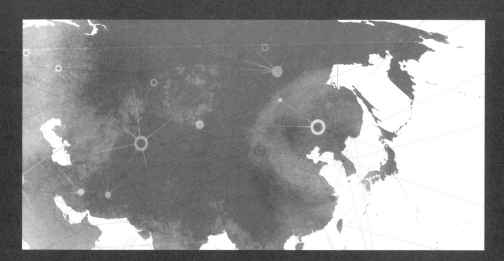

동아시아 공영 네트워크와
한반도 평화

| 문흥호·조정원 엮음 |

The Co-prosperity Network in East Asia
and Peace of Korean Peninsula

동아시아에서 대립보다는 협력, 자국 이기주의보다는 지역의 공동 발전, 전쟁보다는 평화를 중시하는 협력 네트워크가 구축되지 않는 한 한반도의 진정한 평화 체제 수립은 불가능하다. 남북한의 평화와 공동번영을 염원하는 대한민국의 대북정책과 한반도 평화 구상이 벽에 부딪히는 것도 남북한, 한반도 문제에 대한 강대국과 역내국 간의 동아시아 평화·번영에 대한 공감대가 결여되어 있기 때문이다. 미중 패권 경쟁, 양안관계 변화, 북중 밀착 등 동아시아 정세의 냉전적 회귀를 방지하고 동아시아가 공동번영과 항구적인 평화의 길로 가기 위해서는 경제협력을 중심으로 하는 '공영 네트워크(co-prosperity network)'의 구축이 절실하다.

한울
아카데미

책머리에

대한민국 정부는 북방 경제협력과 남북관계의 개선을 통해 러시아, 중앙아시아 및 유럽으로의 원활한 진출과 한반도의 평화 체제 구축을 도모해 왔다. 그러나 안타깝게도 주변 국제 정세는 이러한 정책 추진을 어렵게 하는 방향으로 변화하고 있다. 우선 2019년 12월 중국 후베이성 우한에서 시작된 코로나바이러스감염증-19(COVID-19)의 대확산 이후 세계 각국의 사회적 거리두기(social distancing)와 국제적 거리두기(international distancing)로 인해 자유로운 인적 교류와 기업 활동이 엄청난 제약을 받고 있다. 결과적으로 세계 각국의 경기침체가 계속되고 있고 글로벌, 동아시아, 동북아시아의 경제협력이 크게 위축되고 있다. 이에 더해 미국과 중국은 전략적 경쟁과 협력을 병행하는 '동주공제(同舟共濟)'의 관계에서 벗어나 패권 경쟁과 대립의 수위를 높여가고 있다. 이러한 상황에서 중국과 러시아는 동맹의 수준으로 밀착하며 미국에 공동 대응하고 있다. 이러한 미중 패권 경쟁과 중러 간의 전략적 협력 강화는 동아시아 지역의 공동번영과 남북관계 개선, 한반도 평화 정착에 큰 장애 요인으로 작용하고 있다. 또한 홍콩 민주화 시위에 대한 중국의 강경 대응과 '홍콩국가보안법' 제정 이후 재집권한 차이잉원(蔡英文) 정부가 일국양제 통일 방식을 단호히 거부하면서 대만해협의 군사적 긴장이 고조되고 있다. 더욱이 미국은 양안 관계에 대한 기존의 '전략적 모호성(strategic ambiguity)'을 포기하고 대만을 반중국 전략의 첨병으로 활용하고자 하며 미국의 이러한 전략적 변화는 조 바이든(Joe Biden) 행정부에서도 지속될 가능성이 높다.

이처럼 급변하는 동아시아 정세에 주목해 한양대학교 중국문제연구소는 2019년 5월 출판된 『동아시아 공동번영과 한반도 평화』에 이어 『동아시아 공영 네트워크와 한반도 평화』를 출간하게 되었다.

이번 두 번째 단행본에서는 연구과제 참여자와 외부 필진들이 동아시아의 주요 이슈들에 대한 심층적 연구를 진행했다. 제1장 「북방외교의 기원」에서 국민대 장덕준 교수는 구한말 조선의 고종 황제가 일본을 견제하기 위해 러시아와의 협력을 추진했던 데서 북방외교의 기원을 찾고자 했다. 또한 구한말 조선의 북방외교가 영일동맹, 러일전쟁에서의 러시아 패배로 인해 실패했음을 지적하면서 대한민국의 북방외교가 성과를 거두기 위해서는 한국의 국력 제고와 국제 정세를 활용한 외교 안보 및 통일 전략의 실행이 필요함을 강조했다. 제2장 「동포경제 네트워크의 형성 과정과 북한의 개방」에서 통일연구원의 정은이 박사는 북중 접경지대의 시장 발달과 민족경제 네트워크 확대 현황을 설명하고 북한이 중국식 개혁개방을 통해 접경지역 발전을 추진하고 있음을 밝혔다. 또한 제3장 「시진핑 집권 2기 중국의 대북정책」에서 한양대 문홍호 교수는 중국이 한반도의 '전쟁과 평화' 문제에 관한 한 절대적 지분이 있다는 확신하에 한반도 주변 정세의 급격한 변화 과정에서 북한과의 전통적 우호협력을 강화하고 미국과의 한반도 영향력 경쟁에 보다 공세적인 입장을 취할 것임을 강조했다. 더불어 한반도 문제가 점점 패권 경쟁에 몰입하는 미중관계의 종속변수로 변질되고 러시아, 일본도 한반도 문제의 평화적 해결보다는 자국의 지분 확대에 주력하고 있음을 우려했다. 특히 이러한 상황이 계속되면 한민족의 역량과 지혜만으로는 한반도의 평화와 안정을 실현하기 어렵기 때문에 동북아시아 국가들이 자신들의 공영과 발전에 필수적 공공재인 한반도의 평화와 남북한의 공존공영에 매진해야 함을 주장했다. 제4장 「중국과 러시아의 전면적·전략적 협력」에서 원광대 조정원, 한림국제대학원대학교 윤익중 교수는 러시아와 중국의 관계가 역사상 최고 수준의 전면적·전략적 동반자 관계로 발전하게 된 데는 2000년부터 양국 모두 과거의 문제에 집착하지 않는 실용주의적 성향의 정치적 리더십이 안정적으로 지속되고 있는 점이 크게 작용하고 있음을 지적했다. 또한 향후 미국과 유럽연합의 대러시아 경제제재와 미국의 대중국정책에 변화가 없다면 중국과 러시아의 전면적·전략적 협력은 지속될 수밖에 없을 것으로 예측했다. 제5장 「트럼프-시진핑 시기 미중 간 북핵 문제에 대한 협력 변화, 원인 및 영향 분석」에서 국방연구원 이영학 박사는 미국과 중국이 북핵 문제에 대해 협력할 때 북한의 비핵화에 긍정적인 영향을 미쳤으나, 양국 간 이견이 표출되거나 협력이 약화될 때에는 북미 간 비핵화 협상에 차질이 빚어졌고, 따라서 한국은 중국과 전략적 소통을 강화하고 전략적 신뢰를 구축해야 하며 미국에 대해서도 중국의 적극적 역할을 통한 북한의 전향적 비핵화 조치 설득을 요청할 필요가 있음을 주장했다. 이와 함께 범정부 차원의 미중관계 분석 및 대응의 상설 기제화와 관학연의 공조를 통해 미중 경쟁 및 갈등 심화가 한반도 비핵·평화 프로세스에 미칠 부정적 영향을 최소화하기 위한 대안의 필요성을 제언했다. 제6장 「미중관계 40년 평가와 전망」에서 통일연구원의 신종호 박사는 미중 수교 이후 40여 년 동안 경쟁과 갈등이 더 심화되고 있는 중요한 이유 중 하나로 상호 인식의 변화를 꼽고 있다. 즉 미국은 중국의 부상을 자국에 대한 위협으로 인식해 대중국 견제와 압박을 강화하고 있고, 중국은 미중 간 국력 격차를 인정하면서도 미국의 대중국 봉쇄 전략에 대한 우려와 의구심에 기반해 핵심 이익에 대해서는 절대 양보 불가 입장을 밝히고 있다는 것이다. 그리고 이러한 미중 간 상호 전략적 불신은 이미 다양한 분야 - 중국의 부상, 국제질서와 규범, 대만 문제, 한반도 문제 등 - 에서 잘 드러나고 있으며, 향후에도 이러한 상호 인식의 차이를 좁히지 못할 경우 미중 전략 경쟁은 갈수록 심화될 가능성이 높다고 전망했다.

이 책의 후반부인 제7장 「양안 관계와 중국의 경제특구 전략」에서 원광대 조정원 교수는 2011년 11월부터 중국 중앙정부가 대만의 자본과 인력, 기술 유입의 활성화를 유도하기 위해 개발하고 있는 핑탄 종합실험구의 관련 정책과 개발의 현황을 설명하고 핑탄 개발 추진 과정에서의 장애 요인을 분석했다. 이를 통해 중국 정부의 핑탄 종합실험구 개발은 중국과 대만의 민간 참여와 네트워킹 및 연구개발 협력의 활성화 유도 여부에 따라 중장기적 성과 창출이 결정될 것으로 예측했다. 제8장 「2019년 홍콩시위와 일국양제」에서 한양대 중국문제연구소 신원우 박사는 2019년 홍콩시위의 원인은 2014년과 마찬가지로 홍콩의 불합리한 선거제도와 제한적 자치권으로 인한 주민들의 정치적 기회 박탈, 살인적인 주택 가격과 빈부격차, 홍콩의 경제적 지위 하락에 따른 주민들의 불만에 있다고 보았다. 그리고 2019년 홍콩시위로 인해 대만이 중국의 일국양제에 대한 경계 심리가 확산되면서 민진당의 차이잉원 대만 총통이 2020년 1월 재선에 성공했음을 지적했다. 이와 함께 신원우 박사는 중국이 코로나19로 인한 홍콩 시위의 중단 이후 홍콩 시민들을 달랠 수 있는 경제적 보상책을 실시하면서 홍콩의 일국양제 성공을 통한 양안 관계의 성과 창출을 재시도할 것으로 보았다.

이처럼 이번 두 번째 연구 결과물에는 동아시아에 대립보다는 협력, 자국이기주의보다는 지역의 공동 발전, 전쟁보다는 평화를 중시하는 '공영 네트워크(co-prosperity network)'가 구축되지 않는 한 한반도의 진정한 평화 체제 수립이 불가능하다는 점에 주목한 연구진의 고뇌와 번민이 스며들어 있다. 사실 남북한의 평화와 공동번영을 염원하는 대한민국의 대북정책과 한반도 평화 구상이 벽에 부딪히는 것도 남북한, 한반도 문제에 이해관계가 있는 강대국들과 역내 국가들 간의 보다 넓은 범위의 '동아시아 공감대'가 결여되어 있기 때문이다. 돌이켜 보면 연구진의 열의와 사명감만으로는 연구 결과물을 두 권의 단행본으로 출판하는 것이 불가능했다. 다시 한번 한국연구재단의 전폭적인 지원에 진심으로 감사를 드린다. 그리고 본 연구의 수행 과정에서 수고해 준 한양대학교 중국문제연구소 연구원, 연구보조원들에게도 따뜻한 감사와 사랑을 보낸다. 마지막으로 제1권에 이어 두 번째 연구 성과를 더욱 빛나게 엮어준 한울엠플러스(주)의 관계자분들께 고마움을 표한다.

2022년 2월
한양대학교 중국문제연구소에서
문흥호·조정원

차례

제1부

북방 협력의 역사와 현황, 전망

제1장
북방외교의 기원
구한말 시기의 '북방외교'

| 장덕준 국민대학교 |

1. 서론

대륙 세력과 해양 세력이 교차하는 한반도는 역사적으로 매우 빈번한 외적의 침탈에 시달려왔다. 19세기 이후만 보더라도 한반도는 열강의 세력권 각축의 장이 된 끝에 1910년 일본제국주의의 지배하에 들어가게 되었다. 일제 강점기가 끝난 이후 분단된 남북한 또한 강대국의 권력정치 영향을 벗어나지 못했다. 해방 이후 수년간 남한과 북한은 각각 미국과 소련의 직접적인 통제 아래 놓이게 되었으며, 대한민국과 북한(조선민주주의인민공화국) 정부가 수립된 이후에도 여전히 각각 미국과 소련의 직간접적인 영향력 아래 놓여 있었던 것이다.

그러나 그러한 지정학적인 취약성에도 한국(조선)은 때때로 강대국의 권력

---

* 이 장은 장덕준, 『북방정책의 이상과 현실: 아관파천에서 신북방정책까지』(서울: 역사공간, 2021)의 제2장을 수정·보완한 것이다.

정치 틈바구니에서 어느 정도 외교적 자율성의 공간을 확보하기도 했다. 그러한 외교적 자율성의 공간은 우연히도 러시아·중국 등 대륙국가와 일본·미국·영국 등 해양국가의 관계 양상 변화 속에서 나타나게 되었다. 이렇듯, 한반도 주변 해양국가와 대륙국가 간의 역학 구도 속에서 한국(조선)이 대륙국가들과의 관계를 이용해 정권 안정과 국가 이익 증대를 도모하려는 일련의 정책을 북방정책이라고 부를 수 있을 것이다. 역대 한국의 북방정책은 주변 강대국들 간 역학 관계의 변화라는 강력한 환경변수의 영향력하에 정권의 존립과 국가의 생존을 도모함은 물론 국가 이익을 증대하려는 의도에서 시도되었다.

북방정책은 한 국가의 생존과 발전을 위한 일종의 국가 전략이다. 이른바 '대전략(grand strategy)'은 강대국만의 전유물은 아니다. 약소국이라 해도 자국의 생존과 발전을 위한 대전략은 존재한다(Kassab, 2018: 1~21). 브라이언 슈미트(Brian Schmidt) 교수에 따르면, 그러한 대전략은 세 단계로 이루어지는 것이 보통이다. 첫째는 안보 목표의 설정이다. 둘째는 그러한 목표 달성에 관련되는 대내외적인 위협의 원천을 명확히 하는 것이다. 셋째는 국가안보의 목적을 달성하기 위해 사용되는 핵심적인 정치·경제 및 군사적인 자원을 확보하는 것이다(Schmidt, 2016). 이러한 각도에서 본다면, 한국의 북방외교도 국가의 대전략이라고 볼 수 있다. 그러나 한국의 북방정책은 국가의 생존과 안보를 도모하기 위해 대륙국가와 협력이라는 중장기적인 비전을 추구했다는 측면에서, 슈미트가 말하는 '대전략'의 요소를 가지고 있다. 그러나 1980년대 이후의 북방정책은 그러한 국가 생존이나 안보 확립의 목표에서 더 나아가 경제 영토의 확대와 한반도 평화, 그것을 바탕으로 한 동북아 지역의 안정과 공동번영까지 염두에 두었다는 점에서 안보와 존립의 확보라는 좁은 의미의 '대전략'을 넘어 좀 더 넓은 의미의 국가 전략이라고 볼 수 있을 것이다.

그러한 각도에서 볼 때, 1980년대 이후 북방정책은 미국·일본 등 해양 세력과의 동맹 및 연대에 치우친 외교의 지평을 대륙으로 확대해 대한민국의 경제 영토를 확대하고, 한반도 평화와 통일의 기반을 확립하는 데 목적을 두었다. 19세기 구한말의 북방정책은 해양 세력인 일본의 위협에 직면해 국가 존립과 생존을 도모하기 위해 대륙 세력인 러시아에 접근, 의존하는 외교적 책략과 행태를 의미한다.

어느 한 강대국의 상대적인 우위가 강대국 간 힘의 균형 또는 현상 유지의 상황으로 변화하거나, 거꾸로 팽팽하던 세력 균형이 느슨해지고 어느 한 강대국의 상대적 영향력이 증대하는 힘의 비대칭성이 생겨날 경우, 약소국 또는 중견국의 외교적 자율성이 증대되는 효과가 나타나는 경향이 있다. 전자는 19세기 말 조선의 대러시아 외교에서 그 단초를 발견할 수 있다. 후자의 상황은 1980년대 후반 냉전 구도의 붕괴 속에서 대한민국의 북방외교를 가능하게 한 중요한 요인이 되었다.

이 글에서는 한국 북방정책의 기원이라 할 수 있는 19세기 조선의 대러시아 외교를 살펴보고자 한다. 1870년대 이래 강대국의 강압에 대응해 타의에 의한 통상과 수교를 하지 않을 수 없었던 조선이 조정의 생존은 물론이고 대외관계에서의 자율성을 확보하기 위한 방책으로 청국과 일본 사이에서 줄타기 외교를 펼쳤다. 그러나 동아시아의 전통적 패권국인 청국과 신흥 강대국인 일본 사이에 힘의 균형이 깨지면서 일본으로부터의 점증하는 압력에 직면한 조선은 유라시아 대륙국가 러시아를 끌어들여 외교적 곤경을 타개하려는 친러정책을 펼치게 되었다. 그러한 조선의 행보는 1896년 '아관파천'이라는 역사상 유래를 찾기 어려운 정치적 사건을 통해 극적으로 표출되었다. 그러나 일본의 침탈을 면하기 위해 러시아에 의탁한 고종의 외교적 선택은, 만주에서의 이권을 지키기 위해 일본과 타협함으로써 한국에 대한 지지와 보호를 포기해 버린 러시아의 강대국 외교로 인해, 국제사회에서 고립무원의 처지에 놓이게 되고 일본에 의한 국권 상실이라는 비극을 맞이하게 되었다.

결국 국가 대전략의 차원에서 시도된 고종의 인아거일(引俄拒日)정책은 국권 상실로 대단원의 막을 내리게 된 것이다.

이 글에서는 19세기 말부터 20세기 초에 조선(나중에 대한제국으로 국호 변경)이 추구했던 러시아와의 제휴와 협력을 살펴봄으로써 한국 북방정책의 기원 및 그 성격을 추적하는 실마리로 삼고자 한다. 또한 러시아에 의지해 국권의 유지와 자신의 권력 기반을 보존하려고 했던 고종의 행보와 정책이 과연 약소국의 생존을 위한 대전략이라고 할 수 있을 것인가에 초점을 두고 구한말의 '강대국 편승외교'가 갖는 의의와 그 한계에 대해 논의해 보고자 한다. 마지막으로, 오늘날 북방정책의 원조라고 할 수 있는 고종 시기의 대러시아 외교가 문재인 정부의 '신북방정책'에 준 함의를 살펴볼 것이다.

2. 한러 관계의 기원: 조러수호통상조약 이전의 한러 접촉

19세기 말 고종의 북방정책을 살펴보기 이전에 조러수호통상조약으로써 양국 관계가 공식화되기 이전 시기의 한러 관계를 간략히 짚어보기로 한다. 조선인과 러시아인 사이의 첫 접촉은 몽골 제국 시기인 13세기 중엽으로 알려져 있다(박태근, 1984: 1~2). 러시아 측의 자료에 따르면, 네르친스크조약 체결(1699년) 이전에도 러시아의 카자크(Kazak)는 강을 건너 조선을 넘나들었고, 조선 상인도 네르친스크(Nerchinsk)와 나운(지금의 정확한 이름을 알 수 없음)을 왕래했다(박 보리스, 2010: 78). 그러나 개별적인 러시아인과 한국인의 접촉을 제외한다면, 1654년과 1658년에 걸쳐 있었던 이른바 '나선정벌'(러시아 측에서는 '알바진 전투'로 일컬어짐)이 러시아인과 조선인이 집단적으로 맞부딪친 최초의 사건이라고 할 것이다. 17세기 중반에 이르러 중국 대륙을 평정한 새로운 제국 청국은 숭가리(Sunggari)-아무르(Amur) 지역에서 빈번하게 출몰하던 카자크 습격자들을 일소하기 위해 조선에 원병을 요구했다. 이에 조선은 조총으로 무장한 수백 명의 병사를 파견해 오늘날 하바롭스크(Khabarovsk) 부근의 아무르강 지역에서 러시아 군대와 교전을 벌였다. 조선의 17대 왕 효종(孝宗) 때의 일이다. 이 전투로 아무르강 일대에서 활동하던 러시아 군사력이 크게 약화되었다(박 보리스, 2010: 77~78).[1]

한편 17세기 말 이후 러시아는 외교 사신과 상인을 청국에 파견함으로써 그들과 조선의 사신 및 상인 사이에 자연스러운 접촉이 이루어졌다. 특히 러시아의 외교 사절은 청국과 그 인근국에 대한 정보수집 임무를 수행해야만 했다. 그러나 당시 조선인을 비롯해 베이징에 머물던 외국인은 청 당국에 의해 감시와 행동의 규제를 받고 있었다. 그 과정에서 청 당국은 러시아인의 그러한 외국인 접촉과 정보수집 활동에 제재를 가했던 것으로 보인다. 예컨대 1772년 2월 러시아의 무역 대표 자격으로 베이징에 머물던 로렌츠 랑게(Lorenz Lange)는 북경을 방문한 조선 사신단과 접촉을 시도했다는 이유로 청국 정부에 의해 본국으로 추방을 당했다는 기록이 있다(박 보리스, 2010: 99).

19세기에 접어들어서도 베이징에 체류하던 러시아 외교 사절, 러시아 정교 선교사, 조선인 사이에 교류와 접촉이 있었던 것으로 전해진다. 이 시기에는 이미 양국 언어를 통역하는 역관을 통해 외교 사절 간의 직접적인 만남과 대화가 이루어졌다. 또한 양국의 사절은 직접 대화를 통해 상대국에 대한 정보를 획득했으며, 특히 러시아 정교회 선교단을 만난 조선의 사절은 이색적인 종교 상

---

1   '나선정벌'은 명나라에 의리를 지키고자 한 이른바 '대명의리'론에 입각해 만주의 오랑캐를 정벌해야 한다고 주장한 효종의 '북벌계획'이 북방의 '또 다른 오랑캐'를 상대해 승리를 거둔 것이니 간접적으로나마 실행된 것으로 볼 수 있을 것이다(정경희, 2019). 그러나 러시아의 역사학자 박 보리스에 따르면, 당시 조선이 러시아의 동북아 진출을 막기 위해 나선정벌에 참여했다는 것은 말할 것도 없고, 심지어는 의식적으로 러시아 군대와 맞서 싸웠다는 사실조차도 러시아 및 중국 측 자료에서 찾아볼 수 없다는 것이다. 그는 당시, 청국 군대조차 러시아 군대의 정체를 모른 채 싸웠을 뿐만 아니라, 이 전투에 참여한 조선 군대는 단지 청국의 하수인들에 불과했다고 주장하고 있다.

징과 그림 등에 대해 강한 호기심을 표시하기도 했다(박 보리스, 2010: 108~112).

조선 영토에서 조선인과 러시아인 사이에 직접적인 대면이 이루어진 것은 19세기 중엽의 일이다. 조선에서 조선인들과 처음으로 대면한 러시아제국의 대표는 예브피미 푸탸틴(Yevfimii Putyatin) 제독이다. 해군 중장 푸탸틴은 1852년 5월 니콜라이 1세(Nikolai I)의 명을 받아 동아시아 전권순회대사의 자격으로 중국 및 일본과의 수교 교섭에 나섰다. 푸탸틴은 1852년 10월 19일에 기함 팔라다(Pallada)호, 증기선 보스토크(Vostok)호, 포함 올리부차(Olivutsa)호, 수송선 멘시코프공(Prince Menshikov)호 등, 네 척으로 구성된 함대를 이끌고 동아시아로 향했다. 발트(Balt)해의 크론슈타트(Kronstadt)항을 출발한 그의 함대는 대서양을 남하해 아프리카 남단을 돌아 인도양과 남중국해를 거쳐 중국에 도착했다. 그는 황제의 명령에 따라 중국과 교섭을 추진했으나 수교를 성사하지 못한 대신에 1855년 1월에 나가사키에서 일본과의 수교 협상을 타결시켰다.

일본과의 수교 협상을 수행하던 도중에 푸탸틴은 1854년 2월 28일에 스페인의 통치하에 있던 필리핀의 수도 마닐라를 방문했다. 그러나 그 무렵 크림지역에서 러시아와 영국, 프랑스 간에 전쟁의 기운이 고조됨에 따라 푸탸틴 일행은 필리핀 주재 스페인 총독에 의해 퇴거당하게 되었다. 이에 그는 크림전쟁의 발발을 내다보고 캄차카(Kamchatka)반도와 오호츠크(Okhotsk)해 연안의 방어를 강화하기 위해 올리부차호를 그 일대로 보냈다. 동시에 그는 보스토크호를 류큐(琉球)로 보내 그 일대의 해도를 작성하도록 했으며, 멘시코프공호를 상하이로 보내 정보수집의 임무를 맡겼다. 그리고 푸탸틴 제독 스스로는 기함 팔라다호를 이끌고 거문도로 향하면서 보스토크호와 멘시코프공호도 각각 임무 완료 후에 거문도에 합류하도록 했다(김학준, 2010: 125~127). 이때 이루어진 푸탸틴 제독과 그가 이끌던 러시아 장병들과 거문도 주민들 사이의 대면은 조선 땅에서 이루어진 러시아제국의 관리(군인)들과 조선 주민들 사이의 첫 번째 조우였다. 4월 9일에서 19일까지 11일간 러시아인이 거문도에 체류하면서 조선인과 가진 만남과 대화는 이반 곤차로프(Ivan Goncharov)의 여행 수기 『전함 팔라다(Frigate "Pallada")』에 자세히 소개되어 있다(이희수, 2004: 297~324).[2] 푸탸틴은 남해를 통과해 동해안을 북상한 다음 원산에 정박하고, 안변의 한 관리를 통해 러시아와 조선 사이의 통상 관계 수립을 요구하는 1854년 5월 9일 자 서신을 조선 정부에 전달하도록 했으나 그것은 무위로 끝나고 말았다. 게다가 이 무렵 러시아 황실은 동아시아정책에 조선과의 직접적이며 공식적인 관계 수립은 포함하지 않고 있었다(박 보리스, 2010: 142). 그리하여 조선과 러시아 사이에 정식 외교관계가 수립되기까지는 그로부터 30년의 세월이 더 소요되었다.

한편 19세기 중반 이후 조선 내 러시아 정부 당국자와 조선 관리 및 주민들 사이의 접촉과는 별도로, 국경지대에서도 양국 간에 주목할 만한 교류와 접촉이 이루어지고 있었다. 캬흐타(Kyakhta)조약, 아이훈(Aihun)조약 및 베이징조약 등을 통해 아무르 지역과 연해주가 러시아의 영토로 편입된 이후 10여 년간 러시아는 이 지역에서 극심한 인력난을 겪었다. 러시아 정부는 자국민 가운데 농민 계급과 카자크 집단을 중점적으로 극동 지역으로 이주시키려는 정책을 추구했다. 1858년에 자바이칼(Trans-Baikal) 지방으로부터 카자크인과 은퇴한 국가수비대 하급 관원들이 극동 지역에 정착해 여러 개의 부락을 형성하고 1860년 하바롭스크 주둔 기동 대대 일부가 연해주로 이동하는 등 부분적인 이주가 이루어졌으나, 기본적으로 그러한 이주정책은 많은 시간과 자금이 필요했다(박 보리스, 2010: 159). 그래서 러시아 정부는 부족한 인력을 보충하기 위해 이 지역으로 외국인 이주를 장려하는 정책을 쓰기 시작

---

2   곤차로프는 거문도를 비롯해 동해안의 여러 해안 마을을 둘러보면서 쓴 여행 수기에서 조선인에 대해 대체로 궁핍하고, 더럽고, 무지하며 재교육이 필요한 미개한 사람들이라고 하면서 상당히 부정적으로 묘사했다.

했다. 예컨대 알렉산드르 2세(Alexander II)는 1861년 4월 27일 '동시베리아 아무르주 및 연해주의 러시아인 및 외국인 정착에 관한 규정'을 통해 외국인들의 정착을 공식적으로 허용했다. 이 지역에 이주하는 자에 대해서는 109.2헥타르(100데샤티나)에 달하는 국유 토지의 사용권을 부여하는 한편, 인두세의 영구 감면, 10년간 징집 면제, 20년간 토지사용세 면제 등의 혜택을 제공했다. 그럼에도 이 지역, 특히 연해주에 정착하려는 이주민의 숫자는 미미했다.

기근과 가뭄, 지주와 고리대금업자 등의 횡포, 관리들의 가렴주구 등으로 인해 극심한 생활고에 시달리던 조선 북부 지방 농민 다수가 러시아 극동 지역과 청의 만주 지역으로 이주했다. 조선 당국은 러시아 월경을 시도하다가 적발된 주민에 대해서는 효수형에 처하고 두만강 유역에서 월경에 사용될 수 있는 배들을 감시, 통제하는 등 조선인의 국경 이탈을 엄격하게 금지했다(배항섭, 2006: 127~160). 조선 정부의 엄격한 이주 통제와 감시에도 이 지역으로 건너가는 이주민은 수천 명을 헤아렸다. 조선인이 최초로 러시아 연해주에 정착한 것은 1863년으로 알려져 있다(김호준, 2013: 26~27).[3] 아무르와 연해주 등 새로이 획득된 영토에 대한 이주가 급선무였던 지역 행정 당국은 조선인을 포함한 외국인 이주자에 대해 비교적 우호적인 정책을 펼친 것으로 보인다(박 보리스, 2010: 166).[4] 다른 한편으로 러시아의 아무르와 연해주의 행정 당국은 러시아의 유럽 지역보다 지리적으로 훨씬 가까운 청국, 일본 및 조선과의 교역을 통해 이 지역에 주둔하고 있는 군인과 관리, 일반 주민이 필요로

---

3   이때 조선인 13가구가 두만강을 건너 비밀리에 러시아 영토로 들어갔다고 전해진다. 조선인의 정확한 연해주 이주 기원은 아직 규명되지 않았다. 조선총독부 자료에는 1853년으로 기록되어 있고, 또 다른 문헌(블라디보스토크의 고려인 도헌 김학만 등이 1902년에 낸 청원 등)에 따르면 1860년에 이미 조선인이 연해주로 이주를 했다는 것이다.

4   1863년 11월 30일 러시아 측이 안전을 보장해 준다면 조선인 100여 가구가 더 이주해 올 수 있다는 보고서를 전달받은 표트르 카자케비치(Pyotr Kazakevich) 연해주 주지사는 "조선인들이 정착하게 될 지역에 러시아 군인들이 거주할 집을 지을 것"을 지시하는 등 러시아 국경 내에 거주하는 모든 토착민의 안전과 평화 보장 조치를 취하도록 했다.

하는 곡물·육류 등을 포함한 식량을 공급받는 것에 관심이 있었다(Malozemoff, 1958: 10~12).

3. 조선의 개항과 열강의 한반도 접근

19세기 중반 서구 열강의 동아시아 진출이 두드러지는 이른바 서세동점(西勢東漸)의 시기가 펼쳐지면서 중국과 일본의 문호개방이 이루어졌다. '은둔의 나라' 조선도 이러한 변화의 바람을 비껴갈 수 없었다. 흥선대원군이 왕권강화를 위해 안으로 중앙집권적 전제정을 강화함은 물론, 외국으로부터의 영향을 차단하는 쇄국정책을 밀고 나갔다(한우근, 1974: 409). 그러나 조선은 이미 동아시아에서 전개되고 있던 강대국 간 제국주의 침탈 경쟁이 만들어 낸 격랑 속으로 차츰 빠져들 수밖에 없었다. 조선은 운요(雲揚)호 사건을 빌미로 조선의 문호를 개방하라는 압박에 굴복해 결국 1876년 일본과 강화도조약을 맺었다. 이어 조선은 다른 열강의 함포외교에 굴복해 쇄국정책을 포기하고 서구 열강과 통상 및 외교관계를 잇따라 수립하게 되었다.

개항 이후 조선은 중국에 대한 사대·조공 관계 일변도에서 벗어나 점차 동등한 주권을 상정하는 서양식의 만국 공법 체제를 받아들이기 시작했다. 비슷한 맥락에서 그동안 '교린' 관계로만 인식했던 일본을 대등한 통상 상대국으로 간주하게 되었다. 한편 국내적으로는 선진 문물과 제도를 받아들여 개혁을 추진해야 한다는 개화 세력들이 점차 힘을 얻고 있었다. 그러한 개화 추진 세력은 두 부류로 나뉘었다. 첫째, 청국에 의존한 채 동도서기론적 개혁을 추구하는 '시무개화파'이다. 이 부류에는 김윤식, 어윤중 등이 속했다. 둘째, 청국으로부터 정치, 문화적으로 독립을 해야 한다고 주장하는 한편, 정부와 왕실을 분리하는 등 군주의 권한을 제한하는 일련의 제도 개혁을 내세웠던 '변법개화파'이다. 이 부류에는 김옥균, 박영효, 서광범 등이 속했는데 그들은 일본과의 관계를 더 중시했다(구선희, 2002: 307~335).

1882년 임오군란 이후, 청국의 영향력이 강화되는 가운데 민 왕후(명성황후)의 척족인 민씨 일파가 조정의 주요 직책을 독차지하면서 정국을 지배했다. 이 시기에는 자연히 일본과 가까웠던 변법개화파들의 세력은 위축되어 있었다. 그러한 상황을 역전하기 위해 이들이 정변을 일으켰는데 그것이 바로 1884년 12월에 일어난 갑신정변이다.

그러나 김옥균, 박영효, 서광범 등 친일개화파 인사들을 중심으로 한 갑신정변은 청국 군대가 개입해 삼일천하로 끝났다. 그렇게 됨으로써 이른바 개화파를 앞세워 개혁 명분으로 세력을 확대하려던 일본의 계획이 좌절된 반면에 정변을 진압한 청국의 영향력은 더 강화되었다. 이러한 국면에서 민씨 일파는 청국에 기대어 자신들의 권력을 보호함은 물론, 일본의 세력 확대를 견제하고자 했다. 그러나 민씨 일파의 친청정책은 오래지 않아 러시아를 끌어들여 청국을 견제하는 정책으로 바뀌었다. 리훙장(李鴻章)은 일본을 견제하기 위해 1882년 조선에 파견된 고종의 외교 고문 파울 묄렌도르프(Paul Möllendorff)가 민 왕후와 손잡고 적극적으로 러시아인들과 협조하고 있다고 믿고 있었다(신승권, 1989: 187~218; 박 보리스, 2010: 282).[5]

말하자면, 조선 정부는 겉으로 청국에 대한 의존정책을 펼치는 듯이 보였지만, 고종은 청국의 종주권으로부터 독립하려는 외교적 시도를 은밀하게 펼치게 되었다. 특히 임오군란 시 청국 군대가 조선군의 반란을 진압하는 과

---

5 애초에 묄렌도르프는 청국이 일본의 침입에 대항해 한국을 방어해 줄 수 없다고 믿었기 때문에 한국은 청국보다 강한 제3국에 의존해야 한다고 생각하고 있었다. 그러한 역할을 해줄 수 있는 나라가 러시아였다. 그리고 그 나라는 청국과도 좋은 관계를 유지하는 동시에 조선의 독립을 지지하고, 독립된 조선이 자국의 완충지대 역할을 해주기를 기대하는, 인접국이어야 한다는 것이었다. 따라서 묄렌도르프는 1883년과 1884년 조선 조정에 대해 러시아를 포함한 유럽 열강과의 조약 체결을 적극 추천한 것으로 알려졌다.

정에서 보여주었던 무자비하고도 무례한 진압 조치는 조선인의 청국에 대한 반감을 불러일으키고, 조선의 독립성을 자각하게 하는 계기가 되었다(박 보리스, 2010: 249; 김종헌, 2008: 125~163). 또한 갑신정변으로 청일 양국 간 갈등이 깊어짐에 따라 불안을 느낀 조선은 러시아에 접근해 정세를 안정화하려고 했다. 이러한 맥락에서 1884년 조정의 일부 친러 세력은 묄렌도르프의 주선 아래 러시아 정부에 보호를 요청하기 위한 교섭을 적극 추진했다. 이 사실이 알려지자 청국과 일본은 강력히 반발했고, 묄렌도르프는 면직되었다. 더 나아가 청일 양국은 이러한 한러 제휴를 무산하기 위해 톈진에 억류되어 있던 홍선대원군을 귀국시켜 친러정책의 중심에 서 있던 민 왕후와 그 일파를 견제하도록 했다.

일본 및 서양 열강에 대한 개항을 단행한 이후, 조선의 조정과 식자층에서는 부국강병을 목표로 제도 개혁과 근대화를 추구하는 개화사상이 확산되었다. 그러나 그와 동시에 개항이 외세의 침투를 불러왔다는 위기의식에서 문호개방과 '개화'를 비판하는 반동적인 저항이 생겨나기도 했는데 그 속에는 국권의 수호와 폐정 쇄신의 요구도 들어 있었다. 1884년 위로부터의 개혁시도였던 갑신정변이 실패로 돌아간 이후, 청국과 결탁한 민씨 일파가 정국을 주도함으로써 내정의 근본적인 쇄신 기회는 한동안 봉쇄되어 있었으며 부패한 관리들에 의한 수탈은 더욱 심해지게 되었다. 게다가 외세의 정치적·경제적 침투는 대중의 경제생활을 더욱 피폐하게 만들었다. 19세기 후반에 접어들어 조선사회를 덮친 내·외부적 위기는 대원군의 개혁정책으로도, 문호개방 이후 전개된 개화정책으로도 해결하기 어려워졌다. 개항 이후 한반도를 둘러싼 열강들의 각축은 고조되고 조선에서 청국, 일본 및 서양 열강의 이권 수탈은 더욱 심해지게 되었다. 대원군 정권이 실시한 토지대장의 정비, '호포법' 시행, 환곡제도의 개혁 등 조세제도의 전반적인 개혁에도 불구하고 농민의 부담은 크게 줄어들지 않았으며, 관리들의 가렴주구와 부정부패는 그대로 남아 있었다.

대내외적인 수탈에 시달리던 농민들은 급기야 분노를 표출하기 시작했다. 오랫동안 쌓인 농민의 불만은 동학교도의 반체제적인 저항과 결합되면서 엄청난 폭발력을 갖게 되었다. 1864년 교주 최제우가 처형당한 이후 줄곧 박해받으면서도 동학교도의 세력은 급속하게 확장되었다. 박해받던 동학교도는 과도한 징세와 수탈에 시달리던 농민과 합세해 관청을 습격하고 관리들을 응징하기에 이르렀다. 급기야 1894년 2월에 관리들의 부정부패와 일본 상인의 수탈적 행태가 가장 두드러졌던 전라도에서 농민의 봉기가 일어났다. 수탈과 학정으로 악명을 떨치던 고부군의 군수 조병갑에 대항해 전봉준이 중심이 된 동학군과 농민이 합세해 봉기를 일으킨 것이다. 그들은 고부 관아를 점령하고 만석보를 파괴함으로써 조병갑의 폭정을 무너뜨렸다(고려대학교 한국사연구소 엮음, 2016: 372~379). 특히 전라도를 중심으로 일어난 농민 반란은 탐관오리의 숙청과 일본 상인의 축출을 목표로 하고 있었다. 동학군이 요구한 조건은 크게 보아 두 가지 측면에 집중되어 있었다. 첫째, 그들은 3정(전정, 군정, 환곡)의 문란에서 오는 무차별적인 징세의 시정과 지방 관리나 향리들의 부정부패에 대한 구체적인 시정을 집중적으로 요구했다. 둘째, 미곡의 유출과 이에 따르는 외국 상인, 특히 일본 상인에 의한 상권 침해 금지를 요구하는 내용이다(한우근, 1974: 460).

이러한 동학농민군의 봉기가 일어나자 조선의 조정은 중앙토벌군을 반란 지역에 파견해 진압에 나섰다. 그러나 농민들의 광범위한 지지를 얻고 있던 전봉준 지휘하의 동학군은 정부군을 연파하면서 4월 27일에는 전주성을 점령하는 등 기세를 올렸다. 그리하여 조선 조정은 청국에게 원병을 요청했다. 이에 일본은 톈진조약을 근거로 자국군을 조선에 출동시켰다. 이로써 동학농민전쟁은 새로운 국면을 맞이하게 되었다. 막상 청군을 불러들였던 조선 조정은 수천 명의 청국군과 일본군이 진주하게 되자 이들을 철수시키기 위해서는 농민군과 타협해 내전을 끝내야만 했다. 농민군도 정부군과의 소모적인 전쟁을 무작정 계속할 수는 없었다. 그리하여 양측 사이에 타협이 이루어진 끝에 5월 7일 동학농민군과 정부군 사이에 전주화약(全州和約)이 체결됨으로써 갑오년 동학농민전쟁은 마무리되었다.

그럼에도 한반도에 '침입'한 일본군과 청국군은 서로 철군을 거부하고 오히려 조선에 대한 지배적 영향력을 행사하기 위해 각축을 벌이게 되었다. 일본군은 7월 23일 경복궁을 습격해 국왕을 사실상 포로로 만들고 궁궐을 지키던 수비대를 무장해제함으로써 사실상 청국과의 전쟁을 개시했다. 고종을 포로로 잡아 조정을 무력화한 일본은 대원군과 친일파를 내세워 기존의 정부를 대신해 이른바 군국기무처를 설치하고 김홍집을 앞세워 친일 정권을 만들었다. 이러한 일본의 과격한 조선 침탈 행위는 청국과의 전쟁을 의미하는 것이었다. 결국 다음 날인 7월 24일에 아산만 풍도 앞바다에서 일본군이 청국군을 공격함으로써 9개월에 걸친 청일전쟁이 시작되었다. 이 전쟁에서 일본군이 승리함으로써 한반도에서 청국의 종주권은 일거에 말살되었으며 그 대신 조선에 대한 일본의 확실한 패권이 확립되었다.

4. 러시아의 한반도 진출

크림전쟁 패전 이후인 19세기 후반에 접어들어 러시아는 열강의 동아시아 진출에 보조를 맞추어 이 지역에 대한 외교적 관심을 키워갔다. 그러나 1880년대에 이르기까지 만주와 한반도 진출을 적극적으로 모색하거나 외교의 축을 동아시아로 이동하지는 못했다. 왜냐하면 그 당시까지 러시아는 발칸반도 문제에 발이 묶여 있었을 뿐만 아니라, 영국과의 거대 게임의 차원에서 중앙아시아 및 남아시아 지역에서 지정학적 각축을 벌이고 있었기 때문이다. 또한 앞서 살펴본 바와 같이 러시아는 우수리(Ussuri) 등 극동 지역에 필요한 물품을 조달하기 위해 '선린의 원칙'에 따라 조선과의 비공식적인 교역 발전에 더 큰 관심을 두고 있었다(박 보리스, 2010: 201).

1860년대 러시아는 프랑스, 영국, 미국 등 국가와 조선의 충돌을 예의주시하고 있었다. 이들 열강의 대조선 함포외교가 조선과의 충돌 및 갈등으로 이어지는 것을 목도한 러시아는 힘을 앞세운 위압적인 접근 대신에 조선에 대해 유화적이고 우호적으로 접근했다. 그러한 러시아의 태도는 1869년에 발생한 '소볼(Sobol)호' 사건에서도 볼 수 있다. '소볼호' 사건 이후 러시아제국 정부의 훈령에 따라 동시베리아 총독 미하일 코르사코프(Mikhail Korsakov) 명의의 서신을 경흥부사를 통해 조선 조정에 전달했다. 그 서신은 러시아의 조선 침탈 행위가 없었다는 취지로 경위를 설명하고 러시아의 대조선 우의와 화합을 강조했다(박 보리스, 2010: 214).[6] 러시아 측은 이 서신을 조선 조정에 전달하도록 한 것을 러시아와 조선 정부의 관계가 시작된 것으로 보았다. 이 무렵에 조선 조정 일각에서의 공러의식(Russophobia)과 전반적인 위정척사론에도 불구하고 러시아와의 비공식적인 접촉은 계속 이어나갔다(배항섭, 2006: 138~139).

크림전쟁 이후 러시아의 동아시아 진출을 간파한 영국은 동아시아 지역에서 러시아의 영향력 확대를 견제하기 위해 애로(Arrow)호 사건을 일으켜 중국에 대한 선제적인 입지를 구축하고자 했다. 이에 대해 러시아는 미국과의 공조를 통해 유라시아대륙과 동아시아에서 영국의 세력 확대를 막기 위해 1867년 알래스카를 720만 달러에 매각했다. 더 나아가 러시아는 중국과 중앙아시아의 접경지대인 이리(Ili; 伊犁) 지역에 대한 주도권을 확보함으로써 영

---

6 소볼호 사건이란 1869년 4월, 러시아 해군 군함 소볼호가 영종도 인근 해안에 정박한 뒤, 병사들이 정찰 및 사냥을 하다가 이곳을 경비하던 조선군과 충돌이 벌어진 사건이다. 이 사건에도 러시아는 조선과 평화·우호 관계를 유지할 것을 희망했다.

국에 대한 봉쇄를 가하기 위해 1871년 이리분쟁에 개입했다. 이에 이리 지역에 대한 영유권을 둘러싸고 러시아와 청국 간에 분쟁이 발생하게 되었다. 1875년 조선의 개항을 빌미로 삼기 위해 일으킨 운요호 사건은 이러한 러청 분쟁 와중에 동아시아에서 조성된 권력의 공백 현상을 일본이 기민하게 활용한 결과이다(김원수, 2014: 43~70).

이와 같이 중앙아시아와 남아시아에 세력권을 두고 영국과 경쟁을 벌이고 있던 러시아는 1860년대에서 1870년에 이르는 시기에 동아시아 지역에서 일단 현상 유지의 원칙하에 접경지역인 조선과는 기존의 선린정책을 유지하려는 입장을 갖고 있었다. 또한 1860년대부터 시베리아 횡단 철도가 부설될 때까지 혹독한 기후, 인구 부족, 교통수단 등 기반 시설의 미비, 식량 조달의 어려움, 방위의 어려움 등으로 러시아 당국은 이 지역의 취약성을 우려하고 있었다. 이러한 사정하에서 남우수리 지방과 프리아무르(Priamurian) 지방의 안정이 필요했던 러시아로서는 접경지역인 조선에서 일본과 서구 강대국의 영향력이 확대되는 것을 경계하면서도 조선과의 개항 요구 등 자국의 한반도 개입 문제에 있어서는 신중한 태도를 나타냈다(박 보리스, 2010: 223).[7] 말하자면, 러시아는 조선에 대한 '관망정책(vyzhdatel'naya politika)'을 펼치고 있었던 것이다.

한반도에 대한 러시아의 그러한 신중한 태도는 청국의 대러 견제정책과도 연관이 있었다. 청국은 『조선책략』에서 제시하고 있는 바와 같이 미국, 일본 및 청국과의 협력을 통해 러시아를 견제하려는 입장을 갖고 있었다. 예컨대 그러한 청국의 입장은 조선과 미국 간에 수호통상조약이 체결된 이후 청국이 러시아에 보인 태도에서 나타난다. 조미조약 체결 이후, 러시아 정부는

---

[7] 1871년 4월 14일 자로 알렉산드르 고르차코프(Aleksandr Gorchakov) 수상이 동시베리아 총독에게 보낸 서한에서 "[지방정부는] 남우수리 지방 내에서의 규칙을 지키는 것과 이웃 백성들과의 평화적인 국경 관계를 지속적으로 발전시키는 데 노력해야 한다"라고 지시했다.

베이징 주재 공사 에브게니 뷰쵸프(Yevgeniy Byutsov)를 통해 청국에게 조선과의 통상조약 체결을 위해 중개 역할을 맡아달라고 하면서, 조선과 러시아 간 통상조약에서 조미조약에는 없는 육로 통상에 대한 규정이 포함되어야 한다고 주장했다. 이러한 러시아의 방침에 대해 청국의 리훙장은 조러 간 육로 무역을 포함하는 조약을 거부했다.

그러나 청국 스스로는 1882년 9월에 조선과 '조청상민수륙무역장정(朝淸商民水陸貿易章程)'을 체결함으로써 청국은 조선과 해상 무역뿐만 아니라 육상 무역까지 포함하는 통상조약을 얻어낸 바 있다. 이 조약으로 자국의 조선에 대한 종주권을 확고히 했다고 본 리훙장은 조선에 독일, 영국 등 서구 열강에 대한 문호개방을 종용했다(박 보리스, 2010: 246~247).[8] 조선이 1876년 일본과 강화도조약을 체결할 무렵만 하더라도 러시아는 여전히 조선에 대한 현상 유지 정책을 유지하고 있었다(박 보리스, 2010: 228). 그러나 강화도조약 이후 조선은 미국(1882년 5월 22일), 영국(1883년 11월 26일), 독일(1883년 11월 26일) 등과 차례로 문호개방에 나섰다. 이렇듯 한반도의 상황이 강화도조약 체결을 계기로 급변하게 되자 러시아는 기존의 관망정책 또는 기회주의적 정책을 변경하기에 이르렀다. 다시 말해, 러시아도 서구 열강과 발맞추어 조선과의 외교 및 통상 관계를 발전시켜 나가기로 방향을 전환하게 되었다.

이러한 상황에서 일어난 레숍스키(Lesovskii) 함대의 극동 파견은 러시아에 대한 조선 조정의 관심을 증대시키는 중요한 계기가 되었다. 레숍스키 함대

---

8   '조청상민수륙무역장정'(이하 '장정')은 그 당시 서구의 열강이 조선에 강요한 불평등조약의 형태를 띠었다. 더구나 '장정'은 조선이 청의 속국이라는 점을 규정하고 있었다. '장정'에 의해 청국은 조선 내 거주 자국민의 치외법권과 영사재판권을 제공받았으며, 3개 개항장 외 서울, 양화진, 회령, 의주 등지에서 청국인의 자유통상권, 조선 정부의 특별 허가가 필요 없는 내지 여행권 등 일본과 미국 등 여타 강대국들조차 획득하지 못한 특권을 확보했다. 청국은 '장정'에 더해 그해 9월 임오군란 이후 볼모로 잡아두고 있던 흥선대원군에 대한 판결을 내려 그를 바오딩(保定)으로 귀양 보내는 등 조선에 대한 일련의 고압 정책을 지속했다.

파견의 배경이 된 사건은 '리바디아조약(Treaty of Livadia)'의 체결이다.[9] 그러나 청국 조정 내에서 이 조약에 불만을 품은 대러 강경파 세력이 이 조약의 협상에 참여한 인사들에 대한 문책과 더불어 러시아와의 전쟁을 불사하고 조약의 파기를 요구하면서 러청 간 갈등이 고조되었다. 이에 러시아 정부는 동아시아 지역 내의 정보를 수집하고 청국에 대해 군사적인 압박을 가하는 한편, 향후 청국과의 전쟁에 대비하기 위해 1880년 7월에 레숍스키 제독이 지휘하는 함대를 블라디보스토크에 보냈다. 이러한 러시아의 움직임은 고종으로 하여금 향후 동아시아에서 러시아가 청국을 대체할 수 있는 세력이 될 것이라는 판단을 내리는 데 상당한 영향을 끼쳤던 것으로 보인다. 즉 1880년 9월 레숍스키 함대의 블라디보스토크 출현을 계기로 조선은 러시아가 청국 및 일본을 견제할 수 있는 세력이라는 인식을 갖게 된 것으로 보인다. 조선은 중국의 이리 지역에서 일어난 러청 간 갈등에 주목하고 이 분쟁에서 러시아가 청국을 압도하는 양상을 예의주시하면서 전통적인 중화 질서가 이미 해체되고 있음을 목도했다. 이러한 상황에서 조선은 청국의 간섭을 벗어나 자주외교를 추구할 수 있는 대안으로써 러시아와의 교류 및 협력 가능성을 모색하게 된 것이다.[10]

한편 조선의 정국 상황도 러시아의 한반도 접근을 가속화시키는 하나의

---

9 1879년 10월 2일 러시아와 청국 사이에 체결된 조약이다. 이 조약에서 러시아는 자국이 실효 지배하고 있던 신장 지역의 일부를 청국에 반환하는 대신 이리계곡 서부 지역을 보유하고 이리강에 대한 영유권을 얻었다. 이에 따라 러시아는 신장의 남부 지역을 확보하게 되었다. 러시아는 청국에 형식적으로 일부 영토를 양보하는 모양새를 취했지만, 반환 이전에 획득한 러시아인의 재산권을 유지하고 보호하는 권리와 신장 및 몽골 지역에서의 새로운 영사관 설치와 무관세 무역권을 관철함으로써 이 조약은 청국이 러시아에 일방적으로 양보한 불평등조약으로 간주되었다(Wikipedia, 2019).

10 1882년 일본을 방문한 조선의 수신사들은 주일 러시아 공사관을 방문해 연해주에 거주하는 조선인에 대한 러시아 지방 당국의 호의적인 정책에 감사를 표시하고 양국 간 수호조약의 체결에도 관심을 보였다. 레숍스키 함대의 파견 전말과 고종의 대러 인식 변화에 대한 자세한 분석은 최덕규(2018: 3~22)를 참조.

요인으로 작용했다. 앞서 지적한 바와 같이, 1880년만 하더라도 청국은 조선에 대한 종주권을 확고하게 주장하려고 했다. 특히 임오군란을 계기로 자국 군대를 조선에 주둔하게 한 청국은 한반도에서 일본과 서양 열강에 비해 지배적인 영향력을 추구했다. 그러한 청국의 구상과는 달리 조선 조정은 오히려 그 기회를 이용해 청국의 영향과 간섭으로부터 벗어나 독립을 추구했다. 그러한 분위기 속에서 1884년 일본의 후원하에 개화파가 시도한 갑신정변이 3일천하로 끝나고 말았다. 갑신정변의 실패로 인해 조선에 대한 청국의 입김이 다시 강해졌다. 이러한 청국의 영향력 증대는 조선에게 위협으로 작용했으며, 이는 민씨 일파가 지배하던 조정으로 하여금 러시아에 접근하게 하는 계기가 되었다.

이러한 분위기 속에서 1884년 마침내 조선과 러시아는 '조러수호통상조약'을 체결하게 되었다. 고종은 러시아와의 수호통상조약 가능성을 타진하기 위해 1884년 초 조선 관리 김광순을 남우수리 지역의 노보키옙스코에(Nobokiebskoe)에서 근무하던 국경위원 니콜라이 마튜닌(Nikolai Matiunin)에게 파견했다. 조선은 청국의 압박과 내정간섭으로부터 벗어나 독립과 자주권을 확보하기 위한 유력한 수단으로써 러시아와 조약 체결을 추진하게 되었다. 러시아로서도 청국 및 서구 열강들이 조선과의 수교 및 통상을 위한 조약을 맺음으로써 조선과의 조약 체결을 결심하게 된 것이다. 1884년 7월 7일 마침내 조러수호통상조약이 체결되었다. 이로써 이제 공식적인 한러 관계사가 시작된 것이다. 그러나 이 통상조약은 해상을 통한 교역만을 다루고 있었기 때문에 러시아에게는 경제적으로 의미가 제한될 수밖에 없었다. 그리하여 육로를 통한 양국 간 교역을 다룰 별개의 조약을 체결하게 된다. 그것이 1888년 8월 20일에 맺어진 조로육로통상조약(朝露陸路通商條約)이다(김원수, 2019).[11]

통상조약 체결 이후 조러 양국 관계는 빠른 속도로 밀착되었다. 청국의 속국으로부터 벗어나고 일본의 영향력을 돌파하면서 독립을 유지하고자 했던 조선 조정은 러시아와의 조약 체결을 계기로 러시아에 대한 접근을 가속화하기 시작했다. 1884년 갑신정변 이후 청일 양국이 군대를 파견함으로써 무력 충돌의 가능성이 고조되자 조선 조정은 묄렌도르프를 통해 러시아에게 보호국을 요청하게 되었다. 이에 러시아는 1884년 12월에 조선 정세에 대한 정보를 수집하고, 조선의 보호국 요청에 대해 협의하기 위해 알렉세이 슈페이예르(Aleksey Shpeyer)를 공식적인 외교 사절 신분이 아닌 '개인 자격'으로 조선에 파견했다. 그는 12월 31일에 고종을 알현하고, "조선이 머지않은 장래에 러시아와 가장 긴밀한 관계를 갖게 되기를 희망한다"라는 의사를 확인했다(김종헌, 2008: 134).

그러한 조선과 러시아의 접근 노력은 1885년 2월 16일 제1차 한러밀약(주일 러시아 공사 다비도프와 갑신정변에 대한 사과 사절로 간 묄렌도르프 사이의 비밀협약)으로 나타났다. 조선과 러시아는 부동항인 영홍만 조차를 조건으로 러시아 군사교관단의 파견에 합의했다. 3월 5일, 묄렌도르프는 도쿄 합의에 대한 고종의 승인을 얻었다. 이는 러시아를 끌어들여 청국과 일본의 압박과 간섭에서 벗어나려고 했던 조선의 이해관계와 청국 및 일본과 심각한 갈등을 겪지 않고도 한반도에서 자국의 영향력을 확보하려 했던 러시아의 이해관계가 맞아떨어진 결과였다. 이러한 한러협약(이른바 '제1차 조러밀약')이 알려지게 되자 러시아와 유라시아대륙에서의 지정학적 대립 관계에 있었던 영국의 대러 경계심은 높아지게 되었다.

---

11   이 조약은 조선 측 대표 조병식 및 데니(Denny)와 러시아 측 대표 카를 베베르(Karl Veber) 사이에 체결되었다. 이 조약 체결 과정에서 러시아는 평양보다는 경흥을 개방하겠다는 조선 측의 주장을 받아들였고, 조선은 러시아인들이 경흥에서부터 100리 거리 이내에 통행권 없이 자유로이 활동할 수 있도록 상업상의 특권을 허용했다. 또한 이 조약에는 상품의 밀수 방지에 관한 규정, 면세 품목, 금수 품목 및 관세 등에 관한 규정이 포함되었다. 아울러 이 조약은 경흥에서의 부영사관 설립, 치외법권, 조차권, 종교의 자유 등 다양한 특권을 러시아에 부여했다.

1885년 4월 영국군이 거문도를 점령하자 묄렌도르프는 거문도 사건에 대해 영국의 윌리엄 도웰(William Dowell) 사령관에게 1차 항의서를 전달하기 위해 5월에 일본 나가사키를 방문했다(김용구, 2009: 125~128). 일본 방문 중에 묄렌도르프는 도쿄 주재 러시아 공사관과 접촉해 러시아가 조선에 군사교관을 파견해 줄 것을 재차 제안했다. 이에 일본 주재 러시아 공사관 소속 슈페이예르는 조선에 입국해 조선 정부가 교관 파견 계획을 채택하도록 설득했다. 그러나 그러한 시도는 성사되지 못했다. 묄렌도르프는 이미 조선 조정에서 더 이상 영향력을 행사하지 못하는 처지가 되었을 뿐만 아니라 조선의 통리아문도 이미 미국인 군사교관을 초빙하기로 방침을 세워두고 있었기 때문이다 (Malozemoff, 1958: 30). 이렇듯, 러시아를 끌어들여 청일의 압박에 맞서려고 한 조선 조정의 시도는 성공을 거두지 못했다.

조러밀약과 거문도 점령에서 나타난 영국의 러시아 견제 움직임 등을 통해 러시아의 남하정책을 확인한 일본은 우선 한반도에서 청국과의 관계를 서둘러 정립할 필요가 있었다. 그리하여 일본은 같은 해 4월 18일 청국과 텐진조약을 서둘러 체결하게 된 것이다(Lensen, 1982: 29~30).[12] 그러나 1885년의 텐진조약은 조선에 대한 청국의 종주권 종식을 공식화하는 데 성공하지 못했다. 러시아와의 제휴를 통해 청국을 견제하기에는 조선의 국력과 외교적 역량이 부족했음이 드러났다. 또한 러시아는 일본·중국 등 관련국들의

---

12 리홍장-이토 히로부미(伊藤博文) 사이에 갑신정변의 사후 처리를 두고 청국과 일본 사이에 맺은 조약을 말한다. 이 조약에서 양국은 조선에 주둔하는 양국 군대의 철군에 합의했고, 조선 국왕은 일본과 중국이 아닌 제3국의 군사 고문관을 채용해 자체의 군사를 훈련했다. 또한 이 조약은 장래 만일 조선에서 중대 사건이 일어날 경우, 중일 양국 혹은 일국이 파병을 요할 때 먼저 문서로 상대국에 통지해야 하며, 사건이 진정된 이후에는 즉시 병력을 철수해야 한다고 규정하고 있다. 또한 리홍장은 이토 히로부미에게 갑신정변의 주도 세력을 제압하는 과정에서 청국군이 일본인들에게 입힌 피해에 대해서 사과했으며, 책임자들에 대한 문책과 재발 방지를 약속했다. 그러나 이 조약에서 청국은 조선에 대한 종주권을 포기하지 않은 한편, 조선의 '독립'을 주장함으로써 조선에 대한 청국의 지배를 종식하려고 한 일본 사이의 근본적인 입장 차이는 해소되지 못했다.

반발을 불러올 것을 우려해 조선에 대한 지나친 개입을 꺼렸으나, 장차 조선에 대한 자국의 영향력 증대 가능성을 남겨두는, 다소 모호한 태도를 취했다(김종헌, 2008: 135).

　다만 러시아는 한반도에서 중국과 일본이 균형을 이루면서 현상이 유지되는 가운데 어느 한 강대국이 압도적인 영향력을 발휘하지 않도록 견제하는 역할에 머물러 있었다. 말하자면, 청일전쟁 이전만 하더라도 한반도에 대한 러시아의 기본 입장은 '현상 유지'와 '한반도의 분쟁 지역화에 대한 반대'였다. 만약 일본이나 청국 등 특정 국가가 지역 패권을 차지할 경우, 러시아는 가뜩이나 불안정한 극동 러시아 지역의 안보가 위협받을 가능성이 높다는 판단을 하고 있었다. 거꾸로 러시아가 한반도 문제 등 동아시아 지역에 대한 개입의 강도를 지나치게 높일 경우, 이는 영국·독일 등 유럽 강대국을 자극함으로써 러시아의 전략적 이익을 훼손시킬 수 있다는 것이다(백준기, 2014: 621).

　1880년대 중후반까지만 하더라도 러시아는 한반도의 현상 유지를 희망하면서, 그러한 현상 유지의 키를 쥐고 있는 국가는 청국으로 간주했다. 이 무렵 러시아는 공식적으로 인정하지는 않았지만 사실상 청국의 조선에 대한 종주권을 인정하고 있었다. 이때까지만 하더라도 러시아는 원산(Lazarev)항에 대한 관심을 표명하기는 했으나, 조선에 대한 본격적인 진출을 할 의사와 능력이 결여되어 있었던 것으로 보였다(신승권, 1989: 198). 또한 러시아는 한반도에서 현상이 유지되는 한 일본의 행보에 대해서도 그다지 큰 관심을 두지 않은 듯하다. 그리하여 러시아는 심지어 동아시아와 한반도에서 현상을 깨는 청국의 패권적 행보를 저지하기 위해 오히려 일본과의 협력을 중시하는 입장을 갖고 있었던 것이다(김원수, 2014: 61). 한편 갑신정변 이후, 한반도에서 영향력이 상대적으로 줄어들었을 뿐만 아니라 조선 내부의 친일파 세력도 크게 약화된 상황에 놓이게 되자 일본은 일단 외면적으로는 청국의 조선 지배를 용인하는 모양새를 나타냈다. 또한 일본은 위안스카이(袁世凱)와 같은 강경파 인물을 조선에 파견하도록 사주해 러시아의 조선 침투 가능성을 차단하려 했다(신승권, 1989: 200). 그러면서도 일본은 머지않은 장래에 조선에 대한 지배권을 놓고 청국과의 전쟁이 불가피하다고 판단하고, 육해군을 증강하는 등 내실을 다지는 데 주력했다.

실제로 근대화에 성공해 국력이 급성장하고 있던 일본은 1880년대 말에 이르러 동아시아 지역에서 열강의 반열에 오르게 되었다. 이제 일본은 지역의 강대국으로서 자국의 '이익선'을 우선시하는 강대국 외교 노선을 주창하기에 이르렀다.[13] 동아시아의 새로운 강자로 떠오르던 일본은 이 지역의 전통적 패권국가인 청국과 정면으로 충돌한 청일전쟁에서 승리함으로써 신흥 패권국가로서의 첫걸음을 내딛게 되었다. 1894년의 청일전쟁은 동아시아 국제질서에 극적인 변화를 가져왔다. 청국의 패전은 동아시아에서 확고부동한 위치를 차지하고 있던 '중화 세계'의 붕괴가 시작됨을 알리는 신호탄이었다. 동시에 일본은 지역 내 열강의 위치에 우뚝 서게 됨으로써 주요 강대국의 비상한 관심을 야기했을 뿐만 아니라, 한반도를 둘러싼 동아시아는 열강들 사이에 치열한 경쟁이 벌어지는 터전이 되었다.

이러한 정세의 변화는 러시아에게도 적지 않은 영향을 끼쳤다. 말하자면, 일본의 급부상은 소극적 행위자의 위치에 머물러 있던 러시아로 하여금 보다 적극적인 관여자의 입장을 취하게 만들었다. 청일전쟁이 발발한 이후 러시아는 이른바 '정직한 중개인'의 역할을 자임했다. 전쟁 중에 러시아는 전통적으로 지정학적 선호도가 높았던 청국에 치우치지 않고, 오히려 청일 간 갈등을 중재하고자 했다. 러시아로서는 영국을 견제하기 위해서는 일본과도 친선 관계를 유지할 필요가 있었기 때문이다(백준기, 2014: 623). 그러나 일본이 청국과의 전쟁에서 승리를 거두게 되자 러시아는 이제 일본을 견제하려

---

13 1888년 1월 일본의 야마가타 아리토모(山縣有朋)는 대정부 의견서를 통해 주적을 러시아로 적시함으로써 한반도와 동아시아에서 러시아와의 맞대결이 불가피할 것이라는 견해를 피력한 바 있다.

는 정책으로 선회하게 되었다. 그러한 러시아의 입장 변화는 청일전쟁에서 일본이 승리한 이후 체결된 시모노세키조약에 따라 일본의 랴오둥반도 할양에 러시아가 제동을 나선, 이른바 삼국간섭[14]을 계기로 본격적으로 나타났다고 볼 수 있다.

1895년 러시아가 삼국간섭을 주도한 이유는 무엇인가. 러시아가 삼국간섭을 주도한 이유는 시모노세키조약의 내용이 역내의 현상 유지를 근간으로 하는 러시아의 동아시아정책과 모순되었기 때문으로 볼 수 있다. 그렇다면, 삼국간섭이 조선에 끼친 영향은 무엇인가. 삼국간섭으로 인해 한반도를 둘러싸고 러일 간에 본격적인 경쟁이 벌어지게 되었으며, 그러한 러일의 경쟁 구도 속에서 명성황후 시해 사건과 아관파천이 발생했다고 할 것이다. 삼국간섭 직후, 조선에서는 러시아를 끌어들여 일본에 대항한다는 이른바 '인아거일정책'이 본격화되었다고 본다(이민원, 2002: 28).

이러한 해석과는 다른 시각을 제시하는 주장도 있다. 조지 렌슨(George Lensen)의 분석에 따르면, 청일전쟁 당시 러시아는 일본이 아닌 청의 승리가 자신의 국가 이익에 더 큰 위협이 될 것으로 인식해 오히려 일본과의 제휴를 고려하기도 했다는 것이다(Malozemoff, 1958: 62).[15] 같은 맥락에서 1895년에 러시아 주도로 이루어진 삼국간섭은 일본을 억누르고 직접적으로 자국이 동아시아

---

14 청일전쟁의 전후 처리를 규정한 1895년 4월 17일의 시모노세키조약(下關條約)에 대해 러시아, 프랑스, 독일 등 3국이 일본에 가한 외교적 압박을 말한다. 청일전쟁에서 승리한 일본이 대만, 펑후제도뿐만 아니라 랴오둥반도까지 획득하게 되자, 만주 진출을 노리고 있던 러시아는 위기의식을 갖게 되었다. 이에 러시아는 프랑스 및 독일과 함께 "일본의 랴오둥반도 영유는 청에게 위협이 될 뿐만 아니라, 조선의 독립을 유명무실하게 만든다"라는 내용의 각서를 4월 23일 자로 일본 측에 전달함으로써 일본으로 하여금 랴오둥 할양을 포기하도록 종용했다. 이들 삼국과 정면으로 충돌하는 것에 부담을 느낀 일본 정부는 결국 5월 8일 삼국의 요구를 받아들여 쩌푸에서 시모노세키조약 수정본에 서명했다(Malozemoff, 1958: 66).

15 알렉세이 로바노프(Aleksey Lobanov) 러시아 외상은 니콜라이 2세(Nikolai II)에게 올린 각서에서 "아시아에서 러시아의 가장 위험한 적은 영국"이라고 주장하고, "일본의 적국은 영국이기 때문에 장차 러일 사이의 우의를 손상하지 않기 위해 일본에 대한 적대적인 행동을 삼가야 한다"라고 말했다.

에서 지정학적 주도권을 쥐기 위해 취해진 것이 아니라는 것이다. 즉 그것은 러시아의 입장에서 볼 때 랴오둥반도로부터 일본을 추방하는 것 이상의 일을 의미했다는 것이다. 러시아는 랴오둥반도로부터 일본을 추방하는 대신에 일본은 조선에서 행동의 자유를 보장받는다는 큰 틀에서의 러일 간 전략적 협력 구상을 갖고 있었다는 것이다. 그러한 전략적인 이익의 교환을 통해 러시아는 일본과의 사이에 형성되기 시작한 긴장의 원천을 해소하고자 했다는 것이다(Lensen, 1982). 그 당시 러시아는 동아시아에서 자국의 영향력이 상대적으로 약세에 있다는 인식이 그러한 해석의 주요한 근거를 이루고 있다.

그러나 러시아가 동아시아 지역에서 그러한 방어적이고 소극적인 접근과 정책을 펼쳤음에도, 내부적으로는 상당히 공세적이고 팽창주의적인 성격의 정책을 옹호하는 목소리도 존재하고 있었다. 예컨대 러시아제국의 마지막 황제 니콜라이 2세는 1895년 4월 6일 "러시아는 1년 내내 자유롭고 열려 있는 항구를 절대적으로 필요로 한다. 이 항구는 동남쪽 조선 본토에 있지 않으면 안 된다"라고 말했다(Lensen, 1982: 263). 이러한 러시아 측의 공세적인 면모는 동아시아에서의 영향력 확대를 도모하던 영국 등 다른 열강들의 의심과 불안을 야기해 그들에 의한 대러 견제를 가져왔다. 1885년에 일어난 영국의 거문도 점령 사건은 그러한 대러 견제정책에서 나온 것이다. 갑신정변 직후인 1885년 초에 조선의 고종이 러시아에 접근해 보호국화를 요청함에 따라 블라디보스토크에 기지를 두고 있던 러시아 함대가 한반도 연안에 집결했고, 이는 영국으로 하여금 러시아의 남하를 저지하기 위한 비상한 조치를 강구하도록 만들었다. 즉 거문도 사건은 영국이 한반도에서의 러시아 영향력 확대를 견제함은 물론, 러시아가 한반도를 거쳐 대양으로 나아가는 길목인 대한해협의 제해권을 장악하는 것을 막기 위해 취해진 조처이다. 다시 말해 거문도 점령은 영국이 러시아의 태평양 함대 증강을 견제하고, 더 나아가 러시아의 대한해협 제해권 장악을 저지하기 위해 급소를 선점했다는 데 그 의의가 있다고 할 것이다. 영국은 결국 러시아가 한반도를 점령하지 않겠다는 내용의 '리훙장-라디젠스키' 협정이 발표된 이후에 비로소 거문도에 주둔하던 자국군을 철수하게 된다.[16]

일찍이 러시아는 지중해·인도 방향으로 남하를 꾀해 부동항을 획득하고자 했으나, 영국의 저지에 밀려서 실패했다. 이에 러시아는 동아시아 지역에서 군사적 거점을 마련하고 태평양으로의 출구를 확보하려 시도했지만, 그마저도 녹록지 않았다. 앞에서 언급한 바와 같이 1885년 1월 영홍만 조차 등을 포함하는 조러밀약설이 불거지자 영국은 전격적으로 거문도를 점령(1885.4.15~1886.2.27)해 러시아 함대의 대한해협 통항을 봉쇄하고 러시아의 영홍만 조차 기도를 막았다. 영국의 거문도 점령은 러시아의 블라디보스토크항과 동아시아 함대의 취약성을 여실히 드러내주었다. 거문도 사건은 전시에 러시아 군함들이 중립 항구의 저탄기지를 쉽게 확보하지 못함으로써 방어적인 역할에 머물게 될 뿐만 아니라 객관적인 전력에서도 영국 함대와 중국 함대를 격퇴시킬 만큼 강력하지 못하다는 것을 인식하게 되는 계기가 되었다 (Malozemoff, 1958: 33).

한편 1880년대에 이르러 일본은 함선과 군사기술면에서 비약적인 발전을 이루어 동아시아에서 강력한 해군력을 구축하는 데 성공했다. 이에 동아시아로 진출하려던 러시아에게는 영국과 일본이라는 이중의 장벽이 가로놓이게 된 것이다. 그리하여 러시아는 해로를 통한 동아시아 진출 방침을 전면 수정해 육로를 통한 동아시아 건설에 나서게 된 것이다. 러시아의 동아시아 함

---

16   1886년 10월, 청국의 북양대신(北洋大臣) 리훙장과 라디젠스키(Ladyzhensky, 베이징 주재 러시아 대리 공사) 사이에 맺어진 구두 협약을 말한다. 협정 체결 이후 리훙장은 "러시아는 장차 한국의 어떤 지역도 점령하지 않겠다고 약속했다"라고 발표했다. 러청 간 이러한 협약은 영국이 거문도에서 철수하는 명분이 되었다. 이 협약은 또한 러청 양국의 한반도에 대한 현상 유지에 합의함으로써 일본 등 양국은 한반도에 대한 제3국의 지배권 확립 시도를 용인하지 않을 것임을 천명했다(Malozemoff, 1958: 32).

대는 최소한으로 축소되었다.[17] 이러한 정세의 변화는 러시아로 하여금 1891년 5월 시베리아횡단철도 건설에 착공하도록 만든 주요한 요인이 되었다.

이 무렵 러시아의 동아시아정책의 추진 방향은 아시아 국가들과의 교역 증대, 만주와 한반도 지역에서 러시아의 영향력을 증대하는 데 집중되어 있었다. 특히 19세기에 펼쳐진 '동방정책'에서 러시아가 가장 높은 지정학적·지경학적 비중을 두었던 곳은 만주라고 할 것이다. 청일전쟁 이후 동아시아에서 일본의 영향력이 급속히 커짐에 따라 러시아는 만주에 대한 자국의 영향력 확대에 심혈을 기울이게 되었다. 러시아는 동아시아에서 일본의 영향력 증대에 대응해 자국의 지정학적·경제적 이익을 담보하기 위해 시베리아횡단철도의 건설을 추진하는 한편으로 장차 이 철도를 만주철도와 연결함으로써 동북아 지역에서 자국의 영향력을 확고히 하고자 했다. 이러한 각도에서 청일전쟁을 전후한 시기로부터 10여 년간 만주 문제는 러시아 외교정책에서 가장 높은 비중을 차지하게 되었다.[18]

그런데 러시아는 영국 등 기존의 서구 강대국들뿐만 아니라 떠오르는 동아시아의 강자 일본과의 지정학적 경쟁 구도 속에서 자국의 이익을 관철하기 위해서는 이들과 직접적인 대립 대신에 평화적이고 외교적인 접근을 취했다. 그러한 각도에서, 러시아는 자국의 유럽 지역과 극동 지역을 긴밀히 연결해 주는 시베리아 철도의 완성 때까지는 만주의 안정과 조선의 '영토 보전' 내지는 '현상 유지'가 절대적으로 중요하다고 보았다. 만주의 안정이 담보되지 않는다면 철도의 건설을 통한 동아시아로의 진출이 어려워지고, 한국의 현상 유지가 일본 등 여타 강대국에 의해 침해된다면 만주에 대한 이권

---

17   그렇다고 러시아는 해군력을 통한 동아시아 진출의 노력을 포기한 것은 아니었다. 이에 대한 자세한 설명은 최덕규(2014) 참조.

18   B. A. Romanov, *Russia in Manchuria, 1892-1906*(Octagon books, 1974). 백준기, 『유라시아 제국의 탄생: 유라시아 외교의 기원』(홍문관, 2014), 645쪽 재인용.

을 염두에 두고 있던 러시아에게는 치명타가 될 수 있기 때문이다.

한편 청일전쟁 이후 동아시아의 강대국으로 우뚝 서게 된 일본의 굴기에 대응해 러시아는 자국의 영향력을 유지하고 그것을 공고히 하기 위해 기민하고도 활발한 외교적 행보를 이어갔다. 삼국간섭과 러청동맹이 그 대표적인 사례이다. 앞에서 지적한 바와 같이, 삼국간섭을 주도한 러시아는 일본을 일단 중국 대륙에서 철수시키는 데 성공했다. 그 대가로 러시아는 청국에 대해 두 가지 사항을 요구한 것으로 알려졌다. 첫째는 만주를 가로지르는 시베리아횡단철도의 통로(동청철도; the China East Railway)에 대한 요구이다. 둘째는 부동항이 절실했던 러시아가 겨울 동안 중국 내에 자국 함대를 운용할 수 있도록 하기 위한 동계 정박권에 대한 요구이다(Malozemoff, 1958: 77).

5. 을미사변에서 아관파천에 이르기까지의 한러 관계

1) 인아거일정책과 을미사변

청일전쟁 직후 한반도에서 일본의 영향력은 급속히 확대되었다. 그러나 앞에서 언급한 바와 같이 한반도에서 일본의 독보적 지위는 삼국간섭으로 인해 오래지 않아 퇴조하고, 그 이후 약 10년간 한반도에서는 러시아와 일본 간에 대략적인 세력 균형이 이루어졌다. 그러한 상황하에서 조선 조정은 아시아의 떠오르는 강대국 일본을 견제하기 위해 러시아라는 또 다른 이웃 강대국의 힘에 의존하는 이른바 인아거일정책을 펼치기 시작했다. 그러한 인아거일정책을 주도한 세력은 민 왕후 및 그 측근 세력이었다. 말하자면, 민 왕후와 그 측근 세력들이 자신의 영향력을 유지하고 청국은 물론, 일본의 영향력에서 벗어나 조선의 외교적 자율성의 공간을 확대하기 위해 러시아와의 제휴를 모색하게 된 것이다. 그러나 조선의 그러한 외교 전략은 제국주의 열강의 침탈 앞에 존립의 위기를 겪고 있던 약소국 조선이 위기를 벗어나 '숨 쉴 공간'을 마련하는 기회를 제공하기도 했지만, 다른 한편으로는 외국 세력에 의한 왕비의 시해와 국왕의 외국 공관으로의 피신이라는 전대미문의 엄청난 대가와 정치적 격동을 초래했다.

민 왕후 세력의 인아거일정책은 몇 가지 국내외 요인에 의해 추동되었다. 첫째, 이미 지적한 바와 같이 동아시아 지역에서 강대국 간 세력 균형이라는 정치적 환경이 일시적으로 조성됨으로써 가능했다. 청일전쟁 이전만 하더라도 러시아는 일본을 다소 과소평가했고 오히려 청국을 경계 대상으로 삼고 있었다. 그러나 청일전쟁에서 일본이 전통적인 지역 패권 국가이던 청국을 격파하게 되자, 만주를 자국의 세력권으로 확보하고 한반도에까지 관심을 두었던 러시아로서는 이제 일본 견제가 급선무가 된 것이다. 이에 러시아는 일본의 랴오둥반도 할양을 저지하기 위해 동맹국 프랑스, 중국에 대한 이권에 관심을 두고 있던 독일과 손을 잡고 삼국간섭을 단행하게 된 것이다. 일본은 청국에 대한 다른 이권을 관철하면서 열강과의 정면충돌을 회피하기 위해 러시아를 비롯한 유럽 세 강대국의 요구를 수용하지 않을 수 없었다. 삼국간섭으로 일본의 조선 침탈 계획이 결코 변경되거나 약화된 것은 아니지만 이는 조선 조정에게는 일본의 압박으로부터 숨 쉴 공간을 열어줄 수도 있다는 판단을 내리는 계기를 마련해 준 것으로 보인다.

둘째, 그러한 외적 변수에 더해 국내적인 요인 또한 조선의 친러정책으로의 변화에 기여했다. 1895년에 접어들어 친일 갑오개혁(갑오경장) 세력이 퇴조하고 친미·친러 세력을 통칭하는 이른바 '정동파' 정치인들의 득세를 꼽을 수 있다. 정동파는 청일전쟁 이후 노골화되고 있었던 일본의 조선 침탈에 반발해 삼국간섭 이후 변화된 국제 환경에 편승해 친일 세력 대신에 등장한 정치 세력이다. 정동파는 박정양, 이완용, 이하영, 이채연, 이상재, 윤치호, 민영환, 이범진, 이윤영 등 대체로 친미적이고 친러적인 성향을 갖고 있던 인물들을 포함하고 있었다. 정동파는 갑오경장의 개혁 취지에 대체로 동의하면서 근대적 제도 개혁을 추진하고자 했다(한철호, 1996: 279~325). 그리고 정동파 정치인들은 대외적으로 일본의 조선 내정간섭에 반대하고 일본의 조선 침탈을 막기 위해 러시아와 제휴하려는 정책을 추구했다. 결국 이들은 인아거일정책의 핵심 지지층과 실행자들이었던 것이다.

셋째, 조선의 그러한 인아거일정책의 배후에는 러시아 공사 베베르의 역할과 영향이 상당 부분 작용한 것으로 보인다. 이민원의 분석에 따르면, 베베르 공사는 조선에서 인아거일정책의 흐름을 배후에서 유도하고 그것을 지원해 준 인물이라는 것이다(이민원, 2002: 30). 삼국간섭으로 조선 내에서의 일본의 영향력이 주춤하게 되자 러시아는 민 왕후를 매개로 삼아 '조선의 독립 보전'이라는 명분으로 자국의 영향력을 증대하려고 했다. 말하자면, 이른바 조선의 인아거일정책은 청일전쟁 발발 무렵에 왕과 왕비가 사실상 연금 상태에 놓인 채 무력화된 왕권을 회복하고 국가의 자주권을 회복하려는 조선 왕실의 희망과 한반도에서 자국의 영향력을 증대하고자 했던 러시아의 정책이 서로 맞아떨어진 결과라고 할 것이다. 베베르는 조선 주재 외국 공사들의 협조를 얻어 국왕과 왕비의 배일 활동을 지원했다. 베베르가 조선 국왕과 왕비 세력을 도운 것은 조선과 러시아 양국의 이익이 서로 보완적이었기 때문이었다. 다시 말해 러시아로서는 일본의 볼모가 되다시피 한 국왕과 왕실을 보호함으로써 조선에서 자국의 영향력을 보존, 확대할 수 있는 기회를 얻을 수 있다고 보았던 것이다.

일본 입장에서는 베베르를 통한 러시아의 영향력 강화는 물론, 조선 궁정 세력의 친러정책에 대해 결코 용납할 수 없었다. 그러나 일본이 강대국 러시아 외교 사절인 베베르를 제거하는 것은 불가능했다. 조선 국왕 고종을 제거하는 것 또한 엄청난 후폭풍을 몰고 올 것이 분명했다. 그리하여 일본은 인아거일정책을 주도하고 있던 왕후 민씨를 제거해 자국의 영향력을 회복하려는 극단적인 방법을 모색하게 된다(김종헌, 2009: 378~381). 일본 정부는 조선에서의 수세적 상황을 역전하고자 왕비를 시해하려는 계획을 세우고 그것을 실행하기 위해 이노우에 카오루(井上馨)의 후임으로 예비역 육군중장 미우라 고로(三浦梧樓)를 1895년 8월 17일에 주한 일본 공사로 임명했다. 9월 1일 부임한 미우라는 공사관에서 왕후 민씨의 제거를 위한 면밀한 준비 작업을 벌인 끝에 10월 8일 새벽 '여우사냥'이라고 불린 왕후 시해 계획을 행동으로 옮겼다.[19] 미우라는 사태의 책임을 전가하려는 의도에서 왕후의 정적이던 대원군을 강압적으로 대궐에 입궐시키고, 일본군과 낭인 검객들을 동원해 아침 6시경 왕후를 시해하고 시신을 불태우는 만행을 저질렀다(을미사변에 대한 자세한 설명은 이민원, 2002: 65~107; 김영수, 2013 참조). 전시도 아닌 평시에 외국 세력에 의해 일국의 왕후가 무참히 희생된 이른바 '을미사변(乙未事變)'이 자행된 것이다. 정동파가 주도하던 내각은 일본이 장악한 훈련대를 해산하고 시위대만을 존속하기로 결정했고, 바로 다음 날 일본은 왕비 시해를 감행하게 되었다(한철호, 2005: 111~125). 일본은 삼국간섭 이후 조선 내에서 자국의 영향력이 뚜렷하게 퇴조하고 반일적인 정치 세력이 확대되는 것에 대한 위기감에서 민 왕후 시해라는 만행을 저지르게 된 것으로 보인다.

2) 을미사변 이후의 정세 변화와 고종의 아관파천

을미사변 직후 조선 주재 외국 대표들은 사건의 진상을 파악하기 위해 사

---

[19]   미우라가 부임한 이후에도 전임자 이노우에는 약 3주간 서울에 머물러 있었다. 이는 민 왕후 시해가 단순히 미우라 공사의 단독 범행이 아니라, 이노우에와의 긴밀한 협의하에, 더 나아가서는 일본 정부 차원에서의 치밀한 사전 계획 아래 추진되었음을 시사한다. 이에 대한 자세한 분석은 이민원(2002: 57~65) 참조.

건 당일인 10월 8일 '외교단회의'를 개최했다. 이 자리에서 베베르 공사 등 외국의 대표들은 이 사건의 혐의가 일본인들에게 있고, 사건의 진실이 일본 정부의 이해관계에 달려 있다고 보았다.[20] 이에 따라 사건 직후의 국제여론도 일본을 비난하는 분위기가 형성되었다. 그러나 일본은 을미사변에 대한 책임을 회피하고 도리어 민 왕후와 대립 관계에 있던 대원군이 일으킨 소행이라고 주장했다.[21] 사변 당일 일본군을 동원해 대원군을 사실상 강압적으로 입궐시킨 것은 이러한 주장의 근거를 마련하기 위한 것이었음은 물론이다.

이렇듯 일본의 대원군 등 조선의 특정 정파에게 을미사변의 책임을 미루고 자국의 책임을 회피하려는 노력을 집요하게 전개하는 가운데 영국·미국·프랑스·독일 등 열강들은 일본과의 외교관계를 의식해 이 문제에 대해 강한 이의를 제기하려고 하지 않았다. 오히려 을미사변은 조선 왕실 내의 민 왕후-대원군 간 중세적 권력 투쟁이라는 일본의 인식과 주장을 점차로 받아들이는 입장을 나타냈다. 이에 따라 열강의 정부는 서울의 자국 외교관들에게 일본과 맞서는 행동을 자제하라는 훈령까지 내렸다(이민원, 2002: 111).

한편 을미사변은 국내적으로 일본의 후원을 받고 있던 김홍집 내각이 고종과 민 왕후 세력을 무력화하고 모든 정국의 주도권을 장악할 수 있는 계기를 가져다주었다. 일본의 비호를 받고 있던 김홍집 내각은 을미사변을 대원군과 왕후 간의 권력 투쟁으로 조작해 발표하는 한편, 궁내부를 무력화하고 내각을 김윤식·서광범·조희연·권형진·정병하·유길준·어윤중 등 친일파 세력으로 채웠다. 새로운 김홍집 내각(4차 김홍집 내각)은 친미·친러파, 즉 정

20　영국 영사 월터 힐리어(Walter Hillier)는 사건이 일어난 직후에 "일본인이 개입했다"는 전보를 런던에 보냈다고 베베르 러시아 공사에게 알렸다. 또한 미국 공사 대리 알렌은 휴가차 일본에 가 있던 조선 공사 실에게 일본의 개입과 관련된 전보를 보냈다고 베베르에게 밝힌 바 있다(김영수, 2013: 118).

21　을미사변에 대한 일본의 책임론을 불식하기 위해 조선에 급파된 이노우에 특파 태사는 주한 외국 대표들과의 회의에서 일본은 이 사건과 무관하다고 강변했다(김영수, 2013: 124).

동파 정치인들을 모조리 파면하고 시위대를 일본이 훈련한 훈련대에 편입함으로써 국왕의 안전을 지킬 수 있는 최소한의 독자적 군사력마저 사라졌다(황태연, 2017: 503). 그들은 왕후 시해 직후인 10월 10일에 고종에게 왕비의 폐위를 종용했으나 국왕이 거부하자 폐위 조서를 날조해 발표하기도 했다.

을미사변 이후 왕실이 사실상 일본의 포로가 된 채 조정은 친일파에 의해 장악되었다. 게다가 국제사회마저 일본과의 대립각을 기피하려는 움직임을 보임으로써 조선은 사면초가 상태에 빠지게 되었다. 왕비의 시해 사건 이후 전국 각지에서는 "죄인을 잡아 엄히 다스리고, 적을 토벌해 원수를 갚자"라고 하는 상소가 빗발치고, 의병들이 궐기하는 등 항일투쟁 의식이 확산하고 있었다. 러시아 공사 베베르, 미국 공사 존 실(John Sill) 및 서기관 호러스 앨런(Horace Allen) 등 일부 주한 외교 사절, 미국인 선교사 호러스 언더우드(Horace Underwood), 고종의 미국인 군사고문 윌리엄 다이(William Dye) 등 외국인들도 조선 국왕의 안위에 관심을 기울였다(한철호, 2005: 118). 이러한 상황에서 앞서 언급한 정동파 정치인들은 국왕을 우선 안전한 곳으로 모신 다음 정국의 전환을 모색하려는 시도를 하게 되는데, 그 첫 번째 시도가 바로 1895년 11월 28일에 일어난 '춘생문(春生門) 사건'이다.[22] 춘생문 사건은 친러파 이범진의 주도 아래 앞서 언급한 이학균·이하영·이채연·민상호 등 '정동파' 인사들과 이재순·임최수·김재풍·이도철 등 궁내 관리와 시위대 간부들이 가담해 왕비 시해 사건 이후 사실상 일본의 포로가 되어 있던 고종을 구출

---

22 친러·친미파 관리와 군인들이 경복궁에 감금되어 신변이 위태롭던 고종을 경복궁 밖으로 모시고 나가 친일 정권을 타도하고 새 정권을 세우려고 한 쿠데타 시도를 말한다. 당초 이들은 경복궁의 건춘문을 통해 입궐하려 했으나 여의치 않자 삼청동 쪽의 춘생문에 이르러 월담해 입궐하려고 했다. 그러나 이 시도는 안경수 등의 음모와 사전 정보의 누설로 인해 실패로 돌아갔다. 일설에는 춘생문 사건은 친일파들이 정동파 등 국왕 옹위 세력을 제거하기 위해 김홍집과 박영효의 비호를 받는 안경수 등 친일파들이 사전에 꾸민 함정이었다고 한다(황태연, 2017: 504~519). 어쨌든 이 사건이 실패로 돌아감으로써 정동파는 크게 위축되었고, 고종의 신변은 더욱 위태롭게 되었던 것이다.

하기 위한 작전이었다.

춘생문 사건이 실패로 돌아간 이후 일본의 입김하에 있던 친일파 내각은 조선인들의 극렬한 반대에도 단발령을 공표하는 등 전횡을 계속해 나갔다. 그러한 분위기 속에서 조선 내에서 일본의 입지는 더욱 강고해져 삼국간섭 이전의 수준으로 회복되었다. 이제 조선의 국왕은 통치력을 상실했을 뿐만 아니라, 신변의 안전마저도 담보하기 어려운 상황에 처하게 된 것이다. 이러한 상황하에서 조선의 국왕이 외국 공관으로 거처를 옮기는 사상 초유의 사건이 발생했으니, 그것이 이른바 '아관파천'이다. 1896년 2월 11일 아직 동이 채 터오기 전이었다. 겨울 새벽의 찬 공기를 뚫고 궁녀들이 타는 두 대의 작은 가마가 경복궁의 건춘문(建春門)을 빠져나와 러시아 공사관으로 향했다. 그 가마에는 궁녀로 변장한 고종과 왕세자가 각각 탑승해 있었다. 고종 일행을 태운 가마는 아침 7시 30분경에 러시아 공사관에 무사히 도착했다. 이로써 역사상 전례를 찾아보기 어려운, 1년여에 걸친 조선 국왕의 외국 공관 생활이 시작된 것이다. 일국의 국왕이 전쟁을 피해 궁궐을 비운 적은 있었지만, 외국의 공관으로 스스로 거처를 옮긴 일은 일찍이 없었던 것이다.

아관파천은 겉으로 보기에는 위기에 처한 조선 국왕을 구하기 위해 이범진 등 친러파 인사들이 베베르, 슈페이예르 등 러시아 외교관들의 협조를 얻어 극비리에 수행한 작전이었다. 그러나 러시아의 관점에서 보았을 때 그것은 삼국간섭 이후 낮은 자세를 유지하다가 을미사변을 일으켜 한반도에서 새롭게 독점적 영향력을 구축하려고 하던 일본을 견제하고 한반도의 현상을 유지하기 위해 취해진 전략적 선택이라고 할 수 있다. 한편 조선의 입장에서 본다면 삼국간섭 직후부터 국왕과 그 측근 세력들이 본격적으로 추진하기 시작한 인아거일정책의 맥락에서 왕실 보전과 국가의 '독립 보전'을 위해 취해진 조치라고 할 것이다.

아관파천에서 중심적인 역할을 한 인물 가운데 하나는 슈페이예르 주한 러시아 공사이다. 슈페이예르는 1854년생으로 19세에 외무성에 입직한 뒤 1877년부터 2년간 러시아-터키 전쟁에 참전했다. 그 이후 1879년에는 몬테네그로 주재 러시아 상주 공사 알렉산드르 이오닌(Aleksandr Ionin)의 비서를 지냈고 1895년 페르시아 주재 러시아 공사관 1등 서기관을 거쳐 1896년 1월 8일에 주한 러시아 공사로 서울에 부임했다.[23] 전년도 말에 멕시코 주재 공사로 발령받은 베베르 전임 공사는 슈페이예르가 도착할 때까지 서울에 머물렀다. 슈페이예르는 서울에 부임하기 전에 도쿄에서 미하일 히트로보(Mikhail Hitrovo) 주일 공사를 만나 조선에 대한 의견을 들었다. 또한 슈페이예르는 이때 만난 이토(伊藤) 총리와 사이온지(西園寺) 외상으로부터 일본은 조선의 내정에 간여할 의향이 없으며, 조선의 독립을 존중한다는 말을 들었다. 그리고 이들 일본 당국자들은 조선의 평화와 안정을 위해 러일 간 협력을 해나갈 용의가 있다고 말했다. 그러나 막상 조선에 부임한 슈페이예르는 조선의 정세가 일본에서 듣던 것과는 판이하다는 것을 알게 되었다. 조선인들의 일본에 대한 적개심은 고조되고 있었고 왕비 시해와 단발령 강행으로 전국에서 일본에 항거하기 위해 의병들이 궐기하고 있었다. 이러한 조선의 정세는 부임 직후 슈페이예르가 본국에 올린 보고에 잘 나타나 있다.

왜인들은 동경에서 일본 관료들의 협의에 의해 이루어진 조선의 무력 점령의 필연성, 이와 관련해 러시아와 만족할 만한 협상을 이끌어내기 위한 사전 준비 등에 관해 제게 강력한 어조로 통보했습니다. 그들은 스스로 이것을 조선의 발전을 위한 바람직한 계획이라고 강조합니다. 하지만, 그들의 말과 행

---

23 "Шпейер, Алексей Николаевич," *Википедия*, https://ru.wikipedia.org/wiki/%D0%A8%D0%BF%D0%B5%D0%B9%D0%B5%D1%80,_%D0%90%D0%BB%D0%B5%D0%BA%D1%81%D0%B5%D0%B9_%D0%9D%D0%B8%D0%BA%D0%BE%D0%BB%D0%B0%D0%B5%D0%B2%D0%B8%D1%87 (검색일: 2019.2.19).

동은 전혀 일치하지 않습니다. 저는 이곳에서 그들의 파렴치한 주인 행세가 어느 수준까지 가게 될지 예상조차 할 수 없습니다. 그들의 목적은 조선을 일본화하는 것입니다. 그들은 이 목적을 달성하기 위해 가까운 미래조차 믿지 않는 어린아이처럼 조급하게 서두르고 있습니다. 또 말과 전혀 다른 목적을 감추고 있는 사람처럼 졸렬하게 행동합니다. …… (황태연, 2017: 563).

을미사변과 그 직후에 일어난 춘생문 사건으로 인해 운신의 폭이 더욱 좁아졌을 뿐만 아니라 신변의 위협까지 느끼고 있었던 고종은 자신의 안전과 왕실의 존립을 유지할 수 있는 방법은 러시아의 지원과 보호에 의존하는 길밖에 없다고 보았다. 따라서 그는 비밀리에 슈페이예르 조선 주재 러시아 공사에게 러시아 정부가 자신과 조선 왕실을 보호하고 '조선의 독립'을 유지할 수 있도록 도와달라는 메시지를 전했다. 1896년 1월 14일 본국에 보낸 보고에서 슈페이예르는 1월 9일 이범진을 통해 조선 국왕이 보낸 밀지를 받았는데 국왕은 "자신의 운명을 심히 애통해 하면서 러시아의 도움만을 기다리고 있으며, 우리의 도움으로 밝은 미래를 맞이하기를 희망한다. …… 국왕은 자신과 왕세자를 떼어 놓으려는 왜인들의 음모를 저지해 달라고 간절히 요청했고 …… [국왕은] 왜인들이 세자를 일본으로 끌고 가려고 한다는 소문을 굳게 믿고 있다"라고 보고했다. 이러한 상황으로 미루어 볼 때 고종은 1896년 1월 초에 이미 아관파천을 계획했다고 볼 수 있다(황태연, 2017: 561~562). 슈페이예르는 고종의 요청에 호응해 1월 28일 로바노프 외상에게 "러시아가 한국을 지원할 수 있는 전반적 계획을 작성해야 한다"라고 상신했다(김영수, 2013: 181).

고종의 보호 요청을 접한 슈페이예르는 일본을 자극하지 않으면서도 고종의 안전한 이어를 확보하기 위해 공사관의 경비 병력을 보강하는 모양새를 취했다. 그는 자신과 함께 고종을 알현한 조선탐사관 블라디미르 카르네예프(Vladimir Karneyev) 육군 대령과 순양함 아드미랄 코르닐로프(Admiral Kornilov)호 함장 표트르 몰라스(Pyotr Molas) 대령 등에게 "고종이 폭동을 당할 위험이 있기 때문에 제물포로 러시아함정을 신속히 파견할 것"을 요청했고 슈페이예르는 이 요청 사실을 로바노프 외상에게 보고했다(황태연, 2017: 564). 이에 코르닐로프호를 인천항에 대기시킨 채 러시아는 조선 주재 공관에 대한 병력을 증원하는 조치를 취했다. 2월 10일 코르닐로프호로부터 100명의 수병이 서울의 러시아 공사관에 당도했다(김종헌, 2010b: 29~58).

2월 2일 고종이 슈페이예르 공사를 통해 러시아 정부에 전한 이어 요청 밀지(러시아어로 된 것을 다시 한국어로 번역)는 다음과 같다.

> 역도들이 지난 9월(서양력 10월)부터 나를 빈틈없이 포위하고 있습니다. 최근 외국인들의 외모를 흉내 내 취해진 단발령은 전국적으로 분노와 폭동을 촉발했습니다. 매국노들은 나와 나의 아들을 죽이기 위해 이 기회를 이용하려고 할 것입니다. 왕세자와 나는 나를 위험에 함몰시키는 것으로부터 벗어나기 위해 러시아 공사관에 보호를 청구합니다. 이에 대해 두 분의 공사들은 어찌 생각하십니까? 만약 허용한다면 나는 수일 내 밤중을 택해 러시아 공사관으로 비밀리에 피신코자 합니다. 그 날짜를 선택해 내게 알려주기 바랍니다. 나를 구할 다른 방법은 없습니다. 두 공사님들이 나를 보호하고 지켜줄 방법을 강구해 주시기를 진정으로 원하는 바입니다(러시아 대외정책문서(AVPRI); 황태연, 2017: 575에서 재인용).

이미 앞에서 언급한 바와 같이 러시아 공관 이어(移御)는 비밀리에 전달한 고종의 간곡한 보호 요청에 러시아가 호응함으로써 성사된바, 그 과정에서 중심적 역할을 한 이는 슈페이예르 러시아 공사였다. 그런데 실제로 조선 국왕의 러시아 공사관 이어를 최종적으로 결정한 주체에 대해서는 분석가들 사이에 엇갈린 해석이 존재한다. 다시 말해 러시아 정부는 고종의 보호 요청을 전달받은 이후, 사전에 고종의 자국 공관 이어를 결정했느냐의 여부에 관한 문제이다. 이에 대해 김영수는 러시아 정부가 아관파천을 사전에 승인했다고 보기는 어렵다는 견해를 제시한다. 그 근거로는 비록 슈페이예르가 조선의 러시아 공사관 경비 강화를 위해 병력을 증강해 달라고 건의한 것에 대해 러시아 황제 니콜라이 2세가 "우리 대형 선박 중 한 척을 제물포로 보내기 바란다"는 승인을 한 것은 사실이지만, 그것만으로 고종의 공관 이어를 사전에 승인했다고 보기 어렵다는 것이다. 그것에 더해 아관파천을 전후해 전신선이 두절됨으로써 서울의 공사관과 본국 사이에 연락을 주고받을 수가 없었다는 것이다. 그러한 논거를 들어 김영수는 고종을 러시아 공관으로 받아들인 것은 슈페이예르의 독자적인 판단과 결정에 따른 것이었음을 주장한다 (김영수, 2013: 184~189).

그러한 주장에 대해 황태연은 다른 해석을 제시한다. 그에 따르면, 아관파천의 준비는 고종의 주도적 요구에 대한 슈페이예르의 단독적 판단과 동의가 아니라 러시아 황제 니콜라이 2세와 슈페이예르, 양인의 동의와 공조에 의해 이루어진 것이 틀림없다는 것이다. 그는 전신선의 두절은 문제가 될 수 없었다는 입장을 취한다. 그 이유로는 "러시아 해군이 복사한 슈페이예르의 1896년 2월 2일의 본국 보고 비밀 전보나 일본 공사관의 보고가 모두 전문으로 이루어진 것을 본다면 여러 나라를 순항하는 러시아 전함이 중국이나 블라디보스토크에서 본국의 전신을 받아 슈페이예르에게 전해 주거나 해군 함정이 운반하는 외교행낭으로 연락을 취할 수 있었을 것이기 때문"이라는 것이다(황태연, 2017: 568~569). 황태연은 다음과 같은 주장도 덧붙인다.

슈페이예르가 아관망명[아관파천] 20일 만인 1896년 3월 1일 서울을 떠나 동경으로 이동한 것은 문책성 '좌천'이 아니라, 주일 러시아 공사의 급서로 인해 벌어진 주일 공사로의 갑작스런 '영전'이었다. 이런 까닭에 고종은 2월 15일 산둥반도 즈푸(芝罘) 주재 러시아 부영사(침첸코)를 통해 러시아 황제에게 감사의 말을 전달했고, 아관망명 두 달 뒤인 1896년 5월 2일(구력 4월 21일) 태평양 함대사령관 알렉세예프 소장을 통해 러시아 황제에게 다시 고마움을 표했던 것이다(황태연, 2017: 575).

이민원도 황태연과 유사한 맥락에서 조선 주재 공사들이 본국 정부와 사전에 긴밀한 협의를 유지하면서 고종의 자국 공관 이어를 도모했다고 본다. 특히 아관파천 이후 멕시코 주재 공사로 발령받았던 베베르가 주한 공사로 복귀하고 슈페이예르가 일본 주재 공사로 떠난 것 등이 그러한 주장을 뒷받침한다는 것이다(이민원, 2002: 123~124).

3) 아관파천 이후의 한러 관계

아관파천으로 고종의 신변을 보호하게 된 러시아는 을미사변으로 일본에 대해 열세에 처하게 된 상황을 재역전시킬 수 있게 되었다. 이제 러시아가 한반도에서 가장 큰 영향력을 쥐게 된 것이다. 그럼에도 러시아는 당장에 한국을 병합하거나 보호국화하려는 시도를 하지 않았다. 러시아는 적어도 시베리아횡단철도의 완전한 개통 때까지 일본은 물론이고, 영국 등 서양 열강과도 한반도 문제를 둘러싼 갈등의 소지를 만들지 않으려는 태도를 갖고 있었다.

그러한 러시아의 태도는 1896년 6월 러시아를 방문한 조선 사절단의 요구에 대한 대응을 통해 분명하게 드러났다. 고종의 특사 민영환은 조선의 자주권 확보를 위해 러시아의 적극적 지원을 요청했다. 그러나 러시아의 요동 진출에 대한 일본과 영미의 견제를 의식한 러시아는 민영환을 통해 러시아 황제에게 전달된 러시아 단독의 조선 보호에 대한 고종의 요청과 군사 및 재정 지원 요청을 거절했다. 1896년 6월 맺어진 야마가타-로바노프 협정, 1898년 4월에 맺어진 니시-로젠 협정 등에서 나타나 있는 바와 같이 "러시아는 청국으로부터 만주 경영권을 확보하고 이에 대한 일본과 영국의 간섭을 따돌리기 위해 영일과의 타협을 택해 조선을 러일 양국의 공동 보호국으로 삼음으로써 일본의 기득권을 부분적으로 인정하는 쪽으로 일정한 양보"를 했다(황태연, 2017: 665).

한편 특사 민영환이 이끌던 조선의 사절단은 러시아 체류 중에 러시아와 일본이 조선에 공동 영향력(joint influence)을 행사하려 한다는 소문을 듣고 있었다. 이에 민영환은 로바노프와의 면담에서 이러한 공동 보호국 지위를 거부하고 러시아 단독으로 조선을 보호해 줄 것을 요청했다. 그러나 러시아는 이러한 조선의 요청에 대해 상당히 신중한 태도를 견지했다. 특히 러시아는 민영환이 요청한 국왕 시위대에 러시아군을 파견하는 문제에 대해 거절의 뜻을 분명히 했다. 로바노프는 민영환에게 "우리가 수비대를 궁궐 안으로 파견한다면, 영국과 독일은 불쾌히 여길 것"이기 때문에 "그럴 수 없다"라고 잘라 말했다. 다만 러시아는 조선 국왕의 환궁 후 "도덕적 안전 보장"을 해줄 수 있다고 애매모호하게 대답했다.[24] 또한 러시아 측은 민영환 일행이 끈질기게 요구한 300만 엔 상당의 차관 제공과 국왕의 안전을 위한 군사 지원 등에 대해 시간을 끌면서 확답을 주지 않았다.

그런데 로바노프는 궁궐수비대를 불쾌히 여길 나라로 일본을 지목하는 대신에 영국과 독일을 거명함으로써 6월 7일 야마가타-로바노프 협정에서 이미 궁궐수비대 문제를 일본에 양보한 사실을 숨기고 있었던 것이다. 그뿐만 아니라, 이 무렵 러시아와 일본은 한반도에서의 직접적인 충돌을 피해야 한

---

[24] 러시아 외무성 아시아 국장 표트르 카프니스트(Pyotr Kapnist) 백작에 따르면, 도덕적 보장은 국제 정치적 보장을 의미한다는 것이었다(황태연, 2017: 672~673).

다는 공감대를 바탕으로 한반도의 분할까지 논의하기에 이르렀다. 예컨대 1896년 5월 24일, 니콜라이 2세의 대관식 참석을 명분으로 러시아를 방문 중이던 일본의 특파대사 야마가타 아리토모는 로바노프 러시아 외상을 만나 러시아 측에 한국의 정치·경제·군사 등 여러 분야에 걸친 공동 영향력 행사를 골자로 38(39)도선을 경계로 한 조선의 분할을 제안했다. 그러나 러시아는 이 제안을 거부했다. 당시 러시아는 자국의 공사관에서 고종을 보호하고 있었기 때문에 조선에서 상대적인 우위를 차지하고 있었다. 그러므로 굳이 일본이 제안한 조선의 분할안을 받아들일 이유가 없었던 것이다(박종효, 2014: 13).[25]

러시아는 아관파천으로 인해 한반도에서 상대적으로 유리한 위치를 차지하고 있었음에도 그 당시에 자국의 가장 큰 관심사였던 만주횡단철도의 획득에 초점을 맞춤으로써 조선의 요구에는 매우 미온적으로 대응할 뿐이었다. 특히 만주 진출에 심혈을 기울이고 있었던 세르게이 비테(Sergei Vitte) 재무상은 로바노프 외상으로부터 조선에 대한 재정 지원 문제를 검토해 달라는 요청을 받고서도 실질적인 대책을 내놓지 않았다. 그 대신 1896년 8월 러청은행(Russia-Chinese Bank)의 상해 지점장 드미트리 포코틸로프(Dmitrii Pokotilov)를 서울로 보내 조선의 재정 상태를 우선 조사하도록 하는 것으로 매듭을 지으

---

25 그로부터 6년 뒤에 러일 사이에 한반도 분할론이 다시 제기되었다. 이번에는 러시아 측이 제안했다. 1902년 영일동맹이 성사되고, 1903년 4월부터 8월까지 진행되었던 러시아의 용암포 점령 시도가 일본·영국·미국 등의 개입에 의해 좌절되면서 러시아의 한반도 진출은 점차 꼬여갔다. 그러한 상황에서 러시아는 한반도의 분할을 일본 측에 제의하게 된다. 1903년 주일 러시아 공사 로젠이 일본에 대해 39도선을 경계로 러일이 각각 남북으로 한반도를 분할하자는 제안이었다. 그러나 일본은 이에 대해 사실상 거부의 뜻을 나타냈다. 즉 일본은 만주의 남부까지 중립지대화하자는 것을 조건부로 이를 검토할 수 있다고 했다. 이에 대해 러시아가 거부하면서 양국 간 협상이 지연되었으나 결국 일본이 한반도 분할을 거부하는 대신 만주에 대한 러시아의 세력권을 인정한다는 입장을 내놓았다. 이러한 일본의 제안을 러시아가 거부함으로써 러일 양국은 동아시아 패권을 놓고 전쟁이라는 외통수로 빠져들게 되었다(현광호, 2007: 247~272).

려고 했을 뿐이다(최문형, 2001: 219~223). 1897년 2월 20일의 고종 환궁도 이러한 러시아의 소극적 태도에 대한 국왕의 실망과 신료들, 독립협회를 비롯한 사회집단, 대중의 러시아에 대한 부정적 여론에 따른 결과였다. 결국 고종이 경운궁으로 환궁한 것을 계기로, 러시아가 아관파천 이후에 획득한 조선에서의 우세한 입지는 점차 와해되고 말았다. 이후에도 러시아는 조선에 대한 재정 지원은 미룬 채 조선의 재정 상황을 파악하고, 세관 운영 실태를 조사하며 한러 경제협력을 강화하는 임무를 수행할 필요가 있다는 명분으로 조선 정부를 위한 재정 고문을 파견하는 데 그쳤다. 1897년 5월 비테 재무상은 예브게니 알렉세예프(Yevgeni Alekseyev)를 재정 고문으로 선발했다. 알렉세예프는 그해 9월 초에 서울에 부임했다(박노벽, 1994: 92~105).

그렇다면 러시아는 왜 한반도에서의 유리한 입지를 바탕으로 조선과의 외교적인 유대 강화에 적극적으로 나서지 않았나? 우선 러시아는 한반도와 동북아에서 자국의 영향력이 제한적이었다는 점을 인식하고 있었다. 그뿐만 아니라 시베리아횡단철도가 완공될 때까지는 동북아에서 공세적인 외교를 펼치는 것을 자제하는 입장을 갖고 있었다. 그리고 동북아에서 러시아의 최대 관심사는 만주 지역에서 배타적인 세력권을 구축하는 것이었다.

러시아의 그러한 소극적인 태도에 대해 민영환은 깊이 실망하고, 러시아에서 귀국한 이후 죽을 때까지 반러적인 태도로 일관하게 된다. 어쨌든 일련의 협정(베베르-고무라 각서,26 야마가타-로바노프 협정,27 민영환-로바노프28 각서 등)

---

26 1896년 5월 14일 러시아 공사 베베르와 일본 공사 고무라 주타로(小村壽太郞)가 한국과 관련해 체결한 각서이다. 각서의 내용은 다음과 같다. ① 주한 러시아와 일본 공사는 고종의 안전에 모든 의문이 사라질 때 고종이 대궐로 환궁하도록 권고한다. ② 현재의 내각은 고종의 자유로운 선택에 따라 개화하고 온건한 인물로 임명될 것이다. ③ 서울과 부산 사이의 일본 전신선 보호를 위해 한국에 주둔하는 일본 헌병대는 전체적으로 200명을 넘을 수 없다. ④ 일본 수비대는 서울에 2개 중대, 부산에 1개 중대, 원산에 1개 중대 등으로 구성되고 각 중대는 200명을 넘을 수 없다. 러시아는 동일한 장소에서 일본 수비대의 숫자를 넘지 않는 범위 내에서 군대를 유지할 수 있다. 이 각서는 러시아와 일본이 한국과 만주를 둘러싸고 자국의 이해를 확보하기 위한 협상의 결과물이었다. 그러나

으로 인해 한반도에서 러시아와 일본 간에 불완전하나마 세력 균형 체제가 수립되었다. 이러한 러시아와 일본의 타협은 한편으로 양국에 의한 한반도의 공동 보호국화를 초래했던 것이다. 그리고 그러한 상황과 조건하에서 고종의 경운궁으로의 환궁(환어)이 이루어진 것이다.

러시아의 고종 보호 거부에 실망한 조선으로 하여금 러시아로부터 더욱 멀어지게 만들기 위해 일본은 이간책을 쓰는 것을 마다하지 않았다. 고종의 경운궁 이차 직후인 3월 2일, 일본 측은 야마가타-로바노프 협정 및 베베르-고무라 각서를 조선에 송부했다. 이를 본 고종과 조선의 신료들은 러시아에 대한 실망감을 느끼지 않을 수 없었다. 이때 '비밀 조항'은 빠져 있었다는 설이 있으나 어쨌든 그 비밀 조항이 일본 신문에도 보도됨으로써 조선의 조정도 이를 알고 있었다(황태연, 2017: 679).

협상의 대상이었던 한국의 입장에서는 대신 임명에 관한 외국의 충고, 외국 군대의 주둔과 같이 자주권과 독립을 침해받는 내용을 담고 있었다. 어쨌든, 이 각서에서 러시아는 일본과 대등한 수준의 군대를 조선에 주둔시킬 수 있는 근거를 인정받음으로써 외교적인 승리를 거둔 것으로 평가된다.

27 1896년 6월 9일 일본제국과 러시아제국이 조선에서의 분쟁에 관해 체결한 협정이다. 삼국간섭으로 조선에서 친일파와 친러파 사이의 권력 다툼으로 불안정한 정국이 계속되어 러일 양국의 이익이 모두 침해받고 있었다. 이에 야마가타 아리토모 전 일본 총리대신과 로바노프 러시아 외상 사이에 ① 조선의 독립을 보증할 것. ② 조선의 재정 개혁을 촉진할 것. ③ 근대적 경찰 및 군대를 조직할 것. ④ 통신을 유지할 것 등에 대한 협정을 체결했다. 이 협정은 다음과 같은 비밀 협정도 포함하고 있었다. ① 만약 한국에서 질서가 유지되지 않는다면, 러시아와 일본은 한반도에서 양국의 상호 군사 활동의 영역을 구분한다. ② 고종의 신변 안전을 위한 한국 군대가 설치될 때까지 러시아와 일본은 한국에서 동일한 인원의 군대를 유지한다[다시 말해 조선군이 창설될 때 외국군(일본군)의 철군을 단서로 규정].

28 고종의 특사인 민영환과 로바노프 러시아 외상이 1896년 6월 30일 페테르부르크에서 서명한 각서이다. 그 주요 내용은 다음과 같다. ① 조선군이 신뢰할 수 있는 병력으로 훈련될 때까지 러시아군은 국왕 보호와 수비를 담당한다. ② 러시아는 조선에 군사교관들을 파견한다. ③ 러시아는 국왕 관리하의 궁내부 재정, 군사 문제, 광산, 철도 등의 문제를 담당할 재정 고문을 파견한다. ④ 양국에 이로운 조건으로 조선과 러시아 간 전신선을 연결한다. ⑤ 일본 차관을 갚기 위해 300만 (원)엔의 차관을 제공한다. 위와 같은 내용으로 미루어 볼 때 민영환-로바노프 각서를 통해 러시아는 한국에서 자국의 세력 신장을 기도한 것이 분명하며, 따라서 이는 일본에 대한 로바노프의 배신행위라고도 지적되어 왔다(Langer, 1951: 407; 이민원, 2002: 172에서 재인용).

1897년 2월 20일 고종의 경운궁 환어(이차) 이후, 정동파(친러파)로 불리던 여러 신하들이 친일파로 노선을 갈아탔다. 이완용과 민영환이 그 대표적인 인물들이다. 한편 고종은 아관파천 이후 1년 8개월 만인 1897년 10월 12일 대한제국을 창건해 러시아와 일본의 허를 찔렀다.

결국 러시아로서는 시베리아횡단철도의 완공 때까지는 일본과 정면 대립하는 상황을 회피하려고 했다. 그런 의미에서 1896년 러일 간 모스크바의정서의 합의 정신을 벗어날 정도로 조선의 재정 지원 및 군사 지원 요청을 받아들이기는 어려웠을 것이다. 다만 러시아 측이 조선(민영환)의 요청을 전면 수용하는 것도 아니요, 그렇다고 완전히 무시하지도 않은 채 애매모호한 태도를 취하게 된 까닭은 무엇인가? 이민원은 다음과 같이 분석하고 있다.

러시아 입장에서는 비록 만주에 관심을 기울이고 있기는 하였으되, 적어도 조선이 완충지로서의 역할은 해주어야 한다는 기대가 있었다. 따라서 러시아로서는 조선이 일본의 영향권하에 완전히 들어가 종속되는 것만은 반드시 막아야 하는 입장에 처해 있었다. 그와 동시에 러시아는 조선이 러시아의 영향권으로부터 이탈하는 것을 방지하기 위해 어느 정도까지는 조선 정부의 요청에 관심을 기울이는 시늉이라도 내야 하는 입장을 갖고 있었던 것으로 보인다(이민원, 2002: 173).

6. 아관파천 이후 러시아의 동아시아정책과 열강의 대응

아관파천 이후 한반도에서 러시아의 발언권이 상대적으로 강화되었다. 이러한 분위기 속에서 러시아 정부 내에서는 조선에 대한 보다 적극적인 관여를 주장하는 목소리가 나왔다. 고종의 환궁이 이루어진 직후인 1897년 3월에 러청은행과 동청철도이사회 이사로 있던 로마노프는 조선의 지정학적 중요성과 조선에 대한 재정 지원의 필요성을 강조하는, 다음과 같은 의견서를 비테에게 제출했다.

나의 견해로는 우리에게 가장 중요한 지역은 조선입니다. 북만주는 랴오둥이나 조선으로의 접근로를 마련해 줄 때만 우리에게 중요할 뿐입니다. ……동청철도가 일본의 조선 침략을 막아주는 한, 보두나(伯都納)에서 지린(吉林)을 통해 조선의 한 항구까지의 철도노선에 청국인들은 강력하게 반대하지는 않을 것입니다. 그러나 조선의 동의를 얻기 위해 우리는 우선 조선과의 재정 협력 부분에서 영향력을 발휘해야만 합니다(Malozemoff, 1958: 104).

1) 만주를 둘러싼 러일의 각축과 러시아의 한국 중립화 방안 제의

비테 러시아 재무상은 자국 정부의 보증을 전제로 프랑스 금융 자본을 유치함으로써 1895년 12월 5일 자로 러청은행의 설립에 성공했다. 최초의 자본금은 6백만 루블에 달했는데 그 가운데 프랑스의 자본 비율이 5/8를 차지했다(Malozemoff, 1958: 71). 특히 러시아는 시베리아횡단철도 노선이 만주를 통과하도록 수정해 '만주 관통철도(동청철도)' 계획을 공식화했다(백준기, 2014: 650).

그러한 러시아의 전략은 1896년 6월 3일 맺어진 러청동맹을 위한 비밀 협약에 잘 나타나 있다. 이 밀약에서 양국은 러시아는 삼국간섭, 차관 공여 등에서 자국이 주도적인 역할을 했다는 점을 내세워 청국에 대한 상당한 대가를 요구하게 되었다. 또한 이 밀약으로써 러시아는 청국 주재 자국 경찰과 군장교에 대한 치외법권을 인정받게 되었다. 더 나아가 러시아는 자국 군대의 만주 주둔권을 인정받았을 뿐만 아니라 다양한 경제적 권익을 얻게 되었

으며 동청철도 부설에 관련된 토지 획득권, 인근의 광산 개발권까지 인정받았다.[29]

이렇게 볼 때 러시아의 만주철도 부설권은 러청동맹조약과 교환한 것이었다. 러시아는 동청철도의 부설권을 획득함으로써 시베리아횡단철도를 멀고도 어려운 공사 구간인 아무르 유역을 우회해 자바이칼에서 북만주를 가로질러 연해주의 블라디보스토크까지 연결함으로써 지정학적 안보 이익 및 상업적 이익을 동시에 얻고자 했다. 그러나 비테는 여기서 그치지 않고 동청철도를 북중국 철도와 한반도에 연결하는 사업까지 관심을 갖게 되었다. 그렇게 함으로써 만주에 대한 확고한 영향력을 확보함은 물론 이를 바탕으로 한반도 진출 또한 도모할 수 있을 것으로 판단했기 때문이다. 그러나 청국에서는 이를 주권의 침해로 보고 강력하게 반발했다. 동청철도를 중국 북부 지역까지 연결해 북만주와 남만주, 더 나아가서는 북중국과 한반도에까지 영향력을 미치려고 했던 러시아의 전략은 청국뿐만 아니라 영국과 미국 등 여타 열강의 반대에 부딪히게 되었다(Malozemoff, 1958: 94~95).

그 이후 1899년 4월 22일에 주러 영국대사 찰스 스콧(Charles Scott)과 러시아 외상 미하일 무라비요프(Mikhail Muraviyov) 간의 협정(Scott-Muraviyov Agreement)이 체결되었다. 이 협정에 따르면, 영국은 양쯔강(揚子江) 유역에서 그들의 철도 관련 세력권을 러시아에 인정받고, 러시아는 만주의 세력권을 영국에게 인정받게 되어 있었다. 다만 추가 각서를 통해 러시아는 영국의 신디케

---

[29] 리훙장과 로바노프 사이에 서명된 러청 밀약의 주요 내용은 다음과 같다. ① 일본이 러시아 극동, 조선, 청나라에 침공한 경우 청나라-러시아 양국은 육해군을 상호 지원한다. ② 당사자의 한쪽은 다른 쪽의 동의 없이 적국과 평화조약을 맺지 않는다. ③ 전쟁 시에는 청나라의 모든 항만을 러시아 해군에게 개방한다. ④ 러시아 군대를 이동하기 위해 청나라는 러시아가 헤이룽장과 지린을 통과해 블라디보스토크에 이르는 철도 건설을 허용한다. ⑤ 철도 건설과 경영은 러청은행(러시아가 설립한 중국의 이익을 대표하는 금융기관)이 맡는다. ⑥ 전시 또는 평시에도 러시아는 이 철도에 의해 군대와 군수물자를 자유롭게 수송할 수 있다.

이트 차관과 산해관(山海關)-신민둔(新民屯) 철도를, 영국이 운영하고 부설하는 것을 용인했다.

한편 미국 또한 러시아의 만주철도 독점 기도에 대한 견제에 나섰다. 1899년 9월 6일 미국 국무장관 존 헤이(John Hay)는 중국의 문호개방정책에 대한 회람장을 영국, 독일, 러시아, 일본, 이탈리아에 돌렸다. 이 회람장에서 특히 러시아의 신경을 건드린 부분은 세 번째 조항의 동청철도에 대한 부분이었다 (Malozemoff, 1958: 117~118). 게다가 중공업의 급속한 팽창 국면에서 이루어진 과잉투자는 러시아 정부의 재정 상황을 악화시켰을 뿐만 아니라 많은 민간 기업의 파산을 불러일으켰다. 또한 만주의 철도 건설 현장에서는 만주 현지인들이 러시아 장교, 엔지니어, 건설 노동자들을 공격해 많은 피해를 입히는 등 러시아의 만주철도 건설은 내외에서 엄청난 도전에 직면하게 되었다. 이에 비테가 만주 3성에 파견된 청국의 총독들을 직접 만나 교섭한 끝에 1899년 12월 2일 노동자의 고용, 불만 접수, 토지 매입 등의 제반 문제를 다룰 새로운 기구로서 국제철도업무 중앙사무국을 개설했다(Malozemoff, 1958: 119).

1897년 접어들어 러시아는 중국 북부 지역과 만주에 대한 영향력을 확대하기 시작했다. 1897년 독일이 교주만을 점령하자 재무상 비테가 추진하던 '만주로의 평화적 침투'와 조선 진출 우선 정책은 그 동력이 약화되었으며, 그 대신 동아시아 총독 무라비요프의 만주 집중 정책이 설득력을 얻게 되었다(홍준화, 2005: 149~169). 이에 따라 한반도 문제에 대한 러시아의 관심은 상대적으로 후순위로 밀려나게 되었고 러시아와 일본 간에 한반도와 만주에 대한 세력범위를 놓고 일종의 타협이 이루어지게 되었다.

1897년 12월 러시아는 랴오둥반도의 뤼순을 점령했으며, 이듬해 3월 27일에 뤼순반도에 대한 최종적인 조차 조인이 이루어졌다. 이로써 러시아는 오랫동안 염원하던 부동항을 얻게 된 것이다. 일본은 러시아의 전략적 우선순위가 만주 지역에 있음을 간파하고, 이른바 '만한교환론(滿韓交換論)'을 제의했다. 말하자면, '러시아는 조선에서 일본의 자유행동을 승인하고 일본은 만주가 자국의 세력권 밖에 있음을 인정한다'는 러일 양국 간 세력범위의 조정안이다.

러시아의 뤼순 점령이 일어난 이후, 일본 국민들 사이에서는 러시아의 공격적 행위에 대한 반대 여론이 들끓었다. 이러한 상황에서 러시아는 일본을 더 이상 자극해 군사적인 충돌로 비화되는 것을 원치 않았다. 동아시아에서 러시아의 군사력이 일본을 압도하지 못할 뿐만 아니라 동맹 관계에 있는 프랑스의 동아시아 함대 전력 또한 여타 강대국들에 비해 열세에 있었다. 더구나 당시 러시아는 동청철도를 북중국까지 연결하는 것을 포함해 만주 지방에 대한 확고한 세력권 형성에 주력하고 있었다. 더구나 고종의 환궁 이후, 러시아의 대조선 재정 지원이 흐지부지되면서 러시아에 대한 반대 여론이 급증했고 친러파의 영향력은 쇠퇴하게 되었다. 이러한 제반 상황을 고려할 때 러시아는 조선에서 기존의 현상 유지 정책을 변경해, 일본의 우위를 사실상 인정하는 정책으로 전환한 것으로 보인다. 이러한 상황 속에서 조선에 대한 영향력 확대에 적극적이었던 슈페이예르 공사의 조선 내 영향력이 크게 약화되었고, 마침내 그보다 유화적이었던 마튜닌으로 교체되었다. 이러한 러시아의 변화된 입장은 1898년 4월 25일 도쿄 주재 러시아 공사인 로만 로젠(Roman Rosen)과 일본 외상 니시 도쿠지로(西德二郞) 사이에 조인된 협정(일명 니시-로젠 협정)에 명백하게 반영되어 있다. 이 협정에 따르면 러일 양국은 "조선의 독립을 인정하고 조선의 내정 문제에 간섭하지 않는다"는 데 합의했다. 또한 양국은 조선에 파견되는 군사교관과 재정 고문에 대해서는 상호 협약에 따르도록 했다. 이 협정에서 가장 중요한 조항은 조선 내 교역과 상업에 있어서 일본의 확고한 우위를 인정해 러시아는 일본과 조선의 상공업 관계의 발전을 방해하지 않는다는 규정이다(Malozemoff, 1958: 110~111). 이로써 일본은 조선에서 러시아보다 우월한 지위를 인정받게 된 것이다.

이렇듯, 한반도의 세력권을 일본에게 양보한 러시아는 이제 만주에 대한 이권과 세력권 확보에 전력을 기울이게 되었다. 러시아는 1900년 11월 26일 이른바 '알렉세예프-증기(增棋; Tseng Chi) 협약'을 맺어 사실상 러시아의 만주 점령을 기정사실화했다. 이 협약에 따르면, 러시아는 만주 지역에서 청군의 무장해제, 포대-요새 철폐 등을 통한 청의 군사권 박탈을 수행하도록 되어 있었다(Malozemoff, 1958: 154~155). 이는 사실상 만주를 러시아의 보호 아래 두는 조치와 다름없었다.

이에 대해 일본은 매우 민감한 반응을 보였다. 이제 일본 측은 기존의 만한교환론을 바꾸어 '만한불가분일체론'을 내세워, 러시아의 만주 선점을 인정하지 않을 뿐만 아니라 한반도를 넘어 만주에 대한 일본의 이익을 드러내 놓고 내세우기 시작했다. 이에 따라 러일 간에 팽팽한 긴장이 형성되어 동북아 지역의 지정학적 이익을 둘러싸고 양국 간 전운이 감돌게 되었다.

이러한 맥락에서 러시아는 1901년 7월 25일 주러 일본 공사 진다에게 새로운 한국의 중립안을 '비공식'으로 제의하게 된다. 러시아는 일본이 한국을 중립국으로 만든다면 일본에게 행정 고문, 재정 고문, 경찰 총감의 파견권까지 인정해 주겠다고 제의했다(최문형, 2001: 136).

그러나 이즈음 일본의 정국은 강경파가 지배하는 양상이 뚜렷해졌다. 러시아와의 협상을 선호하던 온건파, 또는 점진파에 해당되던 이토 내각이 물러나고 강경파 카쓰라 다로(桂 太郞) 내각이 출범했다. 이 무렵, 영국은 일본에 대해 개전 시 상대국에 대한 군사원조를 포함하는 영일동맹을 일본 측에 제의함으로써 이제 한반도와 만주 문제의 해결에서 러일 간 외교적 해법의 공간은 소멸되어 가고 있었던 것이다.

마침내 1902년 1월 30일에 랜스다운(Lansdowne) 영국 외상과 하야시 다다스(林董) 주영 일본 공사 간에 영일동맹조약이 영국 외무성에서 체결되었다. 이 동맹조약에서는 일본의 권익에 대해 "일본은 한국에서 '특수한 정도의' 권익을 갖는다"라고 해 영국을 비롯한 열강 등이 청국에서 맺은 조약상의 일반적 권익과 구별한 것이 눈에 띈다. 일본의 한국 지배는 청국에 대한 영국의 그것과는 그 강도가 다르다는 사실을 영국이 승인한 것이다(최문형, 2001: 150). 이로써 일본은 한반도에서의 확고한 지배와 만주로의 이익선 확대에 최대의 걸림돌이던 러시아와 결정적 승부를 겨루는 데 있어서 매우 중요한 우군을 확보한 셈이었다.

2) 열강의 러시아 견제와 러시아의 대응

1899년 가을에 '부청멸양(扶淸滅洋)'을 추구하는 비밀결사, 즉 의화단(義和團)이라는 조직이 산둥성에서 출현했다. 그들은 반왕조, 반외세의 슬로건을 내걸고 시위를 벌였다. 의화단원들은 산둥 지방과 북중국 및 남만주의 여타 지역에서 발생한 심각한 기근이 외국인들의 침입에 책임이 있다는 신념 아래 유럽의 선교사들에 대한 공격을 시작으로 점차 확산해 급기야 베이징의 외국 공관에 대해서도 공격을 가했다. 그 이후 1900년 7월에 이르러 의화단원들은 러시아가 부설한 동청철도 및 남만주 철도에 대한 공격을 가함으로써 러시아와 전쟁 상황에 돌입하게 되었다. 러시아는 자국의 전략적, 경제적 이익을 보호하기 위해 약 17만 명의 병력을 투입해 그해 10월경에는 동청철도를 장악하고 만주 일대를 점령해 버렸다.

러시아가 만주를 점령하게 된 데는 두 가지 목적이 있었다. 첫째, 10억 루블 이상 투입해 건설한 만주철도를 비롯해 이 지역에서 러시아의 경제적 이익을 수호하기 위함이었다. 둘째, 의화단 사건으로 중국 북부 지역까지 열강의 군사력이 진출함에 따라 만주를 선점한 러시아는 자국의 배타적인 영향력을 유지할 필요가 있었던 것이다.

러시아의 만주 지배가 더욱 공고화됨에 따라 일본은 러시아와 만한교환론 또는 만한불가분일체론에 입각해 러시아와의 갈등·대립이 불가피한 경로라고 판단하게 되었다. 한편 영국으로서는 러시아가 만주에 대한 지배를 바탕으로 북중국 인근까지 세력을 확대하려는 행보에 불만을 갖고 있었다. 그리하여 영국과 일본은 러시아라는 공동의 경쟁자를 견제하기 위한 목적 아래 유대를 강화하게 되었다. 그러한 양국 간의 관계는 1902년 1월 30일 영국의 랜스다운 외상과 주영 일본 공사 하야시 간에 영일동맹이 체결됨으로써 구현되었다. 이렇듯, 러시아의 남하, 중국의 분할 참여, 더 나아가 태평양으로의 진출을 막기 위해 영국과 미국은 일본의 한국 지배를 지지할 뿐만 아니라 일본의 만주 진출을 용인함으로써 만주에서의 러일 세력 균형을 도모하려고 했다. 영국은 일본에게 상업상, 공업상의 이익은 물론 '정치상의 이익'까지 인정했다. 그러한 상황이 펼쳐짐으로써 이제 일본은 러시아와 대립하더라도 1895년의 경우와 같은 러·불·독, 또는 다른 형태 열강의 집단적 간섭 악몽으로부터 완전히 벗어날 수 있게 된 것이다(최문형, 2001: 149).

한편 러시아의 만주 문호 폐쇄를 무력이나 동맹 체결의 방식으로서는 막을 수 없을 것으로 판단한 미국은 일본을 부추겨 러시아를 막는 방법을 동원할 수밖에 없었다. 그러한 관점에서 시어도어 루스벨트의 미국은 일본의 한국 지배를 용인해 한국을 희생양으로 삼는 정책을 펼치게 된 것이다(최문형, 2001: 223). 그러한 미국의 정책은 1905년 7월 29일 가쓰라-태프트 비밀 협약을 통해 필리핀에 대한 자국의 지배를 인정받는 조건으로 일본의 한국 지배를 인정하는 외교적 거래로 발전하게 된다.

러시아는 만주에 대한 정치적 헤게모니를 기정사실화하기 위해 청국과의 단독 협정을 추진했다. 그 과정에서 앞에서 언급한 바와 같이 1900년 11월 9일 '알렉세예프-증기 협약'이 나왔다. 그러나 이 협정은 청국 정부의 승인을 받지 못했으며, 러시아 정부는 청국에 승인을 압박하기도 어려웠다. 왜냐하면, 만약 러시아가 만주에 대해 정치적·군사적 패권을 고집할 경우, 열강의 반발이 오히려 기존의 만주철도에 대한 기존의 이익마저 위협을 받을 수 있었기 때문이다. 리훙장은 한편으로 재정적 측면에서 러시아에 의존하면서도 다른 한편으로는 만주에 대한 러시아의 야망을 다른 열강에 흘림으로써 러시아를 견제하려고 했다. 이렇듯, 만주에 대한 정치적 패권, 동청철도의 북중국 지선 연결, 중국서북부 변방 지방과 만주 지역에 대한 러시아의 배타적 이권보장 등을 포함하는 러시아의 최대 요구(maximum demand)는 청국뿐만 아니라, 일본과 영국을 비롯한 열강의 반대에 직면해 무산되고 말았다. 게다가 러시아제국 정부 내에서도 비테 재무상 등 온건파 세력들은 최대 요구 계획에 대해 제동을 걸면서 기존 철도의 이권 보존 등, 보다 온건하고 신중한 접근을 주장했다.

한편 조선뿐만 아니라 만주까지 자신의 세력권을 팽창하는 데 관심을 갖고 있었던 일본은 러시아의 만주 패권 공고화 시도에 제동을 걸었다. 그 결정타가 바로 1902년 1월 30일에 발표된 제1차 영일동맹이었다. 강대국들의 대러 견제에 힘입어 청국은 만주에 대한 여타 열강의 진출을 금지해 러시아에 대한 경제적 독점권을 획득하는 데 초점을 둔 러시아의 단독 협정 요구를 최종적으로 거부했다.[30] 이렇듯, 러시아는 이른바 최대 요구에 대한 청국의 반발과 열강의 반대에 직면하게 되자 일단 만주에 주둔하고 있던 자국군의 철수를 단행하게 되었다. 4월 8일 러시아와 청국은 6개월씩 3단계에 걸쳐 만주에 주둔한 러시아 군대를 철수하기로 하는 협정을 맺었다.

동청철도를 근간으로 경제 부문에 집중하면서 '만주에 대한 평화적인 침투'를 노려온 비테 재무상은 이제 일본과의 전쟁을 피하기 위해 만주에 대한 정치적·군사적 점령을 포기하고 만주철도의 보호라는 소극적인 목표로 전환했다. 러시아 정부는 만주 문제와 한국 문제를 놓고 일본과 외교적 절충을

---

30   러시아는 만주 상공업 부문에 대한 러청은행의 독점권을 얻어내려고 많은 노력을 기울였으나 청국
      은 끝내 이 요구를 받아들이지 않았다(최문형, 2004: 154).

시도했다. 그러나 그 과정은 순탄치 않았다. 1901년 리훙장이 사망한 이후 비테-리훙장 외교 교섭 라인이 무너지고, 영국·일본·미국 등으로부터 지원을 기대한 청국의 입장이 한층 더 강경해짐에 따라 만주 문제의 외교적 해결은 매우 어려워지게 되었다.

이에 러시아 정부는 보다 강경한 정책으로 기울어지게 되었다. 특히 알렉세이 쿠로파트킨(Aleksei Kuropatkin) 육군상은 비테의 동청철도 부설을 중심으로 하는 점진적인 만주정책으로 말미암아 청국인들의 북만주 이주를 촉진하는 등 러시아의 이익은 오히려 침해했을 뿐만 아니라 극동 지역에서의 러시아 안보를 오히려 위협하게 되었다고 지적하고, 만주에서의 러시아군 철병을 연기해야 한다고 주장했다(Malozemoff, 1958: 204). 1903년 2월 7일에 소집된 특별각료회의의 결정에 따라 러시아 정부는 4월 18일 자로 만주 문제에 대한 이른바 '7개 요구안'을 청국에 전달했다.[31] 이러한 러시아의 요구에 대해 청국은 불과 4일 만에 (당시 외교적 관례로는 매우 이례적으로) 거부해 버렸다. 열강의 지지를 확신한 청국 정부는 만주 철병이 완료되기 이전까지 어떠한 조항도 논의하기를 거부한다고 밝힌 것이다. 이러한 청국의 완고한 입장에 직면한 러시아는 결국 4월 26일에 소집된 특별각료회의에서 비테와 블라디미르 람스도르프(Vladimir Lamsdorf) 등이 철도 등 경제적 진출을 지속하되 군사적 점령을 종식시킨다는 기존의 소극론을 버리고 북만주 점령을 지속하기로 결정했다(Malozemoff, 1958: 207). 이러한 결정을 내림에 있어서 러시아는

---

31 이 요구안의 내용은 다음과 같다. 청국은 철군 지역을 여타 열강에 할양하지 않으며(1항), 러시아의 동의 없이 만주에 새로운 개항장을 개설하지 않는다(2항). 청국이 외국인을 행정기관장으로 임명해야 하는 경우, 러시아의 권익이 우세한 북중국 지역의 행정 업무에 대해서는 청국 행정기관이 담당할 수 없으며 러시아인이 주도하는 특별 기관이 관장하게 될 것이다(3항). 만주 점령 기간 동안 러시아가 획득한 모든 이권들은 철병 이후에도 인정된다(4항). 러시아는 베이징-잉커우 사이의 전신선이 존재하는 한, 뤼순-잉커우-묵덴 사이의 전신선을 군사적인 목적으로 계속 보유한다(5항). 잉커우의 세관 위원과 의사는 러시아인이 맡도록 한다(6항). 러시아 군대의 철수 이후에도 러청은행 잉커우 지점은 세관의 대행 기관으로서 그 기능을 계속 수행한다(7항)(Malozemoff, 1958: 206).

일본의 반발을 우선적으로 의식했을 가능성이 있는데, 일본의 반발에 대응하기 위해 한반도에 대한 일본의 우선적 권리 인정이라는 카드를 구상하고 있었던 것으로 보인다.

3) 러시아의 '뉴코스' 선회와 러일전쟁의 발발

이제 러시아는 이른바 '뉴코스'를 채택하게 되었다. 1903년 5월 15일 니콜라이 2세는 동아시아 총독 알렉세예프에게 '뉴코스'를 실시하라는 훈령을 하달했다. 그 주요 내용은 외국 세력의 만주 침투를 저지한다는 원칙하에 ① 러시아 기업들이 만주에서 광범위한 활동을 할 수 있도록 허가할 것, ② 최단시일 내에 러시아의 정치 경제적 목표와 균형을 이룰 수 있도록 군사적 준비 태세를 갖출 것, ③ 만주에서 러시아가 배타적 세력임을 모든 사람들에게 명백하게 나타내 보일 것 등이다(최문형, 2004: 186).

이에 따라 러시아는 1903년 4월 8일로 예정된 제2차 만주 철병 약속을 이행하지 않았을 뿐만 아니라 4월 초부터는 한반도에 직접적으로 병력을 투입해 자국의 이익을 관철하려 했다. 러시아 극동 지역에서의 경제 팽창을 지지하면서 황제에게 막강한 영향력을 행사하던 알렉산드르 베조브라조프(Aleksandr Bezobrazov) 일파는 1903년 4월 13일 한국 정부에 대해 블라디보스토크 지역의 사업가 브리네르(Briner)가 1896년에 획득한 압록강 삼림 채벌권을 이용하겠다고 통고했다. 이러한 삼림 채벌 이권을 보호한다는 명분으로 러시아는 5월에 용암포 일대에 100여 명의 군대를 출동하게 했다. 그러한 베조브라조프의 공세적인 정책은 일본을 자극시켰고, 이는 러일전쟁이 발발하는 하나의 구실을 제공한 것으로 평가된다. 그러나 그 당시 러시아 조정에는 동아시아정책에 대한 신중론도 만만찮았다. 1903년 2월부터 8월에 이르는 시기에 러시아 정부는 수차례의 회의에서 조선에 관한 침략을 분명하게 배제했다.

그뿐만 아니라 압록강 삼림 채벌 사업에 대해 러시아 정부는 더 이상 참여하지 않을 것을 결정했다. 경의선 철도의 운영권, 인삼 무역의 독점권, 연해주 전신선의 원산 연결 사업 등 여러 분야에서 러시아는 이권을 성사하는 데 실패했다(Malozemoff, 1958: 229~230).

어쨌든, 러시아가 만주에 대한 '뉴코스' 정책을 펼치게 되자 만주에 대한 지정학적 야심을 갖고 있던 일본은 적극적으로 대응하기 시작했다. 일본은 1903년 6월 23일 어전회의에서 러시아와의 교섭을 결정했다.[32] 일본으로서는 러시아가 만주 철병 불이행에 그치지 않고 한반도에 대한 일본의 지배권을 인정하려 하지 않는다고 판단[33]해, 이전보다 강경한 대러 입장을 취하게 되었다. 구체적으로, 일본 정부는 1903년 8월 12일 한반도와 만주에 관련해 러시아에 교섭안을 제출했다. 일본은 이 교섭안에서 기존의 만한교환론을 사실상 폐기하고 한반도에 대한 지배권은 물론이고, 만주에 대해서도 러시아의 배타적 권한을 부정했다. 이 교섭안 제3항에는 "일본이 한반도 종단철도를 만주철도로 확장하는 것을 러시아가 방해해서는 안 된다"는 내용이 들어 있었다. 말하자면 일본은 자국의 한반도 지배권을 당연시함은 물론 만주에 대해서는 러시아와 일정 부분 이권을 나누어 가져야 한다는 입장을 갖고 있었던 것이다(최문형, 2004: 273). 이는 러시아가 도저히 받아들이기 어려운 제안들이었던 것이다.

---

32 이 어전회의에는 이토 히로부미, 야마가타 아리토모, 오오야마 이와오, 마쓰카타 마사요시, 이노우에 가오루 등 5명의 겐로(元老)를 비롯해 가쓰라 수상, 고무라 주타로 외상, 데라우치 육군상, 야마모토 해군상 등 4명의 각료가 참석했다(Malozemoff, 1958: 237).

33 일본의 한국에 대한 배타적인 권리 요구에 대해 1903년 1월 24일에 열린 러시아 외무부 회의는 다음과 같은 사항을 결정했다. 첫째, 일본과의 우호 관계 유지를 위해 양국 간 새로운 협정이 가능은 하지만, 그것은 "기존 협정의 효력을 유지하고 이를 보충하고 발전시킨다는 전제 조건" 아래서만 가능하다. 둘째, 근린국과의 안전 보장과 불가침 원칙이 지켜지는 조건하에서 러시아는 "일본에게 한국에서의 이익을 일정 정도 양보할 수 있다". 러시아는 1896년의 야마가타-로바노프 협정과 1896년의 니시-로젠 협정에 규정된 자국의 권리와 특권을 지키려고 했다(민경현, 2010: 133~156).

이에 러시아는 10월 3일 일본에 대해 역제안을 했다. 이 제안은 "전략적 목적으로 어떠한 한국의 영토도 활용하거나 대한해협의 자유항행을 위협할 수 있는 어떠한 행동도 한반도 연안에서 해서는 안 되며, 39도선 이북의 한국 영토를 중립지대화(출병 금지)할 것을 상호 약속하고 일본은 만주와 그 연안 지역이 자국의 세력권 밖에 있음을 인정"하라는 내용을 담고 있다. 이에 대해 일본은 한국에 대해서는 자국의 배타적인 권리를 요구하는 한편으로 만주에 대해서는 러시아의 배타적 권리를 받아들이지 않으면서 스스로 관여할 수 있는 발판(남만주 철도 부설 및 운영권 획득 등)을 마련하려는 의도를 숨기지 않았다. 이러한 일본의 요구에 대해 러시아는 '만주 문제는 러시아와 청국 사이의 문제로서 제3국이 관여할 바가 아니다'라는 입장을 내세움으로써 일본의 주장을 일축했다. 이렇듯, 러시아와 일본은 한반도와 만주에 대한 세력권 다툼이 이제 클라이맥스를 향해 달려가고 있었다. 러시아는 오랜 검토 끝에 1903년 12월 11일 도쿄 주재 공사를 통해 자국의 입장을 일본에 전달했다. 여기서도 핵심 쟁점 가운데 하나였던 한국 문제는 만주 문제와 별개로 거론되었다. 일본의 만한일체 불가분론을 정면으로 맞받아친 것이다.[34]

이와 같이 러시아와 일본은 각각 만주와 한반도에 대한 배타적인 권리를 주장함으로써 서로가 서로를 받아들이기 어려운 조건으로 내몰았다. 그뿐만 아니라 일본은 만주에 대한 권리를, 러시아는 한반도에 대한 자국의 권리를 각각 주장함으로써 이제는 양국이 서로 마주 보고 달리는 기관차와 같은 양상을 나타내게 되었다. 바로 이 단계에서 영국과 프랑스도 이제 러일전쟁은 피할 수 없는 코스로 판단을 내리게 된 것이다. 그러나 전쟁에 대한 직접적

---

34 그러나 러시아는 마지막 순간까지 일본과의 전쟁을 회피하려는 입장을 보였다. 예컨대 1903년 11월에 러시아 황제 니콜라이 2세는 일본과의 전쟁을 회피하기 위해 만주 전체에 대한 배타적 지배권 확보 노선을 접고, 만주에서 일본과 열강이 청국과의 기존 조약에 따라 획득한 권리와 특권을 향유하는 것을 방해하지 않는다고 함으로써 북만주 확보론으로 후퇴했다(백준기, 2014: 689 참조).

인 개입을 피한 채 중립적인 입장을 취했다. 프랑스로서는 독일 견제가 최우선 순위의 이슈였는데, 러시아가 일본에 완승을 거둘 경우 동아시아에 전력을 쏟을 가능성이 높았다. 따라서 유럽에 개입할 여력이 없는 러시아는 독일 견제에 별 도움이 되지 않을 것이고, 이는 프랑스에게 바람직하지 않은 상황이 될 수 있었다. 그와 반대로 러시아가 일본에게 완패할 경우, 패전의 후유증을 안고 유럽에서 독일의 패권을 막는 데 힘을 보태지 못하는 상황이 벌어질 것으로 보였다. 따라서 러시아의 완승도 완패도 바라지 않는 프랑스 입장에서는 영국과의 관계 개선(영불 협상 체결)을 통해 우호적 중립을 지키는 선택을 하게 된 것이다. 한편 영국도 독일의 유럽 패권 장악을 막아야 한다는데는 프랑스와 같은 입장을 취하고 있었다. 그리고 영국은 일본에 대해 우호적인 관계를 유지하되, 직접적인 전쟁 개입은 회피하는 입장을 갖고 있었다. 이렇게 볼 때 영불 협상은 신흥제국주의 국가 독일의 도전을 제압하려는 구제국주의 국가인 영국과 프랑스의 공동 전선의 성격을 띠고 있었다.

1903년 가을 이래 러시아와의 협상이 교착상태에 빠지면서 한반도와 만주의 패권을 둘러싼 러일 간 갈등의 평화적 해결 가능성은 이제 점점 더 줄어들었다. 이제 러시아와 일본 사이의 전쟁 발발은 시간문제였다. 그런데 전쟁이 발발하기 이전에 러시아는 일본의 군사력을 근거 없이 과소평가했다. 그러나 이미 동아시아에서 해군력은 일본이 러시아를 근소하게 앞서 있었다 (Malozemoff, 1958: 245). 또한 동아시아 지역에서 양국이 갖고 있었던 방위 능력에서 러시아가 일본보다도 더 취약했다. 러시아의 더 넓은 동시베리아와 극동 지방(바이칼 호수에서 연해주에 이르는 구역)에는 불과 10개 사단의 육군 병력이 분산 배치되어 있었을 뿐만 아니라, 전시에 병력과 보급품을 신속히 실어 나를 수 있는 교통로도 아직 갖추지 못하고 있었던 것이다(최문형, 2004: 231).

1904년 2월 8일 일본 군함 14척은 제물포항에 정박해 있던 러시아 태평양 함대 소속 포함 코레예츠(Koreyets)호와 순양함 바랴크(Varyag)호를 공격한 다음 제물포항에 군부대를 상륙시켰다(박 보리스, 2010: 670).[35] 마침내 2월 8일과 9일 사이의 한밤중에 일본의 어뢰정들은 뤼순항에 정박 중이던 러시아의 태평양 함대에 대한 공격을 개시했다. 2월 10일 일본이 행한 선전포고는 이미 하나의 요식 행위에 불과했으며, 동아시아의 패권을 건 양국 사이의 전쟁은 이미 시작되었다.

일본군은 1904년 4월 말에서 5월 초에 걸쳐 압록강을 건너 만주로 진격했다. 뤼순 북방으로 진입한 일본군의 일부도 압록강을 도하해 만주로 들어간 부대와 합류해 북상했다. 러시아군이 성급하게 비운 다롄항이 5월 말에 일본군에 의해 점령되었다. 1904년 8월 하순에서 9월 초 사이에 벌어진 랴오양(遼陽) 전투에서 러시아와 일본은 각각 2만여 명의 사상자를 낸 끝에 러시아군은 지키고 있던 진지에서 퇴각했다. 일본군은 그 여세를 몰아 1905년 2월 하순에서 3월 초순 사이에 치러진 묵덴전투(봉천회전 또는 선양전투)에서 쿠로파트킨이 지휘한 러시아 육군은 6만여 명 사상자와 2만 8000여 명의 실종자를 내고 패퇴함으로써 러시아군의 사기는 땅에 떨어지고 전쟁의 판세는 일본 쪽으로 확실하게 기울어지게 되었다.[36]

한편 도고 헤이하치로(東鄕平八郎) 제독이 이끄는 일본 해군은 4월 13일 뤼순항 근해에 기뢰를 매설한 뒤 러시아 태평양 함대의 페트로파블롭스크(Petro-pavlovskaya)호를 유인해 격침하고 함대 병력의 일부를 뤼순항 작전에서 빼내어 동해상에 배치했다(Westwood, 1986: 48~49; 최문형, 2004: 266~271). 러시아 태평양 함대를 갈라치기하기 위한 작전이었다. 1904년 10월에 발트해를 출

35 　두 러시아 함정은 일본 군함들과의 교전에서 절대적인 열세에 놓이게 되자 항복하는 대신 스스로 폭파, 침몰하는 선택을 했다. 러시아인들에게 '애국의 상징'으로 기록되고 있는 바랴크호의 깃발은 침몰 106년 만인 2010년 '2년 기한' 대여 형태(사실상의 반환)로 러시아로 돌아갔다(≪조선일보≫, 2010년 11월 2일 자).

36 　쿠로파트킨의 러시아군과 오야마 이와오(大山巖)의 일본군이 맞붙은 이 전투는 총 60만 명 이상의 전투원이 참여함으로써 1813년 라이프치히 전투 이후 가장 큰 규모의 전투로 기록되었다.

발해 블라디보스토크로 향하던 발틱 함대는 1905년 5월 27일 새벽에 대한해협에 진입했다. 러시아 함대의 진로를 신속히 파악한 도고 헤이하치로는 진해항에서 대기하고 있던 일본 함선들을 발진해 발틱 함대를 기습 공격, 궤멸하고 지노비 로제스트벤스키(Zinoviy Rozhestvenskiy) 사령관을 독도 근해에서 포로로 잡았다.[37] 이로써 일본은 국제사회의 예상을 뒤집고 러일전쟁의 최후 승자가 되었다. 그리고 일본은 한반도는 물론이고 러시아가 세력권을 형성하고 있던 남만주 지역에까지 자신의 지배적인 영향력 범위를 확대하는 데 성공했다. 이로써 한반도를 둘러싼 러일 간의 각축은 사실상 종말을 고하게 되었으며, 러일 간 세력 균형을 틈타 외교적 자율권의 공간을 확보하려고 했던 대한제국의 시도 또한 수포로 돌아가게 되었다.

7. 러일전쟁 전후 조선의 대러정책

청국에서 의화단 사건이 번져나감에 따라 의화단 사건이 조선에 파급될 경우를 대비해 러일 사이에 한반도 분할에 관한 논의가 이루어졌다. 1900년 7월 20일 주일 러시아 공사 알렉산드르 이즈볼스키(Aleksandr Izvolsky)는 일본의 아오키 슈조(靑木周藏) 외상과 대담하면서 한국에서 소요 사태로 인해 질서 유지의 필요가 발생할 경우, 러시아군과 일본군 사이에 활동 지역을 구분할 필요가 있다는 취지로 한반도의 분할론을 제기한 바 있다. 이에 더해 의화단 반란군을 진압하기 위해 만주에 군대를 투입한 러시아의 행보에 위기를 느낀 고종은 러시아에 경계심을 갖게 되었다. 이러한 상황을 타개하기 위

---

37 총 38척의 함선 가운데 19척이 침몰되고 7척이 일본 해군에게 나포됨으로써 발틱 함대는 사실상 궤멸되었다. '쓰시마 해전'의 승리는 러시아의 전쟁 의지를 확실히 꺾어 놓은 결정타가 되었다(강성학, 1999: 305~339).

해 고종은 일본 정부와 주한 외교관들에게 한국의 중립화에 관한 국제 협정을 제의했다.

그러나 이미 한반도에 대한 독점적인 영향력을 구축한 채 병합을 향해 나아가고 있었던 일본이 그러한 한반도 중립화안을 받아들일 리가 없었다. 일본은 한반도는 물론이고 장차 만주에 대해서도 영향력을 확대하려는 계획을 갖고 있었다. 그러한 맥락에서 이토 히로부미는 의화단원들을 진압하기 위해 배치된 러시아군이 철수되기 이전까지 일본은 중립화 문제를 다루지 않겠다고 언급한 것은 당연한 일이었다. 이와 대조적으로 러시아 측은 한반도의 중립화안에 대해 적극적인 태도를 나타냈다. 러시아의 람스도르프 외상은 주한 러시아 공사 파블로프(A. Pavloff)에게 한반도 중립화 문제에 대해 한국 정부와 회담을 시작하라고 지시했다(하원호, 2010: 111~112). 그리하여 고종은 다시 러시아에 의존해 일본의 침탈에서 벗어나려는 시도를 하게 되었다.

한반도 중립화 논의가 나오게 된 것은 중국에서 발생한 의화단 사건의 영향이 컸다. 1900년 의화단 사건이 만주를 거쳐 한반도로 확산할 가능성이 커지자 고종은 유관 강대국들에게 대한제국의 중립화를 요청했다. 고종은 그해 6월 27일 열강의 대표들을 불러 '우호적 조언'과 '행동'으로서 자신을 도와달라고 당부했다. 이어 8월에는 조병식을 일본에 파견해 일본으로 하여금 한국의 중립화를 받아들여 줄 것을 설득하도록 했다. 그러나 일본의 반대로 목적을 달성할 수 없게 된 한국은 이제 미국에게도 중립화 요청을 했으나 미국으로부터도 냉담한 반응을 얻었다(김종헌, 2010a: 157~188).

한편 동아시아에서 러시아의 패권 장악을 견제하고자 한 영국은 1902년 초에 이미 일본과 동맹을 맺음으로써 일본의 조선 지배를 일찌감치 묵인해 주었다. 일본을 앞세워 남만주를 러시아의 남하를 막기 위한 완충지대로 만들고자 했던 미국 또한 일본의 조선 지배 시도를 눈감아 주는 태도를 나타냈다. 예컨대 1904년 8월 이른바 '고문정치'로 조선의 주권을 말살하려는 내용의 '제1차 한일협약'을 통고 받은 헤이 미국 국무장관이 일본에 대해 이를 인정한다는 회답을 주었던 것이다. 이러한 상황 전개에도 한국의 지도층은 전혀 국제 정세 변화를 읽지 못한 채 여전히 '우방'인 미국의 도움을 기대하고 있었다(최문형, 2004: 259).

고종은 1902년의 영일동맹에 대해 일본이 러시아를 견제하면서 한국 침탈을 가속화하려는 시도로 파악했다. 더구나, 일본이 한일군사협정설을 유포하는 등 한국을 협박하는 상황이 벌어지자 제2의 아관파천까지 계획하는 등 친러정책을 이어갔다. 고종이 자신의 안위와 국가의 존속을 위해 러시아에 의존하는 정책은 용암포에 대한 정책에서도 나타났다. 1903년 5월 러시아는 압록강 유역의 삼림 채벌권과 그 사업에 종사하는 자국의 인력을 보호한다는 명목으로 100명의 군대를 보내 한국과 만주 국경의 요충지인 용암포를 점령했다. 이어 러시아는 그곳에 40명의 자국민을 거주하게 해서 포대를 설치하는 한편, 대한제국 정부에 대해서는 용암포에 대한 조차권을 부여해 줄 것을 요구했다. 일본·영국·미국 등 열강은 그러한 러시아의 행위는 명백한 불법이며, 용암포는 어느 특정 국가가 독점권을 갖는 대신 문호가 개방(개항)되어야 한다고 주장했다. 이러한 강대국들의 압박에 굴복해 대부분의 대신들이 반대했음에도 고종은 러시아의 환심을 사려는 전략의 일환으로서 용암포 조차에 대한 비공식적인 지지를 보냈다. 그러나 고종 또한 일본 등 강대국들의 개항 요구를 거부하기에는 역부족이었다. 대한제국은 러시아에 대한 조차권을 취소하고 용암포를 개항하기로 결정했다. 용암포 사건에서 볼 수 있듯이 고종은 러시아를 자신의 안전과 국가 존립을 위한 최후의 보루로 여겼던 것이다. 그러나 이 무렵 한반도의 운명은 거의 일본의 수중으로 넘어가 있었으며, 그러한 상황에서 러시아는 고종과 대한제국을 구제하기 위해 적극 개입할 의지도 능력도 없었다.

1903년 말경 만주에 대한 강경 지배 정책을 고수한 채 한반도에 대해서도 일본의 배타적 권리를 인정하기 꺼려 하는 러시아와, 한반도 지배를 공고히 하면서 만주에 대한 이권까지 넘보고 있던 일본 간에 이견을 평화적으로 해결할 수 있는 기회가 점차 소진되어 갔고, 양국 사이에는 전운이 짙어지게 되었다.

러일 간 전쟁의 기운이 짙어지게 되자 고종은 파블로프 주한 러시아 공사에게, 전쟁이 발발하면 러시아는 대한제국을 전시 중립국으로 인정하라고 요청했다.38 이에 대해 파블로프는 "한국의 실력이 엄정중립을 지키기에는 부족하다"라고 함으로써 사실상 한국의 중립국 인정 요구를 거부했다. 그 대신 파블로프 공사는 "만약 사변(전쟁)이 발생해 황제의 안전을 도모하고자 한다면 러시아나 프랑스 공사관으로 파천하는 것이 상책이다"라고 조언했다(김경태, 1994: 119). 이처럼 러일전쟁이 발발할 즈음에 대한제국은 그토록 믿었던 러시아에게마저도 존립을 의탁하지 못하게 되는 처지가 되고 말았다.

결국 대한제국의 중립국 요구는 러시아와 일본 양국에게 모두 무시되었다. 그 대신 한반도의 중립화 논의는 러일 양국의 군사적인 완충 지역을 의미하는 '중립지대화' 논의로 바뀌었다. 러일전쟁 직전에 이루어진 러일회담에서 러시아는 일본의 한만 국경지대에서의 완충지대화 주장에 대응해 북위 39도선을 따라 한국을 분할해 한반도 북부를 완충지대로 만들자고 거꾸로 제안했다. 이러한 러시아의 제안은 한반도 전체에 대한 확고하고도 배타적인 지배를 당연시하고 있던 일본에 의해 거부되었음은 물론이다(김종헌, 2010a: 157~188). 오히려 러일전쟁 개전 직후에 일본은 대한제국을 '공수동맹'의 형태로 묶어 자국의 온전한 지배하에 두었다. 1904년(광무 8년) 2월 23일 일본

---

38 그러한 소식을 접한 주러 공사 이범진은 "무력을 동원한 일본의 조선 장악을 저지하기 위해서는 러시아의 도움이 절대 필요하고, 그것을 위해서는 대한제국이 러시아의 동맹국임을 선언하는 것이 낫다"라고 전문을 통해 고종에게 주청했다. 그러나 고종은 "순서상 먼저 중립을 선언한 뒤 일본의 무력 점거를 구실로 열강의 지원을 호소하는 게 낫다"라고 하면서 이범진의 주장을 받아들이지 않았다(신동준, 2008: 554~579).

은 대한제국을 무력으로 점거한 뒤 군사적 침략을 법적으로 뒷받침하기 위해 한일의정서의 체결을 강요했던 것이다.

전쟁이 일본의 승리로 끝나자 러시아에 의존해 국권을 보존하고자 했던 대한제국의 희망의 불씨는 꺼져가고 있었다. 1906년 초 고종의 지시로 페테르부르크에 도착한 궁내관 현상건이 람스도르프 외상을 만나 한국의 독립을 보존하는 데 협력해 달라는 취지의 고종의 친서를 러시아 황제에게 전달해 줄 것을 요청했다. 이 친서를 받아본 러시아의 니콜라이 2세는 "우리는 현재 국내적 정세의 관심사와 국경 확립의 임무 등으로 인해 한국을 도울 수 없습니다"라는 답변을 했다(하원호, 2010: 124). 이것은 그야말로 강대국 정치에 희생양이 된 약소국 대한제국의 무력감과 자국의 국익과 국제 정세에 대한 판단 아래 움직이는 강대국 러시아의 냉정함이 겹치는 장면이다.

8. 결론: 문재인 정부의 '신북방정책'에의 함의

이 장에서는 19세기 후반 제국주의 열강들 사이의 세력 경쟁 속에서 한국(조선; 이후에 대한제국)이 약소국으로서 존립을 도모하고 자주권을 확보하기 위해 펼친 대외정책을 주로 '인아거일정책'에 초점을 맞춰 살펴보았다. 그러한 조선의 강대국 편승외교(bandwagoning diplomacy)를 이해하기 위해 19세기 후반에 펼쳐진 글로벌 수준의 국제 정세와 동아시아 지역 내에서 펼쳐진 강대국 정치의 상황을 함께 살폈다.

19세기판 북방정책이 펼쳐지기 시작한 것은 청일전쟁이 일본의 승리로 귀결된 1895년 무렵부터라고 할 수 있다. 그 이전까지 조선은 청국의 조공국으로서의 위치를 벗어나지 못했다. 청일전쟁에서 일본이 승리한 것은 그야말로 동아시아에서 유구한 역사를 자랑하던 중화 질서가 한꺼번에 붕괴된 것을 의미했다. 그것은 일본이 중국을 대체해 동아시아의 패자로 올라서는 순간을 의미했다. 그러나 만주에서의 철도 부설을 기반으로 한 이권 추구와 부동항이라는 지정학적 이익과 경제적 이권이라는 잠재력을 갖고 있던 한반도에 대한 진출에 관심을 갖고 있던 러시아는 삼국간섭을 통해 일본의 만주 진출과 한반도에서의 패권 장악을 일시적으로 제어하는 데 성공했다. 동아시아에서 벌어진 그러한 지정학적 변화라는 상황 속에서 조선은 이른바 인아거일정책을 펼치게 되었다. 즉 러시아에 편승해 일본으로부터의 침략을 완화하고 왕권의 보전과 국가의 자주권을 회복하려는 시도를 하게 된 것이다.

그러나 약소국 조선의 그러한 편승외교는 큰 대가를 치러야 했다. 바로 1895년 10월에 일어난 명성황후의 시해 사건, 즉 을미사변의 발생이 그것이다. 을미사변으로 일본은 친일 내각을 다시 가동해 조선에서의 지배권을 회복했다. 이에 왕권은 물론이고 자신의 신변까지 위협을 느끼게 된 고종은 이범진 등 친러파를 통해 베베르, 슈페이예르 등 러시아 외교관들과 비밀리에 접촉해 러시아로 하여금 자신의 신변에 대한 보호를 해줄 것을 요청함에 따라 1896년 2월에 '아관파천'이라는, 역사상 유래를 찾기 어려운 국왕의 외국 공관 피신이 이루어지게 되었다.

강대국 정치의 지형 변화에서 시작된 19세기판 북방정책은 마찬가지로 강대국 권력정치의 희생물이 되었다. 앞에서 살펴본 바와 같이, 러시아는 조선을 보호함으로써 일본·영국·미국 등 열강들과 갈등을 일으키는 위험을 감수하는 대신 기득권을 갖고 있었던 만주 지역에서 철도 부설을 기반으로 한 이권의 추구에 더 큰 비중을 두었다. 그리하여 러시아는 1896년 상반기 이후 한반도에 대한 현상 유지라는 선에서 일본과 타협을 하게 된다. 그러나 점차 국력을 키워나가던 일본은 한반도에 대한 단독 지배권을 확보함은 물론 만주 지역에까지 영향력을 확대하려는 정책을 밀고 나가게 됨으로써 러시아와의 정면 대결은 피할 수 없었다. 그러한 러일 간 갈등과 경쟁은 마침내 1904년

2월에 러일전쟁의 발발로 이어졌다. 러일전쟁에서 일본이 승리함으로써 조선(대한제국)의 북방외교는 그 수명을 다하게 되었다.

러일전쟁 전후, 고종은 ① 친러정책을 통해 자신의 안전과 국가 생존을 도모하고 ② 중립화를 선언함으로써 장기적인 국가 존립을 희망하는 정책을 펼치고자 했다. 그러나 두 정책 모두 일본은 물론이고 러시아로부터도 별다른 호응을 얻지 못했다. 19세기 후반 이후 한반도는 세력권 형성을 둘러싸고 열강의 각축장이 되었다. 이에 따라 조선은 장기판의 졸 신세가 되었다.[39]

고종의 '인아거일정책'으로 표상되는 19세기형 '북방정책'이 주는 함의는 무엇인가?

고종의 '줄타기 외교'는 많은 논란이 되어왔다. 특히 고종의 생존을 위한 외교 결정판인 아관파천에 대해서는 더욱 그러하다. 과연, 아관파천은 역사의 치욕인가, 불가피한 선택이었는가? 고종의 외교정책을 북방정책 또는 북방정책의 원류라고 할 수 있을 것인가? 단지 권력을 유지하고 군주 개인의 영달과 이익 도모를 위해 편의에 따라 외세를 끌어들인 것에 불과한가? 이는 고종의 리더십에 관련된 질문으로 연결된다. 적지 않은 분석가들의 말처럼 고종을 '암군(暗君)'이라고 규정하고, 고종과 민 왕후 측근들의 친청·친러 정책을 그들의 권력 유지에 급급했던 권력정치의 연장으로 볼 것인가?

고종의 무능을 강조하고, 심지어 암군설까지 주장하는 논리는 국내 학계에 널리 퍼져 있다. 일제 강점기에 일본 측이 침략을 정당화하기 위해 시도

---

39 이러한 조선의 입지는 열강의 조선 진출이 본격화된 1880년대에 이미 적나라하게 드러나고 있었다. 1885년 거문도 사건 해결을 위해 관련국들 사이의 담판을 기록한 일본 외교관의 회고록은 다음과 같이 증언하고 있다. "[거문도 해결을 위한] 담판의 와중에서도 영러 양 정부는 조선국은 마치 안중에도 없다는 듯이 행동했고, 늘 청국을 조선에 대한 책임자로 간주하듯이 청국만을 상대하였다 …… 청국이 러시아로부터 장차 조선의 어떤 지역도 점령하지 않겠다는 약속을 받은 이후로 영국은 거문도 철수를 결정하였으나 영국은 거문도를 곧바로 조선 정부에 인도하지 않고, 청국에 인도하였다. 이 때 조선 관리들은 청국이 접수하는 과정을 입회하며 지켜봤을 뿐이다 …… "(陸奥宗光, 1993: 137).

한 일종의 역사 왜곡과 일맥상통한다고 보는 시각도 있다. 이러한 시각에 따르면, 일본은 고종과 대한제국 정부의 무능과 무기력에 초점을 맞춰 국가 몰락의 원인을 최고 리더십 등 조선의 내적인 모순과 문제점으로 돌림으로써 자신의 침략을 정당화하려 했다는 것이다(이태진, 2000: 4~11). 예컨대 고종이 아관파천 이후 김홍집을 국문 절차도 없이 처단할 것을 명령한 것은, 개혁을 위해 일본과의 관계를 우호적으로 유지하려고 했던 김홍집과 '사리사욕' 때문에 친일 행각을 한 박영효 등을 구분하지 못한 정치적 무능과 냉철한 판단보다는 사적인 감정에 치우친 결과라는 것이다(김기협, 2010). 또한 고종이 강대국들 사이에서 기회를 엿보는 외교를 펼치고 개혁 조치를 취하게 된 것은 국가와 백성들을 위한 것이기보다는 왕실의 권위와 자신의 권력을 강화하기 위함이었다는 주장도 있다(이만열, 2010).

한편 다른 각도에서, 고종의 '인아거일정책'을 중심으로 한 강대국 편승외교는 19세기판 북방정책의 요소를 갖고 있다고 볼 수 있을 것인가? 다시 말해 그것은 국가의 생존을 도모함은 물론, 근대화와 국가 제도의 쇄신을 도모하기 위한 국가의 대전략의 하나로 볼 수 있을 것인가? 지금까지 이 글에서 시도한 분석에 기초해서 살펴볼 때, 결론적으로 고종의 그러한 편승외교는 어느 정도 '대전략'의 성격을 내포하고 있었다고 볼 수 있다. 국가적 생존(적어도 왕조의 생존)이라는 목표와 대내외적인 위협에 대한 인식은 갖고 있었던 것으로 보인다. 그러나 그것이 대전략으로 기능하기 위해서는 앞서 지적한 바와 같이 국가안보의 목적을 달성하는 데 필요한 핵심적인 정치, 경제, 군사적인 자원을 확보함은 물론, 대중 및 사회 제 세력의 지지를 확보하는 것이다. 대한제국은 그러한 측면에서 대전략의 중요한 구성 요소를 결여하고 있었던 것으로 보인다.

흔히 한 나라의 외교정책은 체제적 차원, 국가적 차원, 지도자 개인적 차원으로 설명한다. 첫째, 국제 체제의 차원에서 볼 때 19세기 영러 간 그레이트 게임(The Great Game)은 동아시아 지역 차원에서의 지역 체제에도 영향을 끼쳤다. 특히 중앙아시아와 남아시아에서의 세력권을 둘러싼 영러 갈등은 영국으로 하여금 신흥 강국 일본을 앞세워 러시아를 견제하려는 전략을 펼치게 만듦으로써, 결국 조선의 친러정책을 통한 국권 유지라는 전략에 차질을 가져왔다. 그것은 한반도와 만주 지역에 대한 패권을 둘러싸고 러일 간 경쟁이 벌어지는 상황에서 영국이 일본과 동맹을 맺음으로써 한반도에 대한 일본의 확고한 지배를 가능하게 했고, 더 나아가 일본이 러시아에 도전해 전쟁을 선포하는 데까지 나아가도록 만든 원동력이 되었던 것이다.

이제, 동아시아 지역 차원의 하위 국제 체제의 지형에서 고종의 강대국 편승외교를 살펴보자. 전통적으로 청국은 동아시아에서 패권적 위치를 유지하면서 '중화 질서', 즉 자국 중심의 국제질서를 주도했다. 그러나 1868년 메이지유신을 성공시킨 일본은 본격으로 서구식 제도와 문물을 받아들이는 근대화 정책을 적극적으로 펼친 끝에 1870년대에 접어들어 조선에 대한 개항을 압박할 정도로 국력이 성장하게 되었다. 동아시아 지역에서 기존의 패권국 청국과 신흥 강국 일본 사이에 지역패권을 둘러싸고 정면 대결이 펼쳐질 수밖에 없었다. 그것이 바로 청일전쟁(1894~1895)이다. 일본이 이 전쟁에서 승리를 거두게 됨으로써 동아시아 패권국이 교체된 것이다. 한편 크림전쟁 이후 동아시아 진출을 모색하던 러시아는 1860년대에 접어들어 아이훈조약으로 아무르강 좌안을 획득하고, 베이징조약으로 연해주 일대를 획득하는 등 국력이 쇠약해진 중국으로부터 국경지대에서 많은 양보를 얻어냄으로써 동아시아 지역에서 세력권을 형성할 수 있는 발판을 마련했다. 그 이후 러시아는 만주에 대한 지배권 확립과 한반도로의 영향력 확대를 모색하기 시작했다. 그러나 청일전쟁 이전까지 러시아는 한반도에 대해서는 직접적인 관여를 하기보다는 현상 유지 속에서 자국의 영향력 확대 기회를 노리는 관망정책을 펼쳤다. 그러한 정책은 1895년 청일전쟁이 일본의 승리로 끝난 이후 보다 적극적인 관여정책으로 바뀌게 된다. 특히 앞에서 살펴본 바와 같이 1895년 4월의 삼국간섭 이후 러시아는 한반도에서 상대적으로 우세한 입지를 구축했다. 이렇듯, 일본의 급부상에 대해 러시아가 견제를 가하는 상황이 조성되면서 고종과 민 왕후의 '인아거일정책'이 본격적으로 추진되기 시작했다. 그러나 그러한 조선의 행보는 일본의 왕비 시해 사건으로 귀결되었고 그러한 상황 속에서 우선 왕권을 지키고자 한 고종은 러시아 공사관으로 거처를 옮기는 전대미문의 사건, 즉 '아관파천'을 단행했다. 그 이후 조선은 러시아에 의존해 최소한의 자주권 유지와 국왕의 권력 유지를 도모했던 것이다.

결국 러시아와 일본의 세력 균형 또는 조선에서의 일본의 영향력이 퇴조하는 시기에 조선의 외교적 자율성 공간이 넓어지고 고종의 일정한 개혁정책에 가능성이 열리게 되었다고 할 것이다. 1896년에서 1903년까지의 시기가 여기에 해당한다.

한편 러일전쟁 이후 한국(대한제국)은 사실상 일본의 보호국이 되었고, 일본의 한국 병합은 시간문제였다. 그러나 러일전쟁이 종결된 이후 5년여의 시간이 경과한 이후에야 일본에 의한 한국 병합이 실제로 일어나게 된 중요한 요인 가운데 하나가 앞에서 지적한 대로, 만주의 이권을 둘러싸고 일어난 러시아와 일본의 끈질긴 경합이라는 지정학적 상황이었다. 만주 전체에 대해 지배권을 확보하려고 한 일본은 한반도 문제에 대한 러시아의 견제를 의식하지 않을 수 없었던 것이다.

둘째, 국가 수준의 변수를 살펴본다면, 우선 19세기 후반 당시의 동아시아에는 산업화에 성공한 유럽의 강대국들이 이미 중국을 거점으로 세력을 형성하고 있었을 뿐만 아니라, 후발산업화 주자인 일본도 제도 개혁과 근대화에 성공함으로써 지역의 새로운 강국으로 떠오르고 있었다. 그에 비하면 조선의 경우 오랜 기간 쇄국정책을 펼치면서 산업화는 말할 것도 없고 제도 개혁에도 착수하지 못하고 있었다. 게다가 조정에는 상이한 정치적 분파들 간에 대내외 정책의 방향을 둘러싸고 분열과 갈등을 빚고 있었다. 개항 초기부터 갑신정변 시기에 이르기까지 친중파, 친일파로 대립을 하다가 아관파천을 전후해서는 친러파, 친일파로 분열과 대립을 지속했다. 이러한 상황에서 국가 이익을 위한 적극적이고 생산적인 외교 활동은 말할 것도 없고, 국권의 보호와 통치 체제의 안정은 확보되기 어려웠다.

셋째, 통치자의 리더십 차원에서 볼 때 고종은 기본적으로 왕권 수호를 위해 강대국에 편승하는 전략을 펼쳤다. 강화도조약 이후 일본의 조선 진출에 대해 경계심을 가졌던 고종과 민 왕후는 청국으로부터의 지원에 기대어 조선의 외교적 운신의 폭을 넓히고자 했다. 청일전쟁 직후에는 러시아와 일본의 대립 국면이 펼쳐지자 러시아의 지원을 얻기 위해 많은 노력을 기울였다. 그러한 측면에서 본다면, 고종은 주어진 상황 속에서 왕권과 국가의 독립을 유지하기 위해 나름의 전략을 구사했다고 볼 수 있다. 그러한 노력이 있었음에도 고종을 암군으로 폄훼하는 일각의 주장은 객관적인 사실들과는 다소 거리가 있다고 할 것이다.

고종은 1897년 10월 12일 대한제국을 선포하고 황제로서의 권위와 독립국가로서의 위상을 대내외에 나타내 보이고자 했다. 또한 광무개혁을 통해 황권을 강화하는 한편으로 정치, 경제, 사회 각 분야에서의 제도 개혁과 산업장려 정책, 즉 '식산흥업정책'을 단행해 근대 국가로서의 면모를 일신하고자 했다. 그러나 이 무렵의 '개혁' 조치들 가운데 상당 부분은 황제 권력의 강화와 옛 봉건제의 잔재를 유지시킨 측면이 많았다(고려대학교 한국역사연구소 엮음, 2016: 356). 고종의 인아거일의 원칙에 입각한 '대전략'은 강대국 정치의 냉혹한 논리에 의해 뜻을 이루지 못했다. 북방정책의 기원이라고 할 수 있는 고종의 강대국 편승외교는 결국 제국주의 경쟁의 희생물이 된 채 국권 상실을 피할 수 없게 되었다.

이제, 앞에서 분석한 구한말 고종시대의 북방정책이 문재인 정부의 '신북방정책'에 준 함의에 대해 간략히 짚어본다. 첫째, 강대국의 국가 이익이 서로 교차하고 때로는 충돌하는 지점인 대한민국에서 북방정책이 성공하기 위해서는 무엇보다도 강대국 사이의 힘의 균형이 이루어지거나 어느 한 강대국이 압도적으로 강한 힘을 보유하게 됨으로써 대한민국의 독자적 외교 행보가 직접적인 견제를 받지 않는 상황이 조성되는 것이다. 특히 최근 미중 간의 역내 패권 경쟁이 무역 분쟁으로 표출되면서 글로벌 수준 및 동북아 지역 수준의 국제정치 역학 구도에 상당한 변화가 일어나고 있다. 더 나아가 동북아 지역에서는 북한 비핵화(또는 '한반도 비핵화')를 둘러싸고 미국과 북한의 수 싸움이 치열하게 전개되면서 한반도와 그 주변 지역의 안보적 지형이 상당한 변화를 겪을 가능성이 높아졌다. 북미 간 비핵화 협상의 진전 여부에 따라 한반도 종전 선언과 주한미군의 지위 변화, 그리고 그 결과로서 한미동맹에서의 근본적인 변화 등의 가능성을 배제할 수 없다. 만약, 그러한 지정학적 변화가 대한민국의 안전 보장이 전제되는 가운데 한반도의 평화 증진에 기여하는 방향으로 진전된다면, 문재인 정부가 추진했던 신북방정책의 성과를 바탕으로 한 후속 정부의 북방정책은 의미 있는 결실을 맺을 수 있을 것이다. 그러나 그러한 북미 협상이 기대에 미치지 못하거나 결렬됨으로써 한반도와 동북아 지역에 군비 경쟁의 시대가 시작된다면 대한민국의 북방외교는 커다란 어려움에 봉착할 수밖에 없을 것이다.

둘째, 그다음으로 중요한 요소는 대한민국이 일정한 국력을 유지, 발전시키는 것이다. 한국이 강대국 정치에 직접적이고 치명적으로 영향을 받는 '새우' 신세에 머물러 있다면, 스스로 외교적 자율성을 발휘해 중장기적인 국가 발전 전략을 세우고 그것을 실현하는 데 근본적인 제약이 존재할 것이다. 그러므로 한국은 스스로 의제를 제시하고 강대국들 간의 이해 충돌을 완충하고, 조정할 수 있는 '돌고래' 이상의 국가적 역량을 갖추는 것이 무엇보다도 필요하다. 이를 위해서는 4차 산업혁명에 유연하게 대처할 수 있는 인재를 육성하는 교육 체계를 정비하고, 혁신 성장을 위한 산업생태계 조성을 위해 정부, 기업, 시민사회가 지혜를 모아야 할 것이다.

셋째, 그 바탕 위에서 글로벌 정세 및 동북아 지역에서 일어나는 강대국 정치 지형을 정확히 짚고 적어도 수년, 수십 년을 내다보는 국가발전 전략으로 해양 세력과 대륙 세력 사이에서 우리의 길을 찾아가는 지도자의 장기적인 비전이 필수적이다. 2018년 이후 미국과 북한 사이에 비핵화를 위한 대화와 협상이 급진전되면서 한반도를 둘러싼 지정학적 변화가 급물살을 타게 되었다. 이러한 지정학적 변화의 가장 큰 당사자로서 대한민국은 북한의 비핵화, 그리고 그와 연동된 남북 협력의 진전을 위한 비전과 정책 구상을 만들어내야 한다. 이를 위해 정치지도자들은 물론이고 정책 전문가, 대중매체를 비롯한 다양한 시민조직 사이에 활발한 토론과 피드백이 이루어져야 할 것이다.

참고문헌

강성학. 1999. 『시베리아 횡단열차와 사무라이: 러일전쟁의 외교와 군사전략』. 고려대학교
　　　출판부.

고려대학교 한국사연구소 엮음. 2016. 『한국사: 선사시대부터 현대사까지 한 권으로 읽는
　　　한국사』. 새문사.

구선희. 2002. 「개항기 관제개혁을 통해 본 권력구조의 변화」. ≪한국사학보≫, 12, 307~
　　　335쪽.

김경태. 1994. 『근대한국의 민족운동과 그 사상』. 이화여자대학교 출판부.

김기협. 2010. "망국 100년—박영효와 김홍집: 어리석고 포악했던 고종, 그래서?" ≪프레시
　　　안≫.　http://www.pressian.com/news/article.html?no=100453#09T0 (검색일:
　　　2019.2.24).

김영수. 2013. 『미젤의 시기: 을미사변과 아관파천』. 경인문화사.

김용구. 2009. 『거문도와 블라디보스토크: 19세기 한반도의 파행적 세계화 과정』. 서강대
　　　학교 출판부.

김원수. 2014. 「그레이트게임과 한러관계의 지정학: 거문도사건과 이홍장-라디젠스키 협약
　　　(1886)을 중심으로」. ≪서양사학연구≫, 30.

_____. 2019. 「조로육로통상조약」. 한국학중앙연구원 엮음. 『한국민족문화대백과사전』.
　　　https://terms.naver.com/entry.nhn?docId=548453&cid=46623&categoryId=466
　　　23 (검색일: 2019.2.14).

김종헌. 2008. 「슈페이예르와 러시아 공사 베베르의 조선 내 외교활동」. ≪대동문화연구≫,
　　　61, 125~163쪽.

_____. 2009. 「러시아 외교관 베베르와 아관파천」. ≪역사비평≫, 86, 378~381쪽.

_____. 2010a. 「1900년 이후 러·일 간의 한반도 중립화 및 분할논의: 서울 주차 러시아 공사
　　　파블로프의 역할을 중심으로」. 하원호 외. 『근대한러관계연구: 러일전쟁 전후 한
　　　러관계』. 선인.

_____. 2010b. 「을미사변 이후 아관파천까지 베베르의 활동」. ≪사림≫, 35, 29~58쪽.

김학준. 2010. 『서양인들이 관찰한 후기 조선』. 서강대학교 출판부.

김호준. 2013. 『유라시아 고려인: 디아스포라의 아픈 역사 150년』. 주류성.

무쓰 무네미쓰(陸奧宗光). 1993. 『건건록』. 김승일 옮김. 범우사.

민경현. 2010. 「러일전쟁 시기 한러관계」. 하원호 외. 『근대한러관계연구: 러일전쟁 전후

한러관계』. 선인.

박노벽. 1994. 『한러 경제관계 20년, 1884~1903』. 한울엠플러스.

박 보리스 드미트리예비치(Pak, Boris Dmitrievich). 2010. 『러시아와 한국』. 민경현 옮김. 동북아역사재단.

박종효. 2014. 『한반도 분단론의 기원과 러·일 전쟁(1904~1905)』. 선인.

박태근. 1984. 「러시아의 동방경략과 수교 이전의 한러교섭」. 『한러관계 100년사』.

배항섭. 2006. 「조로 수교(1884) 전후 조선인의 러시아관」. ≪역사학보≫, 194, 127~160쪽.

백준기. 2014. 『유라시아 제국의 탄생: 유라시아 외교의 기원』. 홍문관.

신동준. 2008. 「한국사 인물탐험─가장 오해받는 애국자 이범진: 러시아 의지해 일 견제-아관파천 주도, 을사늑약 후 항일투쟁 벌이다 자결」. ≪월간조선≫, 3, 554~579쪽.

신승권. 1989. 「구한말 한·로관계의 조망: 협상과정을 중심으로」. ≪국사관논총≫, 4(10), 187~218쪽.

이만열. 2010.9.8. "시론: 국권상실과 고종책임설". ≪국제신문≫. http://www.kookje.co. kr/news2011/asp/newsbody.asp?key=20100909.22026204228 (검색일: 2019.2.24).

이민원. 2002. 『명성황후 시해와 아관파천』. 국학자료원.

이태진. 2000. 『고종시대의 재조명』. 태학사.

이희수. 2004. 「곤차로프 여행기 『전함 팔라다』에 비친 한국」. 이규수 외. 『근대전환기 동아시아 속의 한국』. 성균관대학교 출판부.

정경희. 2019. "나선 정벌: 조선 조총부대의 위용을 떨치다". 한국사 콘텐츠. http://www. contents.koreanhistory.or.kr/id/E0011 (검색일: 2019.1.14).

최덕규. 2014. 「러시아의 해군정책과 한·러관계사」. 김학준·장덕준 외. 『현대러시아의 해부』. 동북아역사재단.

_____. 2018. 「러시아 레솝스키 함대의 극동원정과 고종정부의 북방정책(1879-1884)」. 『신북방경제협력과 한반도의 평화와 번영』. 2018년도 한국슬라브·유라시아학회 춘계학술대회 발표 논문.

최문형. 2001. 『한국을 둘러싼 제국주의 열강의 각축』. 지식산업사.

_____. 2004. 『국제관계로 본 러일전쟁과 일본의 한국병합』.

하원호. 2010. 「러일전쟁 전후 고종의 대러정책과 인식」. 하원호 외. 『근대한러관계연구: 러일전쟁 정후 한러관계』. 선인.

한우근. 1974. 『한국통사』. 을유문화사.

한철호. 1996. 「아관파천기 정동파의 개혁활동」. ≪한국근대사연구≫, 4(5월), 279~325쪽.

_____. 2005. 「아관파천의 전주곡, 춘생문 사건의 진상과 그 영향」. ≪내일을 여는 역사(서

해문집)≫, 19, 111~125쪽.

현광호. 2007. 「대한제국기 용암포사건에 대한 주한일본공사의 대응」. ≪인문학연구≫, 34(1), 247~272쪽.

홍준화. 2005. 「아관파천기 대로차관 요청과 러시아의 태도」. ≪史叢≫, 60, 149~169쪽.

황태연. 2017. 『갑오왜란과 아관망명』. 청계.

Kassab, Hanna Samir. 2018. *Grand Strategies of Weak States and Great Powers*. Cham, Switzerland: Palgrave MacMillan.

Langer, William L. 1951. *The Diplomacy of Imperialism, 1890-1902* (2nd ed.). New York: Alfred A. Knopf.

Lensen, George Alexander. 1982. *Balance of Intrigue: International Rivalry in Korea and Manchuria, 1884-1899*. FL: University of Florida Press.

Malozemoff, Andrew. 1958. *Russian Far Eastern Policy, 1881-1904: With Special Emphasis on the Causes of the Russo-Japanese War*. Berkely and Los Angeles: University of California Press.

Schmidt, Brian. 2016. "The Primacy of National Security." in S. Smith, A. Hadfield and T. Dunne(eds.). *Foreign Policy: Theories, Actors, Cases*. London: Oxford University Press.

Westwood, J. N. 1986. *Russia Against Japan, 1904-05: A New Look at the Russo-Japanese War*. Albany: State University of New York Press.

제2장
동포경제 네트워크의 형성 과정과 북한의 개방
북중 접경지대 재중조선인과 중국연고자의 삶을 중심으로

| 정은이 통일연구원 인도협력연구실 |

1. 서론

북한의 대외 무역 환경은 1990년대 사회주의권 붕괴를 계기로 크게 변화
했다. 무엇보다 북한의 주요 무역 상대국이 구소련과 동유럽 국가에서 한·
중·일 3개국으로 집중되었다. 그중에서도 특히 2000년 이후에는 북중 관계
가 경제협력을 중심으로 괄목할 만한 성장을 보이면서 북중 경제 관계의 확
대를 둘러싸고 북한의 대중(對中) 경제 의존도 심화를 우려하는 논의가 새로
운 쟁점으로 부각되고 있다.[1]

그러나 사실 북중 관계는 다각적인 시각에서 조망해 볼 수 있다(朱建英, 1997:
104~105). 북중 관계는 한국전쟁 이래 일반적인 국가 관계를 넘어 피로 맺어

---

*   이 장은 정은이, 「동포경제네트워크의 형성과정과 북한의 개방: 북중 접경지대 재중조선인과 중국
     연고자의 삶을 중심으로」, ≪한국동북아논총≫, 제17집 제1호(2012), 127~150쪽에 게재된 것이다.

1   이에 관한 논문에는 남성욱(2006) 등이 있다.

진 이른바 '혈맹'이라는 특수한 관계에 놓여 있다. 뿐만 아니라 공통의 이데 올로기에서 비롯된 연대감, 지정학적인 상호 의존성, 밀접한 민간 교류 등 복 잡하고 다양한 변수에 의해 재조명된다. 그중에서도 1990년대 북한의 경제 난이 심화되면서 압록강과 두만강을 사이에 두고 중국에 거주하는 200만이 넘는 재중조선인과 중국에 연고를 둔 북한 주민(이하 중국연고자), 북한 화교 등 이들 간의 민간 경제 교류가 현저하게 증가했으며, 이러한 경제 주체들을 통해 형성된 북중 간 무역 통로는 1990년대 고난의 행군 시기 북한의 시장 발달에 중요한 초석이 되었다.

중국식 경제 개혁 모델의 북한에 대한 적용 가능성을 놓고 기존 연구는 양 국이 처한 초기 조건에 차이가 크다는 점에 착안해 북한에 중국식 경제 개혁 모델의 적용 가능성이 미비하다고 결론짓고 있다.[2] 이 논쟁의 전제가 되는 초기 조건 중 하나가 바로 북한이 개혁개방을 추진함에 있어서 중국과 같이 하나의 경제 네트워크로서 견인 역할을 할 화교, 화인과 같은 재외 경제 주체 가 결여되어 있다는 점을 거론하고 있다. 그러나 북한에도 오래전부터 '동포 경제'가 작동하고 있다. 여기에서 의미하는 '동포경제'란 한국을 포함한 재중 조선인 및 재일조선인이 중재하는 경제를 가리킨다. 동포경제가 지금까지 주목을 받지 못했던 점은 북한과 동포경제와의 관계가 북한의 체제 및 개혁 개방에 어떤 형태로 어느 정도 기여하고 있는지에 대한 연구가 미비했기 때 문이다.

이러한 문제의식에 의거해 이 장에서는 북중 접경지대에 거주하는 재중조 선인 및 중국연고자, 북한 화교와의 경제적 교류에 초점을 맞추어 '민족경제 네트워크'의 형성 과정에 관한 고찰을 시도한다. 아울러 이러한 민족경제 네 트워크가 북한의 개방에 어떠한 영향을 미쳤는지에 대한 분석을 시도한다.

---

2   이에 관한 선행 연구에는 김연철(2001), 양운철(2001), 오승렬(2001), Noland(1997) 등이 있다.

이를 위해 이 연구 범위를 북중 접경지대로 한정하고 이 지역 주민들의 경제적 삶을 종합적으로 고찰한다. 이러한 지역 차원에서 북한을 고찰하면 지역간 다양한 차이를 발견할 수 있으며, 이러한 차이는 북한 경제에 역동성을 불어넣어 성장의 원동력으로 작용할 가능성이 높다. 예를 들면 1990년대 고난의 행군 시기 북한에서의 시장이 전국적으로 통일된 체계를 구축하는 데에는 지역 간 가격차를 이용해 지역을 왕래하며 물건을 파는 '거간' 또는 '달리기'라는 존재가 있었기 때문이다. 이러한 의미에서 북한의 지역 연구는 그만큼 학문적으로 유의미하면서도 북한 사회 전체의 일상적인 생활상을 입체적으로 보여주는 매력을 지닌 작업으로서, 분단 이후 북한 주민의 생활사를 총체적으로 밝혀주는 역사적 자료의 축적을 시도한다는 의미를 지니고 있다.

이를 위해 이 연구에서 탈북자에 대한 인터뷰 조사, 북한 내부 영상 자료, 전화를 통한 북한 내부 연고자 활용, 위성 자료, 공간 문헌 자료, 북중 접경 조사 등 다양한 실증적 자료를 활용했다. 먼저 북한 내부 영상 자료이다. 이는 1998년부터 2010년까지 약 10년간 북한 시장의 변화를 담은 것으로 현지인이 직접 촬영한 내부 영상 자료이다. 필자는 이것을 주로 북한 접경지대에서 활동하는 탈북자 지원 NGO·NPO, 저널리스트 및 방송사 등에게서 제공받았으나, 이 단체들이 취재원 등의 신변 보호를 목적으로 입수 경로에 대해 공개하지 않을 것을 전제로 자료를 제공받았으므로 자료의 출처에 대한 구체적인 설명은 생략하도록 한다. 그러나 이 자료의 적합성을 판단하기 위해 자료를 입수한 단체(개인)와의 면담을 통해 영상이 촬영된 일련의 구체적인 과정 및 입수 경로에 대해 확인했다. 이와 더불어 구글 어스 등 공개된 위성 자료를 바탕으로 이 지역의 외형적 변화를 장기간에 걸쳐 관찰, 분석했다. 특히 필자는 각 위성 자료에 대해 각 지역을 구체적으로 확인한 그 지역 출신 탈북자와의 공동 작업을 통해 재검증을 거쳤다. 이 연구는 또한 탈북자를 포함한 취재원에 대한 심층 면접 방법을 채택했다. 따라서 필자는 면접 대상자와 장기간에 걸쳐 공동의 관심 사항에 대해 세밀한 의견 교환을 하고, 그 의견을 빠짐없이 기록하는 과정을 수차례 반복하는 과정을 거쳤다. 이러한 면접 기법을 통해 필자는 면접 대상자의 북한 사정에 대한 심층적인 이해를 총체적으로 분석하는 연구 방법으로 북한을 접근했다. 또한 이러한 치밀한 묘사(thick description)를 통해 실증적 접근이 어려운 북한의 지역 문제에 대한 한계를 극복하려고 노력했다. 특히 필자는 북중 접경지역 양측에 이산(離散)되어 북한 측의 가족 등을 부양하는 상황인 일종의 디아스포라(Diaspora)인 연고자의 협력을 통해 북한 내외의 변화를 청취할 수 있었다. 이들은 전화, 북한 방문 등을 통해 북한 내외부와 실시간 통신을 유지하고 있는 혈연관계자이기 때문이다. 나아가 필자는 연고자가 수집한 북한 현황을 충분히 활용했다. 그 이외에『조선지리서』등 북한 당국이 발행한 공간 문헌 자료를 이용했다.

2. 사회·경제적 공간으로서 북중 접경지대

1) 민간 경제 교류와 조선 민족

북중 변경 무역은 역사 기록에 따르면 양국이 건국되기 이전부터 시작되었다.[3] 조선 후기 청나라를 상대로 의주(義州)의 중강개시(中江開市), 함경북도 회령개시(會寧開市) 및 경원개시(慶源開市) 등이 열렸으며 소·미역·해삼·면포·삼베·종이·소금·사기 등을 물물 교환의 방식으로 거래하게 했다. 개시는 양국 관헌의 감시하에 행해진 공무역이었으나 부수적인 사무역도 행했다. 전자는

---

3   위키백과, http://ko.wikipedia.org/wiki/%EA%B0%9C%EC%8B%9C (검색일: 2012.1.15).

물화(物貨)의 수량, 종류가 거의 일정했으나 후자는 해마다 번창했다. 이에 따라 청나라는 만주 동부 변민(邊民)의 일상생활을 조선에 의뢰하려고 했으며, 1884년에는 양국 간에 체결된 길림여조선수시무역장정(吉林與朝鮮隨時貿易章程)에 의해 종전의 개시가 없어지고 회령 등이 새로이 자유 무역 시장으로서 양국에 개방되었다.

건국 이후에도 국경지대에는 개시 무역과 비슷한 형태의 국제장시가 몇몇 장소에서 번창했다(林金淑, 2005: 36). 1954년 10월 19일 중국대외무역부가 연변 지역에 거주하는 조선족의 해산물에 대한 요구를 반영해 중국식품공사와 북한무역공사가 '물질교환합동서(物質交換合同書)'에 승인하고 양국 접경지역 주민이 연변의 몇 개 지정된 국경 해관에서 중국 인민폐를 기준으로 상품 가격을 결정하고 바터 무역(barter 貿易)의 형식으로 교역할 수 있도록 했다. 이어서 1958년에는 요령성과 길림성 등 2개 성으로 구성된 대표단을 평양에 파견해 '조선소비자협동조합중앙연맹'과 우호 협정을 맺고 '중조양국변경지역물물교환무역협정서(關於中朝兩國邊境地方易貨貿易協定書)'에 승인해 접경지역 주민의 무역 활성화에 힘썼다. 이러한 북중 국경 무역은 문화대혁명 직전까지 꾸준히 성장세를 보였다. 1954년 국경 무역 총액이 인민폐 13만 위안에서 1965년에는 286만 위안으로 10년간 약 20배 이상 증가했다(中朝关系通史 编写组编, 1989: 840).

이와 같이 북중 접경지역의 교류는 민간 차원에서 형성, 발전되었다. 그 이유는 무엇보다 북한과 국경을 접한 중국 동북 지방에 조선인이 집중적으로 거주하고 있기 때문이다.[4] 이들 대부분은 부모, 형제, 친척 등이 북한에 있다. 역사적으로 재중조선인은 주로 조선의 북쪽 지방(오늘날 북한)에서 중국 동북 지역으로 이주해 왔다. 이들 중 일부가 한국전쟁에 참전하고 그중

---

4   조선족의 구성은 주로 3백 년 전부터 한반도에서 내륙으로 이주를 통해 형성되어, 지금은 그 절반이 한반도에 가까운 중국 동북부의 흑룡강, 길림성, 요녕성에 살고 있다. …… 대부분의 출신지가 지금의 북한으로 친척도 북한에 집중되어 있다[어우양산(殿陽善), 2007: 50~51].

일부가 전후 중국으로 돌아가지 않고 북한에 정착해 살았다.[5] 또한 대약진이나 문화대혁명 등 중국이 정치 경제적으로 혼란할 때 정치적 핍박과 경제적 어려움을 피해 북한으로 건너왔다.[6]

문혁 시기 중국에서 얻어맞고 북한으로 넘어오는 사람이 많았다. 중국 국적을 가진 조선에 사는 화교 중 남자는 한족이고 여자는 북한 여자가 많다. 우리 반에 왕가 성을 가진 애가 있었는데 그 집안도 중국에서 탄압을 받아 조선으로 넘어왔는데 조선 정부가 집과 직업을 주고 공민 등록도 해주고 잘 돌봐줬다. 한번 그 집에 놀러갔는데 여자들은 가사 일도 안 하고 담배만 피우고 마작만 했다. 대신 아버지가 가사 일을 했다. 그런데 이들은 코를 풀어도 아무 데나 훙 풀고 닦지도 않고 그냥 둔다. 화교는 발효시킨 빵을 좋아한다. 나에게 빵을 주었으나 지저분하다는 생각에 먹지 못했다. 똑같이 배급을 받아도 화교들은 못산다는 느낌이 든다. 먹는 것을 보면 사탕가루도 흔하게 놓고 먹고 우리보다 나은 것 같은데 생활 습관의 차이로 눈으로 보기에 미개하다고 생각했다. 문화 수준이 낮고 위생 관념이 없었다. 그들은 인분으로 텃밭을 가꿨다. 똑같은 집이라도 화교네 집은 지저분하다. 도배도 하지 않고 벽지가 다닥다닥 떨어진 곳에서 잘도 먹고 잔다. 그러나 80년대 회령에 가니 이들은 단독 주택을 높이 세우고 차도 타고 다녔다. 그들의 발전 상태를 보고 왠지 속았다는 생각이 들었다(R9).

---

5   이러한 사례는 조선족뿐만 아니라 중국 한족(漢族)에게도 적용된다. 중국 단동 주민(한족)에 의하면 북한 화교 중에는 중국 국공내전 중 이주해 온 한족도 있으나 한국전쟁 때 중국 인민지원군으로 참전했다가 전후 북한에 그대로 남게 된 한족도 적지 않다. 이들은 오늘날 조선 여성과 결혼해 북한 화교가 되었다. 따라서 북한 화교라고 해서 부모 양쪽 다 화교인 경우는 절반 정도에 불과하다(R8).

6   문혁 시절 중국에서는 조선족을 겨냥한 김일성 간첩 색출 작전이 펼쳐졌다. 연변의 화룡시(和龍市)만 해도 이러한 죄목으로 중국의 조선족 2천 명이 체포되었다. 이때 많은 중국인이 북한으로 건너갔다(R2).

당시에는 국경에 대한 경비 또한 지금처럼 삼엄하지 않았으며 접경지역 주민들의 국경에 대한 인식 또한 희박했다. 이는 탈북자 T2 씨의 증언을 통해서도 확인할 수 있다.

같은 귀국자라도 북한 사람들은 소련과 중국에서 오면 '해외연고자'라 칭했으며 이들을 각각 '재소연고자', '중국연고자'라 불렀다. 당시 북중 국경지대 주민들은 국경에 대한 개념이 없었다. 예를 들면 북한에서는 중국에서 넘어온 해외연고를 북한의 동북쪽에서 왔다 하여 '동북집' 또는 윗동네라고 불렀다. 북중 접경지대의 국경은 노태우의 북방정책 이후 이 일대에 경비대가 세워지면서 생긴 것이다. 그전까지만 해도 북한이 중국보다 더 잘산다고 생각했기 때문에 북한 주민이 중국에 갈 필요가 없었다. 이들의 존재가 부각된 것은 1984년 중국 국무원이 동북 지역의 경제 활성화를 위해 정식으로 '국경소액무역잠정관리방법(國境小額貿易暫定管理方法)'을 발표한 이후부터다. 이때부터 중국 친척들이 북한 친척을 방문하기 위해 또는 중국연고자가 중국 친척을 방문하기 위해 통행증을 발급받기 위한 절차가 쇄도했다. 또한 중국연고자의 규모가 재일조선인귀국자의 2배에 달할 것이라는 근거는 후자가 60~61년 사이에 집중적으로 북한으로 온 반면 전자는 대약진, 문화대혁명 기간 등 장기간에 걸쳐서 지속적으로 북한으로 넘어왔기 때문이다.

이러한 비공식적 사례 이외에도 북중 양국의 협의하에 재중조선인을 정책적, 의도적으로 북한으로 보낸 사례도 있다. 당시 북한은 한국전쟁으로 막대한 정치 경제적 손실을 입었다(沈志華 엮음, 2003: 1341~1344; 조선중앙년감, 1957: 78). 인구 또한 크게 감소해 심각한 노동력 부족에 직면했다(沈志華 엮음, 2003: 1341).7 전후 복구 과정에서 중국 인민지원군이 공헌을 하지만 사회주의권의 갈등으로 인해 1958년 철군을 진행하게 된다(박종철, 2008). 철군 이후 북한 당국은 재건 인력이 급감할 것에 대비해[8] 일본을 비롯한 해외 각 지역에 거주하는 동포와 고아에 대해 대대적인 귀국 사업을 펼쳤다(정은이, 2009a). 이로 인해 해외에 거주하는 조선인이 북한으로 대거 유입되었는데 이는 사회주의국가들의 협조가 전제되었다. 즉 사회주의국가들은 사회주의동맹에 따라 자국에 와 있는 조선인을 본국으로 이주시켰으며 북한 당국은 이로 하여금 부족한 노동력을 해결하려고 했다.[9] 이러한 역사적 사실에 비추어 보아 한족(漢族)을 포함한 재중조선인이 북한으로 건너왔으며 동시에 일부 접경지역에 거주하는 북한 주민이 중국으로 건너갔을 가능성이 높다. 다시 말하면 건국 이전부터 현재까지 북중 접경지대에는 양측에 이산(離散)되어 혈연관계를 유지하고 있는 조선인이 적지 않았다.

2) 친척 방문과 동서(東西) 무역 통로의 형성

이와 같이 북중 접경지역은 국경을 초월한 조선 민족의 삶의 공간이라고 할 수 있다. 특히 문화대혁명이 끝나고 중국이 개혁개방을 시작하면서 1982년 북중 양국은 북한 또는 중국에 친척이 있는 연고가정(緣故家庭)에 한해 접경지대의 '민간 왕래'를 공식적으로 허용했다. 이때부터 연고가정은 북중 접경지대에 한해 비자가 아닌 통행증만으로 일정 수속을 거쳐 공식적으로 친척 집을 방문하게 되었으며 한 차례 방문할 때마다 최대 한 달 정도 체류할 수 있도록 했다. 이러한 제도적 조치에 따라 1980년대 중반부터 재중조선인 및 중

---

7   한편 고위 탈북자 출신 Q3 씨에 따르면 300~400만 명이 급감했다. 특히 숙련공이 부족했다.

8   "복구 건설장에 가 보면 여자들뿐이었다. 과부도 많았다. 남자라 하면 인민지원군, 군인들, 학생들이 조금 있는 수준이었다"(R6).

9   프자노프일지에 의하면 재일조선인뿐만 아니라 중국을 비롯한 사회주의국가들도 이들 동맹에 따라 자국에 와 있는 조선인들을 본국으로 이주시켰다. 이에 관한 상세한 분석은 Morrs-Suzuki(2007: 221, 257~258) 참조.

국연고자의 상당수가 중국과 북한을 오갔다.[10]

그런데 당시 중국은 개혁개방으로 인해 경공업 제품의 생산이 증대되고, 상품경제가 발달했으며, 자본주의 의식이 싹텄다. 반면에 북한은 경기침체가 악화되고 소비재 생산이 크게 감소해 주민에 대한 생필품 공급이 더욱 어려워졌다. 이때부터 양국 접경지역 간 '경제적 격차(economic gap)'가 크게 벌어졌으며 이러한 '격차(gap)'는 교역을 유발했다.[11] 여기서 주목할 점은 이러한 교역의 주체로 접경지역 왕래가 가능한 재중조선인과 중국연고자가 등장했다. 재중조선인 및 탈북자에 대한 인터뷰 조사 결과, 우선 재중조선인은 북한 친척 집을 방문할 때마다 쌀을 비롯해 사탕, 학용품, 옷 등 각종 생필품을 가지고 갔다. 이러한 중국 친척의 원조 물자는 생필품이 극도로 부족한 북한에서 곧 화폐와도 같아서 자가소비 이외에도 잉여 부문은 값이 비싸도 언제든지 시장에서 판매가 가능했다. 동시에 재중조선인은 중국으로 돌아갈 때 빈손으로 가지 않고 중국에 가서 이윤을 남기고 팔 수 있는 상품을 친척을 통해 구입해서 가지고 들어갔다. 예를 들면 해삼·낙지·명태 등 수산물은 북한에서는 상대적으로 풍부해 저렴하지만, 연변과 같은 중국의 동북내륙 지방은 공급이 적고 희소성이 높아 평균 20~30배 이상의 이윤을 남기고 팔 수 있었다. 따라서 재중조선인은 북한에서 장사해 번 돈(북한 돈)을 중국에 가져가지 않고 현물로 바꿔 팔아 몇십 배 이상의 차액을 남겼다. 이러한 북한산 해산물은 중국 연변의 서시장 등지에서 팔렸다고 한다.

그러나 무엇보다 재중조선인이 중국에 가져가 막대한 이윤을 남기고 팔

---

10 탈북자 및 재중조선인에 대한 인터뷰 조사 결과, 1980년대 중반 이후 중국에 연고가 있는 탈북자 대부분 한 차례 이상 중국 친척을 방문한 경험이 있었다. 동시에 이들은 중국 친척들을, 또는 중국인과 가짜 친척관계를 만들어 북한으로 한두 차례 이상 불러들였다.

11 종래에는 신발과 가방 등 경공업 제품이 북한에서 중국으로 넘어갔으나 1980년대 이후에는 상황이 역전되어 중국에서 경공업 제품이 북한으로 밀려들어 왔다. 또한 북한에서 중국으로 넘어가는 상품도 해산물, 광물, 금속 등 1차 상품 중심으로 변했다(R3).

수 있는 상품은 히타치 TV, 냉장고 등 일본산 가전제품이다. 당시 중국은 개혁개방으로 인해 생활수준이 향상되어 외국산 가전제품에 대한 수요가 급증했다. 상해, 광동 등 중국 남방은 해상을 통해 외국 상품의 유입이 가능했으나 내륙에 위치한 동북 지방은 무역 통로가 형성되지 못했다.[12] 반면에 북한은 김정일이 본격적인 후계자로 등장한 1970년대 중반부터 후계자 업적 쌓기를 구실로 기관 외화벌이를 시작했는데 초기에는 당이 독점했다(정은이, 2009b: 249~256). 그러나 1980년대 들어 특권 기관에게도 외화벌이 권한이 할당되면서 중앙당 외화벌이 독점 구조가 점차 무너졌다(최진이 엮음, 2008: 90~92). 이러한 외화벌이 기관을 통해서 들여온 일제산 중고 자동차, 가전제품, 옷, 식품 등 수입품이 외화 상점에서 판매되었다. 뿐만 아니라 북한에서는 1959년부터 1984년에 걸쳐 실시한 북송 사업으로 북한에 오게 된 재일조선인 귀국자가 존재한다. 이들 대부분 일본 친척의 경제적 원조에 의존해 생활했다.[13] 특히 1980년대 초부터 재일조선인 친척 방문단이 북한을 방문하게 되면서 이들을 통해 달러, 엔화, 일본산 가전제품, 시계, 자동차 등이 북한으로 대량 유입되었다(李佑泓, 1989; 金元祚, 1984). 따라서 1980년대 북한은 외화벌이 사업 등으로 인해 계획경제가 상당 부문 침식당해 국영 상점에는 상품이 항시적으로 부족한 반면 외화 상점에는 각종 외국 상품들로 진열되어 있었으며 외화만 소지하면 일반주민도 외화 상점에 대한 접근이 가능했다. 특히 귀국자는 엔화나 달러 등 외화를 소지하고 있어 일반 주민은 이들을 통해 환전이 가능했으며 외화 상점에 가지 않고도 일본 제품의 구입이 가능했다.

---

12 당시 중국 남방은 해상을 통해 서방과의 밀무역이 대단했다. 따라서 중국 당국은 이를 근절하기 위해 중국 남방 상인들의 배에 무기까지 동원하면서 공격했으나 밀무역은 오히려 더 성행했다(S8).

13 필자는 탈북자 및 화교, 북중 접경지대 중국인(조선족 및 한족) 이외에도 일본에 사는 재일탈북자에 대해 2007년 2월에서 7월에 걸쳐 도쿄와 오사카 등지에서 심층 면접을 실시했다. 이들은 1958년에서 1984년에 걸쳐 실시된 '북송 사업'을 통해 일본에서 북한으로 건너갔다가 다시 일본에 오게 된 재일조선인 또는 후손들로 이들 대부분 북한에 살면서 일본 친척 원조에 의존해 생활했다.

이와 같이 북중 국경을 사이에 두고 양국 간에는 '경제적 차이(difference)'와 '격차(gap)'가 발생했으며 이러한 차이와 격차는 동일한 재화에 대해 가격 차이를 유발하는 요인이 되었다. 예를 들면 1980년대 일본제 세이코 시계 하나가 북한 암시장에서는 2000~3000원에 거래되었으며 이것을 중국에 가져가 팔면 그해 자녀 한 명을 학교에 보낼 수 있을 정도로 가치가 높았다(S10, R8). 즉 당시 북한의 일반 노동자 한 달 임금이 약 70원이었으므로 세이코 시계 하나가 북한 일반 노동자 임금의 2~3년분에 상당하는 가치를 지녔다. 그런데 이 시계가 일단 중국으로 넘어가면 시계 하나가 자녀 대신에 1년 동안 농사일을 도울 인력 한 사람을 암시장에서 고용할 만큼 높은 가치를 지녔다.

그러므로 재중조선인은 국경을 사이에 두고 가격이 상대적으로 저렴한 시장에서 상품을 매수한 다음에 비싸게 팔릴 수 있는 시장에 매도해 교역 차액을 남겨 이익을 창출하는 방법으로 접경지역에서 장사했다. 이러한 가격 차이는 곧 교역의 동력으로 작용했다. 예를 들면 1980년대 초 중국인 노동자 한 달 임금은 인민폐 50~100위안 사이였는데 북한을 경유해 중국 연변 지역으로 들어간 일본산 TV는 한 대에 인민폐 4000~5000위안에 거래되었으며, 이것도 혼수품·뇌물 등 다용도로 활용되어 없어서 못 팔 정도로 인기가 많았다(S10, R8).

이러한 가격 차이로 인해 재중조선인 사이에 '북한 장사 붐'이 일어나 장사 목적의 친척 방문 사례가 급증했다. 1990년대 말까지 중국 동북 지방에서 사용하는 일본산 제품이 이들을 통해 유입되었을 정도로 북중 접경 무역에서 이들의 경제적 역할은 중요했다(S8). 환언하면 이들을 매개로 1980년대 이미 중국의 동북부와 북한, 그리고 일본을 연결하는 동서 무역 통로가 형성된 것이다. 이러한 동서교통로의 형성으로 인해 북한에서 배급제가 중단된 1990년대 북중 접경 무역은 자연스럽게 탄력을 받을 수밖에 없다.

3) 재중조선인과 보따리 무역

앞 절에서 분석한 바와 같이 1980년대 초부터 친척 방문으로 북한에 오게 된 재중조선인은 북중 국경 지역을 왕래하면서 장사를 했다. 특히 이들은 북한 상품뿐만 아니라 일본에서 북한으로 들여온 일본 상품을 그대로 중국에 가져가 팔아 매매 차액을 획득하는 소규모 보따리 무역상이 되었다. 이른바 중계무역상(中繼貿易)이다. 이들을 통해 형성된 동서교역로는 마치 실크로드와 같은 경제 효과를 가져와 연변조선족자치구에 고용 창출의 효과뿐만 아니라 경제적 활력을 가져왔다.

북중 무역은 크게 국가 무역과 변경 무역으로 구분된다. 국가 무역은 국가 간의 계약에 의해 행해지는 무역 형태이다. 반면에 변경 무역은 지방정부나 개인이 주체가 되어 행해지는 무역 형태이다. 그 이외에 밀무역 형태가 존재하지만 이는 통계에 잡히지 않아 정확하게 파악할 수 없으나 탈북자에 대한 인터뷰 조사 결과 접경지역 주민 대부분 밀무역을 경험한 사례로 보아 상당부분 차지할 것으로 추정된다. 밀무역을 제외한 북중 무역 총액을 보면 〈표 2-1〉에서와 같이 1997년 미화 6.5억 달러에서 2004년에는 13억 달러로 7년 사이에 약 2배 이상 증가했다. 그중에서 변경 무역이 차지하는 비율은 1997년 32%에서 2001년에는 50%로 상승했으나 2004년에는 35.6%로 하락 추세를 보였다.

그러나 1990년대 중반까지만 해도 북중 무역에서 변경 무역이 차지하는 비율은 압도적으로 높았다. 〈표 2-2〉에서와 같이 1995년도까지는 80% 이상을 우회하는 높은 수준이며 그중 70% 이상이 보따리 무역 형태이다(鄭雅英, 2000: 305). 바꿔 말하면 북중 무역에서 접경지대의 위치는 상당히 높으며 거기에는 재중조선인과 중국연고자 등이 중요한 역할을 했다.

먼저 〈표 2-3〉에서와 같이 북중 변경 무역 총액은 1965년 286.1만 위안에

표 2-1 북중 무역에서 북중 변경 무역의 점유 비율

(단위: 억 미국 달러, %)

	북한의 대외 무역 총액	북중 무역 총액	변경 무역 총액	점유율	중국의 대북 수출액	중국의 대북 수입액
1997	21.7	6.5	2.1	32.0	5.3	1.2
1998	14.4	4.1	1.3	31.6	3.5	0.6
1999	14.8	3.7	1.0	27.0	3.2	0.5
2000	19.7	4.8	1.3	27.0	4.5	0.3
2001	22.7	7.37	3.69	50.0	5.7	1.6
2002	22.6	7.33	3.52	48.0	4.6	2.7
2003	29	10.23	4.5	44	6.3	3.9
2004	31	13	4.63	35.6		

자료: 중국해관통계(中国海关统计), http://www.chinayearbook.com.

표 2-2 북한의 대중 무역에서 국경 무역이 차지하는 비율

(단위: %)

	1991	1992	1993	1994	1995
비중	70.2	73.8	77.3	79.9	82.3

자료: 중국해관통계(中国海关统计).

달했으나 문화대혁명으로 중단되었다가 1982년에 재개되었다. 이때 북중 변경 무역 총액은 103만 위안으로 출발했으나 1983년에는 979만 위안으로 증가하고 1988년에는 1억 700만 위안까지 급상승했다. 다시 말하면 접경 무역이 확대된 시기는 1982년 문화대혁명이 끝나고 북한과 중국 양측에 이산되어 있던 연고자들의 친척 방문이 공식적으로 허용된 시기와 일치한다.

동 시기 북한과 재중조선인이 밀집된 연변 지역과의 무역 총액은 1982년 54만 달러에서 1989년에는 5208만 달러로 100배 이상 증가했다(林金淑, 2005: 36). 특히 1990년대 상반기까지 연변의 대외 무역 총액에서 대북 무역의 비중은 상당히 높다. 즉 1991년에서 1995년까지 각각 42.9%, 38.9%, 62.8%,

표 2-3 북중 접경지대 무역 수출입 현황

(단위: 만 위안)

연도	1954	1955	1958	1959	1960	1961	1962	1963	1964	1965	1966
총액	130	142.6	119.8	471.8	122.8	148.1	132.4	112.2	230.1	286.1	194
수출	65	71.3	55.9	235.9	38.3	97.7	64.5	54.5	108.8	105.6	85
수입	65	71.3	55.9	235.9	84.5	50.4	67.9	57.7	121.3	180.5	109
연도	1967	1968	1969	1982	1983	1984	1985	1986	1987	1988	
총액	12.3	86.1	1.5	103	979	3,889	8,893	6,284	8,913	10,700	
수출	12.3	42.3	1.5	51	453	2,021	4,241	3,125	4,127	5,216	
수입		43.8		52	526	1,868	4,652	3,159	4,786	5,484	

자료: 연변조선족자치주사지 편찬위원회(1996).

표 2-4 북중 변경 무역의 10대 해관

(단위: 만 톤)

중국 해관	북한 세관	등급
단동 해관	신의주 세관	1급
도문 해관	남양 세관	1급
사택자 해관	하얼빈 세관	2급
남평 해관	무산 세관	1급
고성리 해관	삼장 세관	2급
삼합 해관	회령 세관	1급
개산툰 해관	온성 세관	2급
권하 해관	원하리 세관	1급
장백 해관	회산 세관	
집안 회관	남포 세관	

자료: 林今淑·李光哲(2004).

55.9%, 30.1%를 차지했다(林金淑, 2005: 40). 이어서 연변의 대북 무역 수출입
총액은 2000년에 들어서 매년 20% 이상 성장했으며 2004년에는 2억 1582만
달러에 달해 연변주의 대외 무역 수출 총액의 50%를 차지했다.

뿐만 아니라 〈표 2-4〉에서와 같이 중국은 북중 변경 무역을 위해 10개의 해관을 설치했는데 그중 7곳이 재중조선인이 집중적으로 거주하는 길림성 연변조선족 자치구에 있으며 북중 변경 무역은 최근에도 여전히 단동과 연변을 집중적으로 경유하고 있다(林今淑·李光哲, 2004). 그중에서 단동을 경유하는 비율은 1998년에는 56.5%, 1999년에는 50.5%로 북중 변경 무역 총액의 절반 이상을 차지했으나 그 이후에는 연변을 경유하는 비중이 높아졌다. 1998년에는 연변을 경유하는 북중 무역이 21.3%에 불과했으나 1999년에는 37.7%로 증가했으며 2002년에는 61.8%로 증가해 절반 이상을 차지하게 되었다.

3. 시장의 발달과 민족경제 네트워크 확대

1) '북한의 홍콩 시장' 회령

1980년대 초 친척 방문으로 북한에 오게 된 재중조선인은 친척의 도움을 받아 비공식적으로 북한에서 장사를 시작했다. 즉 초기 재중조선인의 방북(訪北)은 단순히 친척 방문의 범위에서 크게 벗어나지 않았으나 80년대 중반 이후 장사를 위한 방문으로 변질되었다. 이들은 한번 북한에 오면 한 달 동안 친척 집에 머물면서 친척네트워크를 이용해 접경지역 주민을 상대로 친척 집에서 물건을 사고팔았다. 그러나 1980년대 중반 이후 북한에 장사하러 오는 재중조선인의 수가 급증하자 이들은 점차 불법이지만 공개적인 장소에 나와서 직접 소비자에게 물건을 파는 도소매상이 되었으며 결국 북한의 주요 국경 인접 군·읍들에 북한 주민을 대상으로 하는 중국인 전용 시장을 형성하는 단계로 발전했다. 그중 하나가 바로 중국 삼합(三合)과 국경을 마주하고 있는 함경북도 회령 시장이다.[14] 이는 한때 북한 주민들 사이에서 '북한의 홍콩 시장'이라고 불릴 정도로 번성했다.

언제부터인가 회령역(驛) 골목 주변에는 중국인(대부분 조선족)들이 북한 주민에 섞여 중국 제품을 가져와 팔기 시작했다. 단속원이 나오면 무조건 욕설과 구타를 당하기도 하고 때로는 어디론가 연행되어 가기도 했지만 중국 상인의 수는 걷잡을 수 없이 늘어났다. 결국 이곳은 거대한 시장으로 변모해 어느덧 '회령의 홍콩 시장'이라 불리게 되어 평양 주민조차 부러워하게 되었다(Q7).

바꿔 말하면 접경지대에 형성된 중국인 시장은 기존의 북한 장마당과 다각적인 측면에서 '차이(difference)'가 존재한다. 이는 다음 탈북자 R9 씨의 사례를 통해도 알 수 있다.

당시 시장이라는 게 배추, 깻잎 등 채소류만 조금 뽑아서 놓고 팔던 농민 시장만 허락했다. 이것을 60대 부양 할머니들이 시장에 놓고 팔았다. 그런데 회령 장마당은 중국인이 앉아서 팔았다. 파는 상품도 달랐다. 그때는 중국 상인들이 나와 공업품을 팔 수 있는 여건을 주었다. 가스라이터, 볼펜, 건전지, 손거울, 돌분(파운데이션), 로션 등 잡화 이외에도 중국산 화장품이 많이 나와 있었다. 천(옷감)류도 길게 말아서 있었다. 레이자(바닥에 까는 장판), 속옷도 많았고 가전제품도 많았다. 평양 지대에서 생활하다 보니 국경지대에 대해서는 전혀 세상 물정을 모르고 살았다. 여기(회령)에 와 보니 중국이 많이 발전했다는 것을 느꼈다. 당시 대학생들은 모두 이 회령 시장을 거쳐 갔다 해도 과언이 아니다. 수천, 수만 명은 될 것이다. 회령은 김정숙 고향이고 김정일 혁명 역

---

14 북한과 중국 국경 사이에 있는 인접 도시로서 제일 유명한 시장이 남양 시장, 회령 시장, 무산 시장, 혜산 시장, 신의주 시장 등 다섯 곳이다(윤웅, 1995: 73).

사지이므로 대학생들은 꼭 한 번 이곳에 오게 된다. 그때 다들 중국인 장마당을 들르지 않으면 섭섭했다. 아이들끼리 떼를 지어 몰려갔다. 하루 종일 샀다. 회령 시장은 앉아 있는 사람 자체가 틀리다. 우선 얼굴 색깔이 틀리다. 잘 먹어서 그런지 확실히 다르다. 때깔이 다르다. 옷 입은 게 아무래도 개혁개방이 진행 중이어서 개방적이다. 중국 아가씨들이 많이 나와서 장사를 하는 데 한창 더울 때는 가슴 라인이 나와 있는 옷을 입고 장사한다. 새빨간 입술을 바르고 있고 남자도 많았다. 이들은 처음 보는 옷, 색안경(선글라스)을 끼고 있었다. 이런 것 자체가 중국인이구나 하고 알린다. 이런 것을 보니 중국이 많이 발전한 것 같다. 못 살던 나라가 잘 살게 되니까 입술 봐! 입술은 쥐 잡은 것처럼 생겼다. 우리는 청순한 것을 미(美)라고 생각했는데 그들은 입술, 분 크림(파운데이션)을 엄청 발랐다. 호미로 긁으면 밀릴 정도였다. 옷도 남자들이 보면 어떻게 하겠는가? 하며 웃던 생각이 난다. 그만큼 개방을 해서 발전한 것이다.

다시 말하면 회령 시장은 앉아서 물건을 파는 주체, 이른바 판매자가 중국인이다. 폐쇄된 북한 사회에서 외국인이 공개된 장소에서 장사한다는 것은 북한 주민에게 생소한 일이다. 물론 이들 대부분 한족(漢族)이 아닌 북한 사람과 언어가 통하고 전통, 문화, 생활양식이 비슷한 조선족이지만 엄연히 중국 국적을 가진 외국인이다. 또한 중국인 시장의 외형은 북한의 일반 농민 시장이나 장마당 수준에서 크게 벗어나지 않으나 내용면에서 큰 차이가 있다. 즉 상인들은 단지 길바닥에 보자기를 깔거나 마분지나 나무판자 또는 바구니 등으로 오늘날의 종합 시장 매탁과 유사한 형태의 탁(卓)을 만들고 그 위에 상품을 진열해 놓고 파는 등 골목 시장 형태에서 크게 벗어나지 않았다. 그러나 우선 장이 서는 기간이 달랐다. 북한은 1980년대에도 여전히 농민 시장만을 유일한 합법 시장으로 인정했으며 10일에 한 번만 열도록 제한했다. 반면에 중국인 시장은 매일 열리는 상설 시장으로 보통 200여 명에서 많을 때는 1000여 명이 상주하면서 물건을 팔았다. 판매자 또한 농민 시장은 농민과 노인으로 제한했으나 중국인 시장은 각양 각층의 젊은 층이 주를 이루었다. 그러나 무엇보다 중국인 시장이 북한의 다른 지역 시장과 차별화된 점은 판매하는 품목에 있었다. 1980년대 중반만 해도 북한 시장에는 공업품이 극히 적었으며 설령 판매한다 해도 당국의 눈을 피해 몰래 팔았다. 즉 여전히 농·토산품 중심의 농민 시장에서 탈피하지 못했다. 그러나 중국인 시장은 처음부터 각종 잡화를 비롯해 신발, 옷 등 공업품 중심이며 게다가 이를 공공연하게 드러내 놓고 팔았다. 그러므로 이러한 형태의 중국인 시장은 다음의 증언에서와 같이 당시 북한 주민에게 적지 않은 자극을 주었다.

91년도 대학 졸업을 앞두고 회령에 견학을 갔다. 그때 회령에 가니까 중국인들이 나와서 장마당에서 장사를 했는데 그때 난생 처음으로 시장다운 시장에 접근한 것 같았다. 국경과 가까워서 중국 상인들이 많이 나와 있었다. 일반적으로 시장이라 하면 그때까지만 해도 텃밭에서 나오는 농산물을 파는 정도로 생각했다. 그러나 회령 시장은 시계, 선글라스, 없는 게 없어서 머리가 핑돌 정도였다. 같이 간 학우 중에는 거기서 무언가를 사고팔아 차액을 남기며 돈을 버는 학우도 생겨났다. 우리 학급 동무들도 다들 머리가 휙휙 돌 정도다. 양말, 시계 등 중국 공업 제품들이 나와 있다. 활기가 느껴졌다. 자강도는 닫혀 있는 느낌이며 평양은 좀 냉랭한 분위기라면 여기 회령은 하룻강아지 범무서운 줄 모르는 살벌하고 역동적인 분위기를 느꼈다. 충격이었다(Q2).

2) 민족네트워크 확대

한편 1980년대 중반 중국연고자도 친척 방문을 위해 중국을 왕래했다. 이들 또한 중국을 방문할 때 차액을 남기고 팔 수 있는 상품들을 구입해 들고 갔다.

중국연고자가 중국에 갈 때 많이 구입해 간 상품은 해삼, 명태 등 수산물이었으며 그 외에 일본산 가전제품이었다. 일본 중고 가전제품은 중국에 건너가자마자 중국 세관 근처 전문 북한산 도매 시장에 바로 팔아넘긴다. 수산물은 안쪽으로 가지고 나가 판다. 나는 중국 친척과 함께 연변의 서시장과 같은 현지 시장에서 수산물을 직접 앉아서 팔기도 했다(Q4).

동시에 중국연고자는 북한에 다시 들어올 때 중국 친척이 제공한 물질적 원조 이외에도 자신이 직접 중국에서 장사해 번 돈으로 옷, 날날이수건(머리두건), 건전지, 손전등 등 각종 잡화와 옷 등 공업품을 구입해 가지고 북한에 들어와 집에 앉아서 팔았다. 이른바 '앉은 장사꾼'이다(정은이, 2009b: 172~173). 접경 조사 결과, 일부 중국연고자는 심지어 중국에 체류하는 동안 취업해 돈을 벌었으며 여기서 번 돈으로 물건을 사서 북한에 들어와 장사 밑천으로 사용한 사례도 적지 않았다. 또한 재중조선인이 북한에서 장사하기 위해서는 북한 친척과의 협력과 연계가 불가피했다. 당시 친척 방문으로 북한에 오게 된 재중조선인은 반드시 친척 집에 머물러야 한다는 규정이 있었으며 지금과 같이 여관업도 발달하지 않아 친척 집은 숙식 해결의 장소로서 중요한 역할을 했다. 그러나 무엇보다 중국인이 북한 친척의 도움을 필요로 하는 이유는 북한에서의 판로(販路)를 찾기 위해서다. 특히 일본산 가전제품은 대부분 외화 상점이나 재일조선인 귀국자를 통해 구입해야 하므로 친척네트워크가 절실하다. 이러한 의미에서 북한 친척 집은 재중조선인에게 지속적으로 교역이 이루어지는 장소로서 중요했다. 즉 판매자와 구매자가 장기간에 걸친 인간적 관계를 바탕으로 만나 필요한 물화의 교역을 행하는 특정한 장소로서 중요한 의미를 갖는다. 따라서 중국연고자는 초기에 중국 친척의 상행위를 돕는 중계 역할에 그쳤으나 자본이 축적되자 중국 친척이 들여온 물건을 한꺼번에 받아서 직접 집에서 파는 도매상 또는 소매상으로 발전했다.

그러므로 중국 연고가정은 북한 주민 사이에서 '중국집'으로 통하게 되었으며 자연스럽게 양국 접경지대 주민 거래의 장(場)이 되었다. 즉 북한 친척집은 중국에서 들여오는 상품을 위탁받아 팔아주거나 매매를 주선하며 그에 부수되는 창고업, 화물수송업, 금융업 등 여러 기능을 겸하는 객주와 유사한 기능을 했으며 시장의 주체로 등장했다. 이들 중국연고자는 중국에 한 차례 이상 방문해 남한 사정에도 밝으며 일찍부터 장사에 눈을 떠 재산을 축적할 수 있는 유리한 조건에 있었다. 따라서 일본에 연고가 있는 재일조선인 귀국자는 1990년대에 일본 친척의 원조가 중단되어 경제적으로 몰락한 반면에, 중국연고자는 북한 주민들 사이에 부자라는 인식이 싹텄으며 경제적 지위가 상승되었다. 북한에서 암달러상으로 상당한 재산을 모은 탈북자 G 씨의 재원도 바로 중국 친척이다.

어머니가 길림성 왕청현 출신으로 귀국 사업을 통해 1961년 가족과 함께 북한에 건너왔으나 그 후에도 중국 친척들과 지속적인 왕래를 했다. 덕분에 많은 물질적 원조를 받았으며 상부상조하며 장사했다. 예컨대 귀국자를 통해 일본 엔을 구입했으나 80년대 중반만 해도 장사를 천대해 밖에 나가 팔지 못하고 가지고 있다가 중국에서 친척이 오면 팔았다. 엔 1장당 북한 돈 8000원이었는데 친척에게 9000원에 팔았다. 중국 친척은 이것으로 외화 상점에서 일제 TV, 냉장고, 선풍기 등 가전제품을 대량으로 구입해 갔다. 그때마다 굉장히 흐뭇해했다. 중국에서 팔면 10배 이상의 이윤을 남길 수 있으며, 인기가 많아 없어서 못 팔 정도라고 했다. 90년대부터는 외화 상점의 물품도 모두 중국산이 점령했다.

이러한 접경지역의 교류가 증대됨에 따라서 중국연고자를 부러워하는 북한 주민 계층이 생겨났으며 반대로 북한 주민과 연고(緣故)를 맺어 장사하기를 희망하는 재중조선인의 수가 증가했다.

처음에 문이 열렸을 때 85년도에는 친척들이 북한으로 많이 왔다. 그러다가 장사가 많이 되니까 융통성이 있는 중국인들은 벌기 위한 목적으로 북한에 친척을 만들었다. 사실 중국에서 자기 친척이 와서 도와준다는 것은 말이 안 된다. 중국 사람들도 힘든데 이것도 한두 번이다. 친척 방문으로 오는 사람들은 2, 3일 정도면 충분하다. 이 사람들도 너무 힘들어한다. 왜냐하면 중국 사람들은 북한에 친척이 있으니까 장사라도 좀 해볼까 하고 왔는데 북한에 오면 북한은 너무 못살고 바라보는 사람이 너무 많고, 따라서 북한에 오래 머물 상황이 못 된다. 가져온 것을 다 내놔야 하는 상황이 된다. 따라서 중국에서 친척이 북한에 와서 도와주는 것에는 한계가 있다(A1).

이러한 쌍방의 이해관계에 따라 1990년대 중반 이후에는 공식적인 제도를 이용해 가짜 친척관계를 맺어 장사하는 사례가 급증했다.[15] 인터뷰 조사에 의하면 북중 접경지대에서 장사하는 재중조선인의 80% 이상이 가짜 친척관계를 맺은 사람들로 이런 관계에 의해 중국인과의 장사 영역을 확대해 나갔으며 재산을 축재하는 주민 계층도 출현했다.[16]

3) 전국 시장 네트워크 형성

1980년대 북한은 국영 상업망 기능의 저하로 일반 주민에 대한 생필품 공급이 극도로 어려웠다. 이 상황에서 접경지대의 시장은 중국인 보따리 무역

---

15 당시에는 친척이라는 증거만 있으면 쉽게 통행증을 발급받을 수 있었기 때문이다(U).

16 2000년 3월 보위사 검열에 걸려들어 6월에 처형당한 거상(巨商) 박정순 씨의 부의 원천도 바로 중국 상인과의 연계에서 생성된 것이었다. 이는 혜산 사건으로 유명하다. "1990년대에는 북한이 살기 힘드니까 중국인들이 혜산에 많이 넘어와 장사했다. 과정에서 북한 주민과 서로 가짜 친인척 관계를 많이 만들었다. 박정순도 그때 대방(상대방)을 잘 만나 부를 축적했다. 그 중국 상인 자체가 안기부와 관련 있다는 소문도 있었다"(임진강 출판사 녹취 제공).

상을 통한 상품 공급의 증가로 시장 가격이 내륙보다 상대적으로 저렴했다. 이러한 가격 차이는 내륙 지역 상인들을 국경 지역으로 집결시키는 동인이 되었다. 예를 들면 1980년대 중반 중국인이 만든 회령 시장은 외지인이 접근하기 용이한 역 근처에 자생적으로 형성되었다. 특히 회령은 함북선(咸北線)을 통과한다.[17] 함북선은 함경북도 청진시 반죽역을 기점으로 회령, 종성, 온성을 지나 나진역으로 연결되는 한반도 최북단을 휘감는 철도 노선으로, 일제 강점기에는 도문철도주식회사에 의해 개통되어서 도문선으로 불리기도 하며 함경북도 청진으로 들어오는 일본 화물을 중국으로 실어 나르는 중계 철도 역할을 담당했다. 바꿔 말하면 회령은 중국 쪽에서 보면 내륙으로 통하는 첫 번째 관문으로 함경북도 도청 소재지인 청진시로 연결되는 중계 무역지이다. 이러한 측면에서 회령 시장은 무산이나 온성 등 함경북도의 다른 접경지대에 비해 타지 상인이 접근하기에 좋은 입지 조건을 갖추었다. 따라서 회령 시장이 역전 주변에 형성되었다는 것은 회령 상인의 경제적 편익이 최대한 고려되어 이것을 행동으로 표출한 자연스런 결과라고 해석할 수 있다. 즉 회령 상인의 주요 고객은 전국 각지에서 온 도매상들로 회령 상인은 이들을 상대해야만 최소한의 비용으로 최대한의 이윤을 실현할 수 있었던 것이다.

그러므로 타지에서 온 상인들은 점차 '거간꾼' 또는 '달리기'가 되어 지역 간 가격차를 이용해 접경지대에서 물품을 구입해 타 지역으로 이동해 비싸게 팔아넘겨 차액을 남기는 중간상인이 된다. 여기서 중국인은 북한 상인에 비해 상대적으로 공업품을 많이 소지하고 있어 직접 북한 내륙 지역으로 가서 현지인과 직거래하면 더 많은 이윤을 창출할 유리한 조건에 있다. 그러나 이들은 내륙 지역과의 네트워크가 빈약했으며 더욱이 북한 당국이 정한 국경 지역 외의 지역을 이탈할 수 없다는 제도적 제약이 뒤따랐다. 이 상황에

---

17   위키백과 인터넷 자료, http://ko.wikipedia.org/wiki/%ED%95%A8%EB%B6%81%EC%84%A0 (검색일: 2012.1.5)를 참조.

서 중국 상인과 북한 내륙 지역의 실수요자를 연결해 주는 중간상인이 필요에 따라 등장하게 된 것이다. 여기서 접경지역 주민은 중간상인으로서 활동하기에 유리한 지리적 조건에 있었다. 실제로 회령 지역 주민 대부분은 국가나 국영기업의 구성원들이지만 절대 다수가 중국인과 내륙의 상인을 연결해 주는 중간 거래 장사꾼으로 활동했다(윤웅, 1995: 78). 이들은 중국에 사는 먼 친척이나 아는 사람들을 자기 집으로 초청해 그들이 팔려고 가져온 물건을 싼 가격에 사서 다시 내륙 깊이 가지고 가서 비싼 가격에 팔아 이득을 보는 방법으로 돈을 벌었다.

나는 회령에서 중국인 상인에게서 받은 천을 가지고 기차를 타고 남포로 갔다. 남포에 갈 때에는 천을 필로 가져간다. 천 이름은 돌맛사지로 북한으로 말하자면 김정일 잠바를 만들 때 쓴다. 북한 사람들은 김정일과 같은 잠바를 입기 좋아한다. 따라서 이 천은 수요가 많다. 색깔도 참 좋았다. 쥐색에 가깝다. 그걸 중국인들이 필로 가져오면 우리는 그것을 재어서 기차 칸 수화물에 부쳐 남포로 가져갔다. 청진은 가깝기 때문에 떨어지는 것이 작기 때문에 남포로 간다(C).

한편 내륙 지역의 상인은 다음과 같은 제도적 관문을 통과해야 한다. 우선 국경 지역에 공무 출장 증명서를 떼 가지고 가서 중국 상인들에게 각종 중국 물품들을 싼 가격에 대량으로 구입해 다시 돌아와 현지의 북한 전문 장사꾼들에게 팔아서 차액을 이윤으로 남긴다. 현지 장사꾼들은 중간상인에게서 산 상품을 직접 필요로 하는 현지 주민들에게 되판다(윤웅, 1995: 43).

중국 사람들은 북한에 오면 장사를 한다. 이러한 중국인을 상대로 하는 북한 장사꾼들은 청진, 남포, 무산 이외에도 황해도에서도 온다. 회령의 돈 있는 장사꾼들은 중국인에게서 물건을 한꺼번에 넘겨받아 타 지역에 온 상인들에게 도매로 넘긴다. 그러면 각 지역에서 달려온 달리기들은 그것을 자기 고장으로 가지고 가 장마당에 소매로 팔거나 앞쪽에 가져가서 되판다. 물건을 앞쪽에 가져가면 이윤이 더 높기 때문이다. 예를 들면 속옷 하나에 50전이라면 앞쪽에는 2원에 팔 수 있다. 그렇게 해야만 살지 그렇지 않으면 못 산다(E1).

이와 같이 지역 간 가격 차이로 인해 북중 접경지대는 접경지대 상인 이외에도 내륙 지역 상인까지 집중되어 중국 상인과의 네트워크를 확장해 나갔다. 그러나 한편으로 내륙 지역 상인이 중국 상인과의 연계를 확장해 나가기 위해서는 이미 중국인과 네트워크가 구축된 접경 도시 상인과의 연계가 불가피하다. 동시에 접경지역 상인은 내륙 지역으로 장사 영역을 확장하기 위해서 현지 상인과 연계가 불가피했다. 이러한 필요충분조건에 의해 점차 접경지역 상인과 내륙 지역 상인 간의 연계가 이루어져 북한 내 지역 간 네트워크가 형성되어 내륙으로 장사 범위를 넓혀나갈 기반을 마련했다. 이러한 관계망에 의해 1990년대에 들어서 배급이 중단되고 시장이 활성화되자 전국이 통일된 하나의 시장을 형성하는 단계에 도달한다.

4. 북한의 개혁개방과 접경지역 발전의 동인

1) 북중 접경지역과 연고자 중심의 개방정책

이것으로 북한에서 물건, 사람, 돈, 정보가 접경 도시를 중심으로 북한 전역으로 파급되었으며 아울러 시장도 접경 도시를 중심으로 형성되었다. 이러한 접경 도시의 기능은 1990년대 사실상 북한에서 배급제가 붕괴되고 외부 세계와 차단된 상황에서 더욱 강화되었다. 그러나 한편으로 북한과 같이 개방되지 않은 국가에서 이러한 접경 도시의 발전이 단순히 지리적 이점에 의해 이루어진 '자생적(spontaneous)' 결과라고 단정하기에 어려운 측면이 있다.

첫째, 북중 접경지대를 중심으로 한 보따리 무역이 활성화될 수 있었던 요인은 무엇보다 북중 양국이 이를 제도적으로 허용했기 때문이다. 즉 북중 변경 무역은 북중 관계가 악화된 문화대혁명 시기에 정체 국면에 있었다. 그러나 북중 관계가 호전되고 중국이 개혁개방을 시작하면서 1982년에 정식으로 재개되었다. 그 후 중국 국무원은 1984년 접경지대의 경제 활성화를 위해 정식으로 '변경소액무역잠행관리판법(邊境小額貿易暫行管理辦法)'을 발표했다(林金淑, 2005: 36). 또한 여기서 변경 무역에 한해 50%의 세금 감면 혜택을 적용한다는 규정도 함께 제시했다. 이어서 1996년 중국 국무원은 '변경 무역과 관련된 문제에 관한 통지(關於邊境貿易有關問題的通知)'를 발표하고 1998년에는 '변경 무역을 한층 더 발전시키기 위한 보충 규정에 관한 통지(關於進行了壹步發展邊境貿易的補充規定的通知)'를 발표했다. 이러한 정책의 일환으로 북중 접경 무역은 일정 제도적·법률적 특혜와 안전을 보장받았다.

둘째, 북한 당국은 1980년대 초부터 친척 방문자에 한해 중국인 단기 북한 체류를 허용했으며 동시에 중국연고자의 중국 방문을 허용했다. 이는 비록 연고자와 북중 접경지대에 한정된 개방 조치였으나 결국 일반인에게까지 해외 관광을 허용한 개방정책으로 이어졌다. 왜냐하면 초기 재중조선인의 방북 목적은 친척 방문이었으나 점차 장사 중심으로 변질되었으며, 결국 북한에서 시장을 형성해 공개적인 장소에 나와 장사하는 도소매 상인이 된다. 이는 엄연한 불법 행위이지만 북한 당국은 이에 대해 심하게 통제하지 않았다. 오히려 그 이후 더 많은 연고자가 북한과 중국을 왕래했으며, 1990년대에는 아예 전문적인 보따리 무역을 위해 가짜 친척관계를 만들어 접경지대를 왕래하는 단계에까지 이른다.

셋째, 북한 당국은 오히려 방북하는 해외 동포에게 우대 조치를 취했다.

예를 들면 북한 주민의 식량 배급은 당시 대부분 잡곡이었으나 친척 방문으로 온 재중조선인에게는 친척 집에 머무는 동안 배급으로 쌀을 제공했다.[18] 따라서 가짜 친척관계를 맺어 중국인을 불러들인 일부 가계(家計)는 중국인이 머무는 기간 오히려 쌀밥을 먹을 좋은 기회였다. 이는 바꿔 말하면 당국이 해외 동포의 친척 방문을 제도적으로 보장했다는 의미이다.

넷째, 북한 주민이 중국인과 가짜 친척관계를 만들어 북한으로 불러들이는 절차 또한 복잡하지 않았다. 이는 인맥 또는 약간의 뇌물만이 있으면 가능했다.[19] 오히려 친척 방문 제도는 중하급 간부의 수입원이 되어 접경지대 간 주민 왕래는 증가하지 않을 수밖에 없었다.[20]

다섯째, 이즈음 북한 당국은 해외 친척이 북한 주민에게 외화 송금을 할 수 있도록 제도적 장치를 마련했다. 동시에 외화 상점을 설치해 북한을 방문한 외국인은 여기서만 상품을 구매하게 했다. 그러나 외화 상점은 외화를 소지한 사람이라면 외국인이든 내국인이든 상관없이 누구든 물건 구입이 가능했다. 이에 대해 1985년 북한에서 1년간 유학한 러시아 북한학자 안드레이 란코프(Andrei Lankov)에 의하면 북한처럼 외화를 마음대로 쓸 수 있는 사회

---

18 자본주의 국가에서 온 해외 동포에 대한 대우는 더욱 좋았다. 이들은 집 개조에 가전제품, 심지어 화장실까지 만들어줬다. 어떤 귀국자는 아예 집까지 바꿔줬다(Q7).

19 오는 사람들이 다 장사를 목적으로 북한에 오니까 일단 북한 사람들과 친척관계를 맺는다. 친척을 맺는다는 것은 북한 주민이 안전부에 담배나 3, 4보루 주고 그다음 보위부 외사과에 가서 등록한다. 여기에 또 담배 3, 4보루를 준다. 친척이라는 증거도 필요 없다. 이런 절차가 끝나면 중국에서 짐이 온다(L2).

20 예를 들면 소개받은 중국인을 친척으로 등록하면 우리 집이 친척이 되어 우리 집에서 살고 간다. 이 사람을 먹여주고 재워주면 그 대가로 쌀, 사탕 등 먹을 것을 주니까 이득이다. 따라서 사람들이 서로 받으려고 하지만 이것도 능력이 있어야 한다. 능력이라면 보위부 안전원들과의 인맥이다. 우리 집에 중국 사람들을 치면 복잡하다. 안전원들이 와서 담배 달라 뭐 달라 한다. 못사니까 그렇게 해서 먹고사는 것이다. 따라서 이런 사람들을 다 알아야 한다. 중국 사람들도 아무 집이나 안 간다. 힘이 없는 집은 와도 불안하다. 예를 들면 내가 외사과 사람을 알아야 한다. 만약에 없으면 중간에 그 사람을 아는 사람을 통해 주고 줄을 대야 한다(L3).

주의 국가는 드물 정도로 북한의 외화 사용은 놀라운 수준이었으며 이는 구소련을 훨씬 능가하는 수준이었다고 회고했다.[21]

여섯 번째, 중국 당국은 1997년 6월 국경 지역 주민의 요구에 의해 훈춘권하 해관 맞은편에 있는 북한의 원정리 세관 부근에 3만㎡ 너비의 중조 국경무역 시장(中朝邊境民互市貿易)을 열었고 북한 당국은 회령 등에 국제 무역 시장을 개설했다.[22]

이러한 변화에서 비추어 볼 때 접경지역의 발전은 정책적, 제도적 요소가 크게 작동했으며 북한 당국은 이미 1980년대 수도 평양이나 함흥 등 내륙에 위치한 대도시보다 오히려 중국과 국경을 접하고 있는 변방도시를 중심으로 경제 개방을 제한적으로나마 실시했다. 즉 북한 당국은 1980년대 초기 국경 지역과 연고자에 한해 친척 방문을 허용한다는 제한을 두었지만 사실상 사람의 왕래뿐만 아니라 물건, 돈, 정보의 유입까지도 제도적으로 허용한 셈이 된 것이다. 이른바 1980년대 북한에서는 사실상 개방이 시작된 것이다.

2) 북한의 중국식 개혁정책

북한은 1980년대에 들어 접경 도시와 연고자 중심의 개방뿐만 아니라 대내적으로 8·3인민소비품 향상 운동 및 국영기업의 독립채산제강화, 대외적으로는 합영법 제정 등 개혁개방의 징후가 보이는 새로운 정책 변화를 시도했다(小木此正夫 엮음, 1997: 299~300). 여기서 주목할 점은 이러한 북한의 정책

---

21 한국사회과학연구지원사업(SSK), "일상생활을 통해 본 북한사회의 형성과 변화" 콜로키움, 국민대학교(2011.11.25).

22 이는 국경선 20km 이내로 정부 허가를 받은 지점으로 변경주민이 생활용품의 무역을 하고 매일 교환할 수 있으며 화폐를 인민폐 3000원 이내로 규정하고 이 범위 내에서 관세를 면한다고 했다. 상호 주민이 각 50명에서 150명으로 늘었으며 최대 500명까지 있었으며 매일 교환액이 40~60만 인민폐에 달했다(林金淑, 2005: 39).

변화가 중국의 개혁개방과 무관하지 않다는 사실이다. 무엇보다 이러한 일 련의 새로운 정책은 1983년 6월 김정일의 방중(訪中) 이후에 실시되었다(河合 弘子, 1996: 5). 당시 중국은 개혁개방을 통해 체제 안정을 꾀하려는 한편, 북한 은 중국으로부터 김정일 후계 체계를 인정받아 체제 안정을 도모해야 하는 과제가 놓여 있었다. 이러한 '체제 안정'이라는 양국의 공통된 이해관계에 따 라 북한은 김정일 후계 체계를 중국으로부터 인정받는 교환 조건으로 중국 으로부터 개혁개방의 압력을 받았을 가능성을 배제할 수 없다.[23] 실질적으로 이즈음 북한 내부에서는 중국식 개혁개방을 둘러싸고 열띤 논쟁이 벌어졌으 며 이는 일반 대학생의 수준에까지 확대되었다.

북한에도 개혁 바람이 불어 그것을 재평가하려는 움직임이 국가 차원에서 일어났다. 대학생들도 중국식 개혁개방에 대해 많은 논쟁을 했으며 이것으로 논문을 쓰는 학생들도 많았다. 그때 반 친구 하나가 정치범수용소로 끌려갔다 는 이야기가 흘러나왔다. 중국의 개혁개방이 중국 실정에 옳을 수도 있다는 논문을 준비하고 있었기 때문이다. 대학교수들도 교실에 들어와 중국의 개혁 개방에 대해 비판적인 이야기를 많이 해주었다. 즉 순수한 사회주의 국가가 니키타 흐루쇼프(Nikita Khrushchyov)부터 흐려지기 시작했으며 이것이 덩샤 오핑(鄧小平)으로 전염되었다는 것이다. 이것이 화제가 되어 우리는 받아들이 지 말자는 결론을 지었다. 그런데 3학년 때 가서 과연 중국의 개혁개방이 어떤 효과가 나타날까라는 생각이 개인적으로 들었다. 김일성이 1983년에 중국을 방문했다는 소식을 들었다. 1984년도에는 사회주의 국가를 순방했다는 소식 을 들었다. 북한이 못산다는 것을 인정하고 정책도 내려오고 했다고 한다. 이

---

[23]   김정일은 1983년 6월 조선로동당정치국 상무위원, 중앙위원회 서기로서 북경을 방문했다. 회담 상대는 주은래의 처 덩잉차오(鄧穎超)였다. …… 김정일은 중국의 지도자에게 제6회 조선로동당대 회의 결의가 어떻게 실시되었는지에 대해 전달했다(V·ペトロプ A·スターソプ, 2004: 81~82).

런 생각을 가지고 국경지대에 가서 보니 정말 놀랄 만한 일이 많았다(R9).

북한의 해외 근무자들은 중국의 농업·국영 기업의 개혁개방과 관련된 자료를 해외에서 활발히 수집하고 있으며 북한 내부에는 유학 경험자들로 구성된 '방혁팀(개혁개방팀)'이 중국 모델을 연구하고 있다(한기범, 2009: 17). 실제로 1980년대 중반에 북한은 중국식 농가생산책임제를 도입한 경험이 있다. 이는 1, 2년 정도 실험하는 단계에서 실패로 끝났으나 경공업 육성책으로 도입한 8·3인민소비재운동은 실행에 성공한다.[24]

1984년 북한은 농업과 경공업 부문에서 개혁을 시도했다. 먼저 농업 부문에서는 협동농장을 가족 단위의 분조제(농가생산책임제)로 개혁했으며, 경공업 부문에서는 8·3인민소비재운동을 실시했다. 이는 중국식 개혁개방을 본받아 실시되었다. 전자는 김일성이 크게 노해 좌절되었으나 후자는 경제학자들이 다음과 같은 논리로 김일성을 설득해 실시하게 되었다. 첫째, 8·3제품은 공짜로 생산할 수 있다. 즉 노동력은 가내 작업반 소속의 전업주부를 이용하면 되고 추가적인 설비투자 없이 빈집이나 공장에서 사용하지 않는 건물의 방 하나를 빌려 쓰면 된다. 또한 자재도 공장에서 생산하다 남은 자투리를 이용하면 되고 기계도 집에서 쓰던 재봉틀이나 목공 도구를 가져오면 된다. 둘째, 북한에서도 외화벌이의 영향으로 1970년대 후반부터 이른바 '북조선판 태자당'이 등장했다. 이들은 계획경제에 막대한 혼란을 초래했다. 상품이 가격이 낮은 곳에서 높은 곳으로 고이듯이 국정 가격의 제품이 장마당으로 흐르고 이것이 다시 외국으로 흐르는 것은 당연한 경제적 원리이다. 따라서 경제학자들은 태자당에게 일격을 가하기 위해 가격 단일화를 실시해야 한다고 주장했다.

---

24   1985년 중국식 농가생산책임제 도입을 주장하다 비판받고 숙청된 농업연구사 '박철 사건'에서 볼 수 있다. 이에 관해서는 황장엽(1999: 232) 참조.

즉 암시장 가격과 국정 가격의 단일화이다. 따라서 83제품만은 합의 가격으로 해야 할 것을 주장했다. 이렇게 되면 주민들은 83직매점에서 장마당보다 더 질 좋은 물건을 싼 가격에 구입할 수 있고, 국가와 기업의 수입은 늘고, 인민들의 생활도 절로 향상되어 결국 북한에서 시장은 소멸할 것이다(Q3).

이와 같이 북한은 사회주의국가에서 나타나는 개혁과 변화의 징후를 통해 1980년대 북한 나름의 개혁개방을 시도하려고 했다. 특히 정치 체제의 안정을 유지하면서 경제성장 목표를 동시에 달성하고 있는 중국의 개혁개방 사례는 북한에게 하나의 좋은 사례가 되었다.

5. 결론

이 장에서는 북중 접경지대에 거주하는 재중조선인 및 중국연고자와의 경제적 교류에 착안해 북한 내부 영상 자료, 위성 자료, 탈북자에 대한 심층 면접 조사 및 북중 접경 조사 등 다양한 실증 자료에 입각해 동포경제 네트워크의 형성 과정과 북한 개방에 대한 분석을 시도했다. 분석 결과, 북중 접경 도시는 1980년대부터 이미 개방의 문이 열리기 시작했다.

그 근거의 하나로 북중 접경 도시를 중심으로 형성된 동포경제 네트워크를 들 수 있다. 1980년대 북중 양국은 북한 또는 중국에 친척이 있는 연고가정에 한해 접경지대의 민간 왕래를 공식적으로 허용했다. 이러한 제도적 조치에 따라 북한과 중국을 오가게 된 연고자는 양국 간의 경제적 차이와 격차에 주목해 국경무역의 주체로 등장한다. 특히 이들은 북한 상품뿐만 아니라 외화벌이나 귀국자를 통해 북한으로 유입된 일본 상품을 그대로 중국에 가져가 팔아 매매 차액을 획득하는 소규모 보따리 무역상이 된다. 이들을 매개로 1980년대 중국의 동북부와 북한, 그리고 일본을 연결하는 동서 무역 통로가 형성되었다. 이는 동서교역을 잇는 실크로드와 같은 경제 효과를 가져와 연변조선족자치구에 고용창출의 효과 이외에 경제를 활성화시켰다. 나아가 재중조선인은 북한 내에도 중국인 시장을 형성하는 단계로 발전한다. 특히 생필품 공급이 부족한 상황에서 북한의 국경 시장으로의 중국산 물품 유입은 국경 시장과 내륙 시장 간 가격 차이를 유발한다. 이는 북한의 각 지역 상인들을 국경 시장으로 집결시키는 동인이 되어 국경 시장은 도매 시장으로서 기능이 강화된다.

그러므로 내륙 지역의 상인은 중국 상인과 네트워크를 확장할 수 있게 되었다. 그러나 한편으로 내륙 지역 상인이 중국 상인과의 연계를 맺기 위해서는 이미 중국인과의 네트워크가 구축된 국경 지역 상인과의 연계가 불가피하다. 동시에 국경 지역의 상인이 내륙 지역으로 장사 영역을 확장하기 위해서는 현지 상인과의 연계가 불가피하다. 이러한 필요충분조건에 의해 접경 지역 상인과 내륙 지역 상인 간의 연계가 맺어져 북한 내 지역 시장이 하나의 네트워크로 연결되어 내륙으로 상권을 넓혀나아갔다. 이러한 관계망에 의해 1990년대에 배급이 중단되고 시장이 활성화되자 전국이 통일된 하나의 시장을 형성하는 단계에 도달한다.

그러나 이러한 동포경제 네트워크의 형성과 접경 도시의 발전은 북한과 같이 폐쇄된 국가에서 정책적·제도적 뒷받침 없이 단순히 지리적 이점에 의해 자생적으로 형성되었다고 보기는 어렵다. 먼저 북한 당국은 1983년 김정일의 방중(訪中) 이후 개혁개방의 징후가 보이는 새로운 일련의 정책 변화를 시도한다. 다시 말하면 북한의 변화가 중국의 개혁개방과 무관하지 않다는 의미이다. 당시 중국은 개혁개방을 통해 체제 안정을 도모하려는 한편, 북한은 중국으로부터 김정일 후계 체계를 인정받아 체제 안정을 도모해야 하는 과제가 놓여 있었다. 이러한 '체제 안정'이라는 양국의 공통된 이해관계에 의해 북한은 김정일 후계 체계를 중국으로부터 인정받는 교환 조건으로 중국으로부터 개혁개방의 압력을 받았을 가능성을 배제할 수 없다. 실제로 이즈음 북한 내부에서는 중국식 개혁개방을 둘러싸고 열띤 논쟁이 벌어졌다. 또한 북한의 해외 근무자들은 중국의 농업·국영 기업의 개혁개방과 관련된 자료를 수집하고 있으며 북한 내부에도 중국모델을 연구하는 개혁개방 팀이 구성되어 있다. 실제로 1980년대 중반 북한은 중국식 개혁개방 모델을 모방해 농가생산책임제를 도입했으며 경공업 육성책으로 8·3인민소비재운동을 실시했다. 북한은 1980년대 사회주의국가에서 나타나는 개혁과 변화의 징후를 통해 북한 나름의 개혁개방을 시도하려고 했던 것이다. 특히 정치 체제의 안정을 유지하면서 경제성장 목표를 동시에 달성하고 있는 중국의 개혁개방 사례는 북한에게 하나의 좋은 사례가 되었다.

이러한 시대적 상황과 제도적 변화로 미루어 보아 동포경제 네트워크 형성과 북중 접경 도시의 발전은 정책적·제도적 요소에 의해서도 크게 영향을 받았다는 것을 알 수 있다. 즉 북한 당국은 1980년대 이미 수도 평양이나 함흥 등 내륙에 위치한 대도시보다 오히려 중국과 국경을 접한 변방도시를 중심으로 개방을 제한적으로나마 실시했다고 할 수 있다. 이러한 정책 변화 과정 중에 동포경제 네트워크가 형성되고 접경지대가 활성화되어 북한의 개방 정책에 적지 않은 영향을 미쳤다. 최근 북중 경협이 황금평이나 나선경제특구 등 북중 접경지대를 중심으로 이루어지고 있는 것도 바로 이 시기에 형성된 정책적 기반과 경험이 축적되어 현실화될 가능성이 높았던 것이다. 따라서 향후 북한의 개혁개방에서 접경 도시가 차지하는 위상은 더욱 커질 것으로 전망된다.

인터뷰 조사 명부

이름	연령	학력	탈북	직업	주요 거주지
A1	49	대졸	2003	대학 체육 교원	평양, 회령
A2	21	고등중졸	2003	학생	신의주
B	61	고졸	2001	은행원	사리원
C	58	고등중졸	2000	신발 공장 노동자 → 전업주부	신의주, 회령
D1	55	대졸	2006	보건부 소속 당 비서	평양
D2	28	대졸	2006	고등중학교 교사	평양
E1	49	고등중졸	2003	고등중학교 교사, 전업주부(가내반)	회령, 청진
E2	20	고등중졸	2006	연합기업소 노동자	회령, 청진
F1	61	고등중졸	1998	벽돌 공장 노동자	유선군
F2	28	중졸	1998	협동 농장 노동자	유선군
G	64	대졸	2003	공학 엔지니어	원산시
H	60	전문대졸	2001	상업관리소 사무원(부기)	유선군
I	65	고등중졸	1999	전업주부(가내반) → 편의봉사부 종업원	혜산시
J	59	국졸	2001	보일러공 → 자재 담당원	평성시
K1	57	고등중졸	2003	협동 농장 농민 → 전업주부(가내반)	김책시
K2	21	고등중졸	2003	역 주변 식당, 여관 종업원	김책시
L1	56	대졸	2004	무산 화학 분석 기사, 예술가	무산, 회령
L2	25	전문대졸	2004	무산 광산 자동화 전기 부품 공장 소속 기사	무산, 회령
L3	28	전문대졸	2004	무산 광산 소속 보위대	무산, 회령
M	66	중졸	2001	일용품 공장 노동자 → 전업주부	혜산시
N1	72	중졸	2006	차 부품 기계 공장 노동자	혜산시
N2	40	고등중졸	2006	신발 공장 노동자	혜산시
O	70	중졸	2003	벽돌 공장 노동자	무산, 회령
P	27	고등중졸	1997	학생	무산, 회령
Q1	41	대졸	2008	철재 일용 기업 소노동자 지도원 → 외화벌이	강서군
T1	36	전문대졸	2003	신발 공장 재정부기과 사무원	청진
T2	70		1997	편의봉사소 이발공	남포시
Q2	48	대졸	2002	조선 작가 동맹 작가	평양

이름	연령	학력	탈북	직업	주요 거주지
Q3	58	대졸	2003	물리분석가·작가	평양
Q4	50	고등중졸	2005	선전부 소속 유적지 해설 강사	무산군
Q5	32	고등중졸	2003	신발 공장 노동자	신의주
Q6	29	대졸	1997	전업주부	청진시
Q7	57	대졸	1998	중학교원	회령
T	42	고등중졸	2008	신발 공장 노동자	무산군
U	54	고등중졸	2004	전업주부	신의주
V	44	예술종합대	2007	편의봉사소 신발수리공	무산군
R4	59	고등중졸	1998	협동 농장 노동자, 작업반장	무산군
R5	55	고등중졸	1997	제대 군인, 인민반장	평양
R6	65	전문학교	2000	제대 군인, 체신소	평양
R7	52	대졸	2005	교원	회령
R9	40	대졸	2001	교원	평양, 무산
북한 화교					
R1	65		1997	전업주부·장사	무산군
R2	62		1998	전업주부·장사	신의주
R3	58		2002	편의봉사소 신발수리공	무산군
R8	45	고등중 졸	2005	방직공	사리원
재중조선인 및 한족					
S1	69	소학교		농민, 장사	중국 연변
S2	25	대학		학생	중국 연변
S3	65	소학교		농민, 장사	중국 도문
S4	47	대졸		가구 공장 경영	중국 심양
S5	55	대졸		북한 식당 경영	중국 심양
S6	67			장사	중국 연변
S7	43	고졸		자영업	중국 단동
S8	59	대졸		광산업	중국 단동
S9	76	대졸		전 중학교 교사	중국 장춘
S10	80	대졸		전 대학교수	중국 장춘

참고문헌

김연철. 2001. 『북한의 산업화와 경제정책』. 역사비평사.

남성욱. 2006. 「중국 자본 대북투자 급증의 함의와 전망: 동반성장론과 동북 4성론을 중심으로」. ≪통일문제연구≫, 45(1), 5~40쪽.

림금숙. 2003. 「북한 자영업의 특징과 발전방향」. ≪통일경제≫, 2002년 3, 4월 호, 57~70쪽.

박종철. 2008. 「북한에서의 중국인민지원군 철군을 둘러싼 북중관계연구」. ≪군사사연구총서≫, 5, 193~231쪽.

양운철. 2001. 『중국형경제발전전략의 북한 적용에 관한 연구』. 세종연구소.

어우양산. 2007. 『중국의 대북조선기밀파일』. 박종철·정은이 옮김. 한울엠플러스.

연변조선족자치주사지 편찬위원회. 1996. 『연변조선자치주지 하권(1)』, 252쪽.

오승렬. 2001. 『중국경제개혁개방과 경제구조: 북한경제개혁에 관한 함의』. 통일연구원.

위키백과. http://ko.wikipedia.org/wiki/%EA%B0%9C%EC%8B%9C (검색일: 2012.1.15).

윤웅. 1995. 『북한의 지리여행』. 문예산책.

이종석. 1995. 『조선로동당연구』. 역사비평사.

정광민. 2005. 『북한기근의 정치경제학: 수령경제·자력갱생·기근』. 시대정신.

정은이. 2009a. 「재일조선인 귀국자의 삶을 통해서 본 북한체제의 재조명」. ≪고려대학교 아세아문제연구소≫, 52(3), 189~282쪽.

_____. 2009b. 「북한의 자생적 시장발전 연구: 1990년대 '고난의 행군' 이후를 중심으로」. ≪통일문제연구≫, 21(2), 157~200쪽.

_____. 2009c. 「북한에서 시장의 역사적 형성과정과 경제구조의 변화」. ≪고려대학교 아세아문제연구소≫, 54(1), 220~283쪽.

최진이 엮음. 2008. 『림진강』. 림진강출판사.

한기범. 2009. 「북한 정책결정과정의 조직행태와 관료정치: 경제개혁 확대 및 후퇴를 중심으로」. 경남대학교 대학원 박사학위논문.

金元祚. 1984. 『凍土の共和国』. 東京: 亜紀書房.

李佑泓. 1989. 『どん底の共和国—北朝鮮不作の構造』. 東京: 亜紀書房.

林今淑·李光哲. 2004. 「中朝边境贸易的现况及其对边境地区社会经济的影响」. 『东北呀论坛』.

林金淑. 2005. 「中朝边境贸易的现状及其对边境地区社会经济的影响」. 『延边大学学术会讨论文集』.

小木此正夫 엮음. 1996. 『北朝鮮ハンドブック』. 東京: 講談社.

鄭雅英. 2000.『中国朝鮮族の民族関係』. 東京:アジア政経学会.

朱建栄. 1997.「中朝関係の特殊性について」. 渡辺利夫編.『北朝鮮の現状を読む』. 日本貿易振興会.

中朝关系通史 编写组编. 1989.『中朝关系通史』. 吉林人民出版社.

沈志华 엮음. 2003.『朝鲜战争:俄国档案馆的解密文件』. 台北: 中央研究院近代史研究所.

河合弘子. 1996.『中国と朝鮮半島の経済関係』. アジア正経学会.

V・ペトロプ A・スターソプ. 下米伸夫・金成浩 譯. 2004.『金正日に悩まされるロシア』. 東京:
草思社.

Noland, Marcus. 1997. "Why North Korea Will Muddle Through." *Foreign Affairs*, 76(4),
pp.105~111.

Tessa Morris-Suzuki. 2007. *Exodus to North Korea: Shadows from Japan's Cold War.*
Rowman & Littlefield Publishers.

제2부
변화하는 중국과 동북아시아

제3장
시진핑 집권 2기 중국의 대북정책
선택적 균형 전략의 최적화와 공세적 한반도 영향력 경쟁

| 문흥호 한양대학교 |

1. 서론

시진핑(習近平) 국가주석의 집권 2기 이후 중국의 대북 전략과 정책 변화가 가속화되고 있다. 이러한 변화는 중국이 대북 경제제재 수위를 높이고 급기야 북한으로부터 "큰 나라가 줏대 없이 미국의 장단에 놀아난다"는 비아냥을 들었던 상황과 크게 대비된다. 특히 2018년 3월에서 6월에 이르는 3개월 동안 세 차례의 정상회담을 했다는 점은 더욱 예사롭지 않다. 2012년 시 주석과 김정은 위원장 집권 이후 북중 최고지도자의 접촉이 전무했다는 점이 매우 비정상적이었는데 이처럼 단기간에 빈번한 접촉이 이루어진 것 역시 정상적인 행태는 아니다.

북한과 중국의 이러한 급격한 관계 변화는 2018년 2월 평창동계올림픽을

---

* 이 장은 문흥호, 「시진핑 집권 2기 중국의 대북정책」, ≪현대중국연구≫(현대중국학회, 2018)를 수정·보완한 것이다.

계기로 남북관계의 화해 분위기가 조성되고 급기야 두 차례의 남북정상회담과 역사적인 싱가포르 북미정상회담이 성사됨으로써 향후 한반도 정세의 근본적인 변화가 불가피하다는 점과 무관하지 않다. 특히 2018년 9월 18일 문재인 대통령의 북한 방문과 '9월 평양공동선언' 이후 주요 강대국들의 손익계산이 더욱 분주한 상황에서 한반도에 대한 절대적인 영향력을 행사해 온 중국으로서는 남북한과 북미 관계의 향배를 예의주시할 수밖에 없다. 더욱이 중국은 그동안 최근 한반도 주변 정세의 급격한 변화 과정에서 미국이 중국의 과도한 개입을 원치 않는다는 점을 표출하고 남북한마저 이른바 '중국 소외론'에 동조하는 듯한 모습을 보이면서 불쾌함을 감추지 못했다.

물론 시진핑 주석이 남북정상회담 직후 문재인 대통령 특사로 중국을 방문한 정의용 안보실장을 접견하면서 "정성이 지극하면(精誠所至) 어떠한 어려움도 극복할 수 있다(金石爲開)"라고 말한 것처럼 중국은 기본적으로 한반도 비핵화와 평화 정착을 위한 남·북·미의 노력을 긍정적으로 평가한다. 또한 1992년 한중 수교 이후 중국은 시종일관 북미 관계 개선이 북한의 국제적 고립 탈피와 개혁개방 추진에 불가결한 요인이라고 주장해 왔다. 실제로 중국은 한소수교, 한중 수교에도 불구하고 북미·북일 관계 개선을 적극 독려하지 않았던 것을 외교적 실책으로 인식하고 있다. 이러한 맥락에서 보면 중국이 최근의 남북·북미 관계 개선 움직임을 누구보다 환영하고 앞장서서 지원해야 한다. 그러나 정작 중국은 한반도 정세의 급진전을 우려하는 동시에 중국의 강대국화를 견제하는 미국 도널드 트럼프(Donald Trump) 정부의 노련한 '북한 다루기'에 매우 당황했다. 문제는 중국의 이러한 우려가 그들만의 불편함으로 끝나지 않고 향후 한반도 정세를 더욱 복잡하게 만들 수 있다는 점이다. 더욱이 중국은 미국 트럼프 정부가 무차별적으로 추진하는 '무역 전쟁'에 직면한 상황에서, 북한을 미국의 전방위적 공세에 대응하기 위한 전략적 자산으로 재충전하는 데 주력하고 있다. 따라서 향후 추진될 한반도 비핵화,

종전 선언과 평화협정, 북미 관계 개선 등에 대한 중국의 기본 인식과 그 연장선에서 이루어지는 대북정책 변화를 다각적으로 분석하고 전망할 필요가 있다.

이러한 점에 주목해 이 장에서는 시진핑 집권 2기의 대북정책이 '선택적 균형 전략의 최적화와 미국과의 공세적 한반도 영향력 경쟁'을 목표로 추진될 것이라는 가정하에 다음과 같은 점에 분석의 초점을 두고자 한다. 첫째, 2018년 이후 중국의 대북 전략적 조정을 유인한 한반도 역학 관계 변화를 분석하고자 한다. 이는 곧 한반도 정세 변화의 결정적인 계기로 작용한 '4·27 판문점 남북정상회담'과 '9·18 평양 남북정상회담', 한반도의 전쟁과 평화의 문제뿐만 아니라 냉전 종식의 세계사적 의미를 갖는 '6·12 싱가포르 북미정상회담' 등이 중국의 대북정책 변화에 미친 요인을 분석하는 것이다. 둘째, '선택적 균형 전략(The Arbitrary Balancing Act between Military Alliance and Normal Bilateral Relationship)'의 최적화, 북한과 중국의 전통적 우호협력 강화, 바이든 행정부 출범 이후 미국과의 공세적 한반도 영향력 경쟁 등 중국의 대북 전략과 정책의 재조정 실태를 분석, 전망하고자 한다.

2. 대북정책의 변화 유인

1) 4·27 남북정상회담과 교류 협력 확대

김정은과 시진핑의 최고 권력 승계 이후 2018년 3월 베이징 정상회담 개최 전까지 두 지도자 간의 상호 방문은 물론 직접적인 접촉 기회가 전혀 없었다. 심지어 중국이 2017년 10월의 제19차 당 대회 직후 쑹타오(宋濤) 대외연락부장을 대북 특사로 평양에 파견했지만, 김정은을 면담하지 못할 정도로 북중 관계가 냉각되었다. 이는 중국이 유엔의 대북 경제제재 저지는 고사하고 앞장서서 제재 강도를 높이고 있다는 김정은의 불쾌감을 단적으로 보여준 것이었다.[1]

그럼에도 불구하고 북중 양국은 김정은의 세 차례 방중을 통해 장기간의 냉각기를 순식간에 일소하고 전통적 우호협력의 부활을 대외적으로 과시했다. 북중 정상의 전격적인 연속 회동이 가능했던 것은 무엇보다도 최근 남북 관계와 한반도 주변 정세의 극적인 변화 속에서 전략적 연대 필요성을 공감했기 때문이다. 특히 2018년 평창동계올림픽 이후 한반도의 종전과 평화 문제에 관련한 논의가 남북한, 북미, 한미를 중심으로 이루어지면서 한반도 현안의 논의 과정에서 자칫 소외될 가능성을 우려하는 중국과 미국과의 협상 과정에서 미우나 고우나 중국의 후방 지원이 필요한 북한이 전략적으로 연대하는 것은 당연한 일이다.

즉 그동안 북한의 연속적인 핵실험과 장거리 미사일 발사 시험 등으로 미국 못지않게 북한을 못마땅해하며 제재 수위를 높여왔던 중국이나 그러한 중국을 노골적으로 비판해 온 북한이 더 이상 과거의 감정에 얽매여 무익한 상호 공방을 지속할 때가 아니라고 판단한 것이다.

우선 중국은 4월 27일의 남북정상회담과 판문점 선언에 대한 외교부 공식 논평에서 "군사분계선을 넘어 역사적 만남을 가진 남북한 지도자의 정치적 결단과 용기에 찬사를 보내며 이를 계기로 큰 성과를 얻기 바란다"[2]라고 강

---

1   물론 당시 중국이 유엔 안보리의 강도 높은 대북 경제제재에 적극 참여한 것은 중국과 국제사회의 비핵화 요구에도 불구하고 연속적인 핵실험과 미사일 시험 발사를 강행하는 김정은에 대한 반감뿐만 아니라, 중국의 강력한 대북 경제제재를 요구하는 미국 트럼프 정부의 다각적인 압박이 큰 영향을 미쳤다. 이러한 점에서 당시 중국의 강도 높은 대북 경제제재는 '자의반 타의반'으로 이루어졌다고 할 수 있다.

2   이와 함께 루캉(陆慷) 중국 외교부 대변인은 "남북한 쌍방이 대화 기조를 유지함으로써 한반도 비핵화와 한반도 문제의 정치적 해결을 위해 함께 노력하기를 희망하며 이를 위해 중국도 적극적인 역할을 할 것"이라고 강조했다(≪人民日報≫, 2018.4.28).

조했다. 중국의 이러한 입장은 비록 2000년과 2007년 두 차례의 남북정상회담이 있었지만 최근 몇 년간 전례 없는 군사적 대립을 지속했던 남북한이 군사적 긴장 완화와 화해 협력, 고질적인 한반도 현안의 정치적 해결에 획기적인 진전을 이루었다는 점을 긍정적으로 평가한 것이다. 그러나 다른 한편으로 한반도 평화 안정을 위한 남북한 대화를 촉구해 온 중국으로서는 한반도의 극적인 화해 분위기를 지지하면서도 남북 정상이 냉전과 한국전쟁의 상징으로 남아 있는 군사분계선을 넘나들며 극적으로 '판문점 선언'에 합의했다는 점에 대해서는 내심 당황하지 않을 수 없었다. 왜냐하면 중국이 지난 몇 년간 북한과 심각한 냉각 상태를 지속했고 한국과도 주한 미군의 사드 (THAAD) 배치 문제로 심한 갈등을 겪어왔기 때문에 남북관계의 급속한 변화 과정에서 자국의 입지가 약화될 것을 우려했기 때문이다. 특히 중국과의 대립각을 높여가고 있는 미국 트럼프 정부가 중국의 개입을 최대한 억제하려는 상황에서 중국의 고민이 깊어질 수밖에 없었다.[3]

중국의 이러한 우려는 '판문점 선언' 직후 '관련국들의 적극적인 협력과 긴밀한 소통'이 매우 필요하다는 공식 표명으로 이어졌다. 이는 중국이 기본적으로 남북·북미 간의 대화와 소통을 반기면서도 자칫 자신들이 주역이 아닌 조력자 혹은 국외자로 내몰릴 수 있다는 위기감에서 나온 것이다. 따라서 중국은, 남북한은 물론 미국이 한반도 문제 이해 당사국들과의 정보 교류와 소통을 배제해서는 안 된다는 점을 계속 강조했다. 또한 중국은 일련의 한반도 화해 분위기가 일찍이 자신들이 제기한 바 있는 '한반도 비핵화와 평화협정 병행 추진(雙軌竝行)'의 결과라는 점을 강조함으로써 중국의 선견지명과 혜안을 과시하는 듯한 태도를 보였다.[4]

---

3   김한권(2018: 133~135)은 특히 중국의 입장에서 북한이 중소 갈등 시기에 구사했던 이른바 '시계추 외교' 전략을 벗어나 과도하게 미국에 기우는 것을 우려해 북한과의 관계 복원에 전격적으로 나섰다는 점을 강조하고 있다.

결국 중국은 자신들이 시종일관 한반도정책의 3대 핵심 기조로 강조해 온 한반도 비핵화, 평화·안정, 대화·협상이 본격적으로 이루어지는 상황에서 자국의 영향력 확대 유지에 고심할 수밖에 없었다. 이에 대응해 중국이 취한 전략은 첫째, 한반도 문제의 평화적 해결을 위한 일련의 움직임을 환영하되 둘째, 한반도 문제의 성격상 남북한 특히 미국이 논의 과정과 관련 정보를 독점해서는 안 된다는 점을 분명히 하고 셋째, 한반도 문제에 대한 자국의 전통적 지분을 확대 유지하기 위해 북한과의 전략적 연대를 강화하는 것이다.

2) 북미정상회담과 북미 관계 개선

4·27 남북정상회담 이후 중국이 가장 관심을 기울여 온 문제는 남북한 관계의 변화가 아니라 문재인 대통령의 제안, 김정은과 트럼프의 전격적인 수용으로 성사된 북미정상회담과 북미 관계의 향배다. 그동안 중국은 북한과 미국의 관계 개선 없이는 한반도의 전쟁과 평화 문제가 근본적으로 해결될 수 없다는 점을 주장해 왔다.[5] 그러나 중국의 이러한 입장은 한반도 문제와 관련된 자국의 역할과 지분이 충분하게 보장되어야 한다는 전제를 갖고 있다. 이는 만약 북한 비핵화, 한반도 평화 체제 구축이 미국과 남북한의 주도로 추진될 경우 중국의 한반도 영향력 약화가 불가피하고 이는 결국 미국과의 동아시아 패권 경쟁에서 불리하게 작용할 것이라는 우려에 기인한다.[6] 중

---

4   즉 중국은 자신들이 "한반도 평화 안정의 중요한 공로자이며 이를 위해 부단한 노력을 기울여 왔다는 사실은 세계가 다 아는 일이다"라는 공식 입장을 일관되게 견지하고 있다(钟声, 2018.9.22 참조).

5   이러한 인식하에 중국은 북한 핵 문제가 기본적으로 북한과 미국의 문제이며, 따라서 미국은 북한 핵 문제 해결에 중국이 소극적이라고 비난할 것이 아니라 자신들이 북한과의 직접적인 대화·협상을 추진해야 한다는 점을 강조해 왔다. 심지어 중국 학계 및 정부 부처의 대다수 한반도 전문가들은 미국이 동아시아에서의 기득권 확대 유지라는, 보다 큰 범위의 전략 차원에서 북한 핵 문제의 완전하고 조속한 해결을 진심으로 원치 않는다는 의구심까지 갖고 있었다.

국의 이러한 전략적 고민은 오랜 기간의 냉각기를 깨고 김정은의 세 차례 방중을 성사시킨 결정적 요인이다.

한편 북미 관계의 개선 움직임이 구체화되는 상황에서 중국이 보이는 태도와 구체적인 대응을 심도 있게 분석 전망하기 위해서는 과거 1차 북핵 위기를 타개하기 위해 이루어졌던 1994년의 제네바 '북미 기본합의서(Agreed framework)' 채택, 2000년 10월 조명록 북한군 차수의 워싱턴 방문과 빌 클린턴(Bill Clinton) 면담 직후 성사된 매들린 올브라이트(Madeleine Albright) 미 국무장관의 평양 방문 및 김정일 면담 과정 등을 살펴볼 필요가 있다. 이는 비록 시대적 상황이 달라졌지만 북미 관계 개선에 대한 중국의 다중적인 입장을 파악할 수 있는 매우 유용한 사례이기 때문이다.

우선 1994년 10월 당시 강석주 외교부 제1부부장과 미 국무부 북핵 특사였던 로버트 갈루치(Robert Gallucci)의 제네바 북미고위급회담은 북미 간 정치·경제 관계의 완전한 정상화 및 기술적 문제 해결 이후 연락사무소 상호 개설 등에 합의했다. 이는 1993년 북한의 NPT 탈퇴로 인해 국제적 안보 현안으로 부각된 북한 핵 문제의 해결과 북미 관계의 획기적인 개선 가능성을 열었다는 점에서 국제사회의 주목을 받았다. 특히 중국은 1992년 한중 수교 이후 중국에 대해 극도의 반감을 갖고 있던 북한이 미국에 급격하게 경사될 것을 우려했다. 필자는 당시 중국 내 한반도 전문가들과의 각종 접촉 과정에서 중국이 북미 관계 개선을 기본적으로 지지하면서도 그 속도와 범위를 최대한 통제하고 조절하려 한다는 점을 인지할 수 있었다. 그 당시는 중국의 국력이 미국에 비해 보잘것없는 수준이었는데도 불구하고 장기적 차원의 중

---

6   2018년 6월 12일 싱가포르 북미정상회담에 대한 중국 내의 반응도 비교적 담담했다. 예를 들어 ≪인민일보≫는 6월 13일 자 3면에서 북미가 새로운 관계 발전, 지속적이고 안정적인 평화 체제 수립 노력, 한반도 비핵화 추진 등에 합의했다는 사실만을 간략하게 보도했다(≪人民日報≫, 2018. 6.13).

미 패권 경쟁에서 미국이 자신들의 한반도 영향력에 부정적인 영향을 미칠 가능성을 크게 경계하고 대응책 마련에 부심했다. 그러나 한중 수교의 상처에서 벗어나지 못했던 북한이 중국과의 관계 회복에 전혀 성의를 보이지 않았기 때문에 중국의 실질적인 개입 여지는 크지 않았다.

다른 하나의 사례인 미국 클린턴 정부 집권 후반기의 북미 접촉 과정에서도 북미 관계에 대한 중국의 인식과 대응이 잘 나타난다. 2000년 무렵은 장쩌민(江澤民)의 집권 후반기로서 이른바 '대국굴기(大國崛起)'와 강대국화 의지가 공공연하게 표출되던 시기다. 특히 장쩌민 주석은 2000년 1월 1일 새벽 톈안먼광장에서 거행된 새천년 기념식 연설에서 "인류 문명 발전 과정의 대부분을 선도해 온 중화민족의 진흥과 국가의 부강"을 역설했다(≪人民日報≫, 2000.1.2). 따라서 중국은 2000년 10월 초 북한군 2인자가 백악관을 방문한 데 이어서 올브라이트 국무장관이 평양을 방문해 김정일과 포옹하는 극적인 장면을 매우 불편한 심정으로 바라볼 수밖에 없었다. 또한 중국을 더욱 불쾌하게 만들었던 것은 북중 양국이 매년 주요 지도자의 상호 방문 및 기념행사를 대대적으로 거행하는 중국의용군 한국전쟁(抗美援朝) 참전 기념일인 10월 25일 직전 올브라이트 국무장관이 평양을 방문했다는 점이다. 더욱이 기념행사 참가를 위해 북한으로 향하던 츠하오톈(遲浩田) 당시 중국 국방장관이 평양에 들어가지 못하고 외곽에서 올브라이트의 출국을 기다려야 하는 매우 미묘한 상황이 발생했다. 이에 대해 당시 중국의 네티즌들은 북한을 "한국전쟁에서 몇십만의 목숨을 바쳐 나라를 구해준 구국의 은혜를 모르는 배신자"라고 맹비난했다.

이러한 과거 경험에 비추어 볼 때 현재 중국은 북미정상회담과 북한 비핵화, 북미 관계 진전, 한반도 평화 체제 구축 등이 추진되는 과정에서 야기될 수 있는 자국의 영향력 득실을 철저하게 계산하고 있을 것이다. 특히 중국은 과거와 비교할 수 없을 정도로 증강된 국력을 바탕으로 미국과의 영향력 경쟁에서 쉽게 물러서지 않을 것이다. 즉 중국은 미국과의 한반도 영향력 경쟁의 결과가 동북아, 동아시아에서의 중미 패권 경쟁 향배에 절대적인 영향을 미칠 수밖에 없다고 판단하고 기존의 한반도 영향력을 확대 유지하는 데 총력을 기울일 것이다. 실제로 중국은 경험적으로 한반도의 급격한 정세 변화의 여파가 한반도 경내에만 머무르지 않고 주변 국제질서에 직접적으로 영향을 미친다는 점을 너무도 잘 알고 있다.

따라서 중국은 싱가포르 북미정상회담에 초미의 관심을 기울였으며, 심지어 당시 중국 내에서는 만약 북미가 회담에서 종전 선언 등을 추진한다면 시진핑 주석도 싱가포르 회담에 반드시 참여해야 한다는 여론이 형성되기도 했다. 또한 싱가포르 북미회담 직전 트럼프 대통령의 전격적인 회담 취소 발표 등 회담 성사가 불투명한 상황이 초래된 데에는 중국 요인이 작용했을 가능성이 있다는 의문이 제기되었다. 실제로 5월 7일 열린 시진핑과 김정은의 전격적인 다롄정상회담은 북미정상회담을 앞두고 미국에 대해 북중 전략적 연대가 건재함을 과시하기 위한 성격이 강했다. 사실 다롄 북중정상회담 이후 북한의 태도가 다소 강경해지는 양상을 보였으며 이에 대해 트럼프 대통령은 "다롄 방문 이후 김정은의 태도가 달라졌다"라고 하면서 공개적으로 중국의 부정적인 역할 가능성을 언급했다. 미국의 이러한 인식은 결국 5월 25일 트럼프가 김정은에게 회담 취소 서한을 보내는 부정적인 결과를 초래했다. 이는 북미 관계 개선 과정에서 중국이 다각적인 개입과 대미 견제 필요성을 갖고 있다는 것을 단적으로 보여주는 것이다. 결과적으로 우여곡절 끝에 재성사된 싱가포르 북미정상회담에 참석하는 김정은 위원장에게 중국 정부가 '에어 차이나(Air China)' 표식이 선명한 고위 지도부 전용 항공기를 제공한 것도 미국을 의식한 중국의 전략적 의도와 무관하지 않다. 즉 중국의 미국 견제 의도와 북미 협상이라는 대장정을 시작하면서 중국의 후원을 확보하려는 북한의 의도가 북중 간의 전략적 연대를 재가동하는 구심력으로 작용했다.

3) 종전 선언과 한반도 평화 체제 추진

한반도의 전쟁과 평화의 문제에 대한 중국의 강한 지분 의식은 뿌리 깊게 내재화되어 있다. 실제로 중국은 과거 '조선'에 대한 종주국 의식은 차치하더라도 자신들이 엄청난 희생을 치른 한국전쟁으로 인해 적어도 한반도의 안보 사안에 관한 한 그 어느 국가보다도 관여할 명분과 권리가 있다는 점을 직간접적으로 강조해 왔다. 여기에는 1953년 7월 27일 한국전쟁의 정전협정 서명 당사국이라는 규범적 지분은 물론이고 누구도 부정하기 어려운 역사적, 현실적 지분이 포함된다.

실제로 중국은 한반도 정세에 불안정한 상황이 발생할 경우 결코 강 건너 불구경처럼 수수방관할 수 없다고 주장해 왔으며 이는 자국 국경 지역의 안보 관리 차원을 넘어 자신들의 '당연한 지분' 행사에 대한 강한 의지를 표출하는 것이다. 특히 시진핑 주석의 한반도 인식에는 미국의 최고지도자에 비해 훨씬 강한 지분 의식이 내재되어 있는 것으로 보인다. 일례로 2017년 4월 미국 플로리다주 마라라고(Mar-a-Lago Resorts)에서 열렸던 중미정상회담에서 시진핑은 트럼프 미 대통령에게 한반도에 대한 중국의 '역사적 관할권'을 설명한 것으로 전해졌는데 이는 단순한 말실수가 아니고 동아시아 역사에 문외한인 트럼프 대통령에게 과거 중국의 배타적인 한반도 관할권을 의도적으로 강조한 것이다.

이처럼 한반도의 전쟁과 평화의 문제에서 양보할 수 없는 지분 인식을 가진 중국으로서는 자신들이 배제된 상황에서 한국전쟁의 종전이 선언되거나 한반도 평화 체제가 본격 거론되는 것을 묵과하기 어려울 것이다. 더욱이 시진핑 주석은 국가 부주석이던 2008년 당시 평양을 방문한 자리에서 '한국전쟁은 정의로운 전쟁'이라는 점을 강조한 바 있다. 특히 국가의 핵심 이익 수호와 관련해 유난히 강경한 입장을 취하는 시진핑의 입장에서 천신만고 끝에 건국한 지 1년도 채 되지 않은 불안정한 시기에 참전했던 역사적인 한국 전쟁을 마무리하는 과정에 중국의 정당한 참여가 배제된다는 것은 감내하기 어려운 일이다.

따라서 4·27 남북정상회담과 싱가포르 북미정상회담을 전후해 남·북·미 3국의 종전 선언 필요성이 구체적으로 제기되면서 중국은 자신들의 배제 가능성을 우려했다. 특히 북미가 비록 정치적 선언의 형식일지라도 종전을 선언하면서 그 자리에 중국이 배제된 채 한국만을 참여시킬 가능성을 우려했다. 그러나 종전 선언은 평화협정, 평화 체제와의 상관관계, 이행의 선후 문제 등과 관련해 매우 복잡한 사안이고 누가 어떤 자격과 형식으로 참여해 어떤 역할을 할 것인가 등에 관한 각국의 입장이 첨예하게 대립될 수밖에 없으며 중국이 배제된 채 정식의 종전 선언과 평화협정 체결 절차가 진행되는 것은 현실적으로 불가능하다.[7]

결국 중국은 비록 남북·북미·남북미 간에 종전 선언, 평화협정과 관련된 구체적인 성과가 없었지만, 초기 논의 과정에서부터 자국의 입장이 충분히 고려되지 않은 상황을 불쾌하게 인식한 것으로 보인다. 특히 미국 트럼프 대통령이 중국의 건설적인 역할을 평가절하하고 한국 역시 미국의 이러한 입장을 수용하는 듯한 태도를 보이는 것을 심각하게 받아들였다. 이는 중국의 입장에서 보면 비핵화를 비롯한 한반도 문제의 해결 과정에서 자신들이 늘 주장해 온 "응당히 해야 할 역할을 적극 수행할 것"이라는 대내외적 공언이 존중받지 못하는 상황이다. 따라서 중국으로서는 향후 한반도의 전쟁과 평화 문제에 관련된 제반 논의, 협상 과정에서 북한이 반드시 중국과 사전 논의

---

7   김연철(2018: 2)은 종전 선언과 평화협정의 선후, 간격의 문제와 관련해 아래와 같은 세 가지 선택을 제안한 바 있다. 첫째, 북미정상회담 직후 종전 선언을 하고, 관계 진전의 수준을 고려해 평화협정을 체결한다. 둘째, 종전 선언에 평화 정착 방안을 포함한다. 셋째, 종전 선언을 하지 않고 종전의 의미를 포함하는 평화협정을 곧바로 체결한다.

하는 동시에 중국의 역할과 지분을 적극 지지하도록 못 박을 필요가 있었을 것이다.[8]

3. 대북정책의 전략적 조정과 공세적 한반도정책

1) 선택적 균형 전략의 최적화

1992년 8월 한중 수교 이후 중국의 한반도정책은 그 형식과 명칭의 변화에도 불구하고 기본적으로 북한과의 전통적 우호협력과 남한과의 전략적 협력을 최대한 병행 유지하는 것이었다. 이는 미국·일본·러시아 등과의 한반도 영향력 경쟁에서 우위를 확대 유지하기 위해 자국이 비교우위를 갖고 있는 전략적 자산을 최대한 활용하려는 것이다. 즉 중국은 한중 수교 이후 북한에 대한 영향력 손실에도 불구하고 남한과의 전략적 협력을 확대함으로써 총체적인 한반도 영향력 측면에서 미국을 능가한다는 판단하에 이를 지속적으로 확대 유지하기 위한 방안을 강구해 왔다.

대남북한 관계의 실질적 균형 유지 전략은 시진핑 집권 이후 보다 체계화된 것으로 보이며 필자는 이를 '선택적 균형 전략'으로 지칭한 바 있다. 이는 한반도, 동북아, 동아시아의 정세가 불안정한 과도기적 상황에서 북한이라는 전략적 자산을 최대한 유지, 관리하면서 북중 관계를 동맹 관계와 정상 관

---

8 이른바 '차이나 패싱(China passing)' 가능성에 대한 중국의 우려와 이를 해소하기 위한 북한과의 다각적인 실무 접촉은 주로 왕이(王毅) 외교부장과 쑹타오(宋濤) 중국공산당 대외연락부장이 담당했던 것으로 보인다. 실제로 왕이 외교부장은 5월 2~3일 동안 북한을 방문해 김정일을 예방하고 리용호 외무상과 회담했으며, 쑹타오 대외연락 부장은 중국예술단 단장 자격으로 4월 13~18일 동안 평양을 방문해 김정은, 최룡해, 김여정, 리수용 등과 접촉했다(대한민국 외교부 동북아시아국 정세분석팀, 2018.5.14; 2018.6.8. 참조)

계, 과거와 미래가 공존하는 이중적인 형태로 전환하고 그 양극단 범위 내에서 최적의 전략을 구사하려는 실리적 전략이다. 이러한 전략은 결국 중국이 국익을 극대화하기 위한 주관적 관점에서 사안의 민감성, 한반도 주변 정세 변화 양상, 미국의 반응, 북한의 태도 등을 고려해 동맹 관계 혹은 정상 관계에 근접하는 수준에서 대북정책의 좌표와 수위를 자의적으로 선택하는 것을 의미한다.9 특히 시진핑 집권 이후 중국은 북중 관계가 심각하게 냉각된 상황에서도 북한 체제의 존속을 전제로 자국의 이익을 극대화할 수 있는 '저비용, 고효율'의 대북정책을 유지했다. 이러한 정책은 간혹 중국이 북한을 전략적 자산(strategic asset)보다는 전략적 부담(strategic burden)으로 인식하고 북중 전통적 우호협력 관계를 포기하는 것으로 해석되기도 했지만, 이는 우리의 희망적 사고에 의한 '착시', '오독'이었을 뿐 중국은 북중 관계를 방치할 이유가 전혀 없었다.

한편 시진핑 집권 2기 이후 중국의 대북한 전략은 동맹 관계, 정상 관계의 구분을 더욱 탄력적으로 넘나들며 미국의 대중국 견제가 강화되는 상황에서 매우 유용한 전략적 자산으로서의 북한을 철저하게 관리하는 데 주력하고 있다.10 또한 유엔의 대북제재 결의안 등 국제적 여론과 보조를 맞추어 북한에 대한 각종 경제제재와 압력을 구사하면서도 동맹 성격의 전통적 우호협력 관계를 유지함으로써 미국·러시아·일본 등과 차별화된 대북 영향력을 과시하고자 한다. 이 과정에서 중국은 대북제재가 어떠한 경우에도 '비핵화' 실

---

9   선택적 균형 전략에 대한 구체적인 분석은 문흥호(2014: 15~36) 참고.

10   특히 중국은 2018년 8월 16일 미국이 「2018년도 중국군 보고서(Annual Report to Congress: Military and Security Developments Involving the People's Republic of China 2018)」 등을 통해 중국에 대한 군사적 압박 필요성을 강조함으로써 이에 대한 효과적인 대응책을 강구할 필요성을 절감하고 있다. 동 보고서에서 미국은 중국의 강대국화 지향성, 중국군의 영향력 확장, 주변국에 대한 중국군의 군사적·비군사적 압박, 대만에 대한 군사적 위협, 중국군의 대북한 동향 등을 구체적으로 분석했다. 이러한 상황에서 중국이 북한의 전략적 가치를 재평가하고 전략적 연대를 강화하는 것은 당연하다(한국군사문제연구원, 2018: 1~2).

현이라는 목표를 넘어서 북한 체제의 붕괴를 겨냥해서는 안 된다며 북한의 체제 안보 후견자 역할을 자임해 왔다.

이러한 전략적 유대가 기본적으로 유지되어 왔기 때문에 2018년 2월 이후 남북·북미 관계가 급격하게 변화하는 과정에서 미국의 의도적인 배제로 인한 소외 가능성을 우려하는 중국과 든든한 후방 지원을 필요로 하는 북한의 밀착이 가능했다. 사실 시진핑 집권 이후 중국의 냉랭했던 대북정책이 김정일 사후 대내외적 곤경에 처했던 북한의 불만을 더욱 가중시켰기 때문에 북중 간의 냉각 관계가 장기화될 것으로 예상되었다. 그러나 4·27 남북정상회담, 6·12 북미정상회담 이후의 상황에서는 이러한 냉기를 일시에 해소할 수 있을 정도로 북중 간의 전략적 연대가 절실하게 필요했다.[11]

앞으로도 종전 선언, 북한 비핵화, 평화협정, 북미 관계 개선 등 한반도의 전쟁과 평화 문제가 논의되는 과정에서 중국은 북한에 대한 선택적 균형 전략을 보다 적극적으로 추진할 것이다. 그동안 중국은 기본적으로 북한 체제의 존속과 남북한의 평화적 공존을 대한반도 정책의 기조로 유지했지만 실질적인 측면에서는 핵 개발을 강행하는 김정은 체제에 대한 불신, 북한의 정치 경제적 미래에 대한 의구심 등으로 북한보다는 남한과의 협력에 집중했다. 특히 사드 문제가 부각되기 이전 한중 전략적 협력은 최고조에 달했으며 단적인 예로 2015년 9월 중국의 '반파시스트, 항일전쟁 승리 70주년 기념식'에서 박근혜 대통령이 천안문에 올라 인민해방군의 열병식을 참관했다. 그러나 향후 중국은 과도하게 남한에 경사되어 본연의 기능을 상실했던 선택적 균형 전략을 재가동할 것이며 이 과정에서 '의도적인' 북한 감싸기와 두 지도자 간의 밀월 분위기를 연출할 것이다. 즉 이미 세 차례의 시진핑, 김정은 회담에서 나타났듯이 미국과 한국 주도의 한반도 질서 변화 과정이 지속

---

11   이와 관련해 전병곤(2018: 79~80)은 북한이 "중국카드로 미국의 강경한 입장을 완화시키고, 미국 카드로 중국의 협력을 유인하는 이중 헤징(hedging) 전략을 운용하고 있다"는 점을 강조한다.

되는 한, 그리고 중국 자신이 충분한 지분을 행사하지 못한다고 인식하는 한 북한을 끌어안기 위한 다양한 형태의 정책이 추진될 것이다. 물론 중국이 북중 관계를 강화한다고 해서 선택적 균형 전략의 기조를 포기하는 것은 결코 아니며 오히려 이를 최적화함으로써 본연의 전략적 의도와 목표를 분명하게 하는 것이다. 즉 선택적 균형 전략의 기본 취지에 더욱 충실해 그동안 과도하게 남한에 경사되었던 것을 최적의 상태로 재조정하는 것이다.[12] 따라서 최근 북한과 중국의 밀착을 과거의 동맹 관계 복원으로 간주하는 것은 시진핑의 제1집권기에 중국이 북한과의 전통적 우호협력을 완전히 포기했다고 판단하는 것만큼이나 부정확한 자기 희망적 분석이다.

2) 북중 관계의 전통적 우호협력 복원

시진핑 집권 이후 중국의 외교 전략 핵심 기조는 이른바 '중국의 꿈(中國夢)' 실현을 위한 국가 대전략(grand strategy)의 대외적 실천이다. 또한 미국과의 신형대국관계(新型大國關係) 구축을 위한 공세적 대국 외교와 친(親), 성(誠), 혜(惠), 용(容)으로 대변되는 정치적 신뢰와 경제적 공영(共榮)을 강조하는 주변국·개발도상국 외교가 대비된다. 중국의 한반도 정책은 미국, 일본, 러시아 등을 의식한 대국 외교와 남북한과의 주변국 외교가 혼재되어 있다. 특히 남북한, 북미 관계의 근본적인 변화가 추동되는 상황의 대북정책은 북중 양자 관계가 아니라 훨씬 높은 수준의 양자, 다자 관계를 모두 포괄하는 전략적 판단하에서 추진되고 있다.

---

12 민태은·신종호·이기태(2018: 3~4)는 "향후 중국의 한반도정책은 기본적으로 한반도 문제에 대한 영향력 유지 및 확대 차원에서 한국과 북한 모두와의 '소통'과 '전략적 관리'에 치중할 것"이라는 점을 강조한다. 이는 결국 중국이 선택적 균형 전략의 기본 의도, 목표에 부합하는 방향에서 '남북한에 대한 균형적·전략적 좌표'를 설정하고 추진하는 것을 의미한다.

이러한 관점에서 앞으로 중국은 북한에 대한 선택적 균형 전략과 함께 전통적 우호협력 관계를 복원하는 데 주력할 것이며 이는 지속 가능한 선택적 균형 전략을 위해서도 반드시 필요한 부분이다. 사실 시진핑 주석은 김정은 위원장과의 2018년 5월 다롄 정상회담과 2019년 6월 평양 정상회담에서 북중 관계가 지향해야 할 4개 원칙을 강조했으며 이는 곧 향후 북중 관계 발전의 기본 방향이 될 것이다.[13] 시 주석의 발언을 보다 구체적으로 분석하면 첫째, 북한과의 전통적 우의가 양국 공동의 고귀한 자산(寶貴財富)이고 '오직 우호협력만이 정확한(唯一正確)' 선택이라는 점을 강조했다. 이는 북중 관계가 형성된 역사적 연원과 유대, 양국이 세대를 이어가며(世世代代) 쌓아온 전통적 우호협력의 중요성을 전면에 내세우고자 하는 것이다. 즉 중국은 "미래를 지향하자(面向未來)"라는 구호를 강조하며 북한 지도부의 구태의연한 태도를 비판하고 무시했던 기존 입장을 바꿔 '전통적 우호협력'을 북중 관계의 주 간판으로 다시 내세우는 것이다.[14] 따라서 중국은 앞으로 동맹, 혈맹이라는 표현을 노골적으로 사용하지는 않더라도 끈끈한 유대감을 부각시키는 표현을 빈번하게 사용할 가능성이 높다. 물론 중국의 이러한 입장 변화는 갑자기 북한 지도부가 존경스럽거나 북중 관계의 과거가 너무도 소중해서라기보다는 북한의 '활용도'에 대한 전략적 판단의 변화에 따른 것이다.

둘째, 같은 사회주의국가로서 중국과 북한의 양국 관계는 중대한 전략적 의미를 가지며 상호 단결, 상호 합작, 상호 교류를 통해 서로의 경험과 성과

---

13 시진핑 주석이 강조한 향후 북중 관계 발전의 4대 원칙의 핵심은 그동안 소원했던 북중 간 협력·소통·교류를 적극 확대함으로써 양국의 전략적 연대를 강화하자는 것이다. 이와 관련된 중국 외교부의 구체적인 분석은 http://www.fmprc.gov.cn/web/zyxw/t1577625.shtml (검색일: 2018.8. 23) 참조.

14 시진핑 주석은 2018년 3월 28일 제1차 베이징정상회담에서도 중국과 북한이 "초심을 잊지 말고(不忘初心), 손잡고 전진하자(携手前進)"라는 점을 강조한 바 있는데 이는 북한에 대한 권고라기보다는 그동안 자신들이 북한에 대해 소홀했다는 점에 대한 일종의 미안함의 뉘앙스가 담겨 있는 것으로 보인다(≪人民日報≫, 2018.3.29).

를 본보기로 삼아야(交流互鑒) 한다고 강조했다. 이는 전통적 우호협력의 기반인 이념적·인적 유대의 강화와 함께 지구상에 몇 안 되는 사회주의 국가로서 전략적 관계의 중요성을 강조하는 것이다. 중국공산당 제19차 당대회 이후 새로운 시기의 사회주의 사상, 시진핑 사상을 유난히 강조하는 중국이 북한과의 사회주의 연대 중요성을 강조하는 데는 다목적의 전략적 고려가 내포되어 있다. 그중의 하나는 중국이 북한과의 이념적 밀착을 부각함으로써 중장기적 차원에서 미국, 일본, 러시아에 대응하기 위한 전략적 제휴 필요성을 강조하는 것이다.[15]

셋째, 중국공산당과 조선노동당 고위 지도자 간의 왕래는 양국 관계 발전에 대체 불가의 중요한 역할을 하며, 따라서 고위 지도자들의 일상적 왕래, 전략적 소통 강화, 상호 신뢰 증진, 공동 이익 수호 등을 확대 유지해야 한다고 강조했다. 사실 김정은의 3월 방중을 시작으로 북중 간에는 이미 최고지도부의 왕래가 과도할 정도로 빈번히 이루어지고 있다. 시진핑 집권 이후 전무했던 북중정상회담이 단기간에 세 차례나 이루어졌고 9월 9일에는 리잔수(栗戰書) 전인대 상무위원장을 대표로 한 중국공산당 고위 지도부가 북한의 건국 70주년 '9·9절' 행사에 참석했다.[16] 또한 북중 최고지도자의 접촉은 그 빈도 못지않게 북중 관계의 '특수성'과 '건재함'을 극대화하려는 의도적인 연출이 이루어지고 있는 것도 하나의 특징이다. 예를 들어 다롄에서의 제2차 시진핑-김정은 회담은 그야말로 한국 내에서 문재인 대통령과 김정은 위원장

---

15 이와 관련해 이성현은 시진핑 주석이 김정은과의 다롄 회담에서 "주한 미군 등의 민감한 한반도 안보 현안에서 북한이 중국과 보조를 맞추어 줄 것(to side with the Chinese stance on the issue of the USFK)을 요구한 것으로 보인다"라는 점을 지적하고 있다(Lee, 2018 참조).

16 중국은 리잔수 전인대 상무위원장이 시진핑 주석의 특사라는 점을 부각시키고자 했으며 시 주석은 김정은 위원장에게 보낸 친서를 통해 "지난 세 차례의 회담을 통해 중조 관계의 새로운 장을 열었으며 앞으로도 양국 관계를 더욱 강화, 발전시켜 나갈 것"이라고 강조했다(≪人民日報≫, 2018.9. 10. 참조).

의 4·27 판문점회담을 모방했다는 말이 나올 정도로 극적인 모습을 연출했다. 다롄은 역사적으로 열강의 힘겨루기가 끊이지 않았던 지정학적 요충지였고 중화인민공화국 수립 이후에는 김일성 주석의 별장이 있었을 정도로 북중 최고지도자의 격 없는 만남의 장소였다. 또한 최근 다롄은 시진핑 주석이 최대 역점을 두고 있는 '강한 군대 건설(强軍夢)'의 전초 기지이며 마침 중국이 자체 기술로 건조한 제2 항공모함인 산둥함(山東艦)의 출해식이 거행되었던 날에 맞추어 북중정상회담이 이루어졌다(≪人民日報≫, 2018.5.9). 이는 물론 시진핑의 다롄 방문이 이미 결정된 상황에 맞추어 김정은과의 회담 일정이 조율되었을 것으로 보이지만 북중 관계의 과거·현재·미래 측면에서 시사하는 바가 매우 컸던 회동이었다.

넷째, 민간 차원의 우호협력 증진이 북중 관계 발전의 중요한 경로라는 점에서 다양한 형태의 민간 교류를 강화해야 한다고 강조했다. 이는 북중 관계의 전반적인 퇴조로 인해 분야별 인적 교류가 급감하고 대부분의 경우 유명무실한 상태로 명맥만을 유지하고 있는 현실을 탈피하기 위한 것이다. 따라서 중국은 고위 지도부 간의 교류 확대에 부응해 과거 다양하게 이루어져 왔던 민간 차원의 교류를 적극 재개할 것이다.

실제로 북한과 중국은 이미 전통적 우호협력의 적극적인 복원 방침에 따라 당·정·민간 차원의 다양한 교류를 확대하고 있다. 예를 들어 2018년 4월 쑹타오 중국공산당 대외연락부장을 단장으로 한 대규모의 중국예술단이 평양을 방문했으며 당시 쑹 부장은 김정은, 최룡해, 김여정, 리수용 등 고위 당정 간부를 접견했다. 또한 북한은 5월 14~24일 동안 노동당 중앙위원회 부위원장 박태성을 단장으로 한 친선 참관단을 중국에 파견해 시진핑, 왕후닝(王滬寧), 쑹타오 등 고위 지도부를 접견하고 중국 각지의 경제건설 및 개혁개방 경험을 학습하도록 했다(대한민국 외교부 동북아시아국 정세분석팀, 2018.5.14; 2018.6.8; 2018.8.3). 앞으로도 중국과 북한은 이러한 형태의 다양한 교류를 적극 확대함으로써 이른바 당과 국가의 '치당치국(治黨治國)' 경험을 교류하고 전략적 연대를 강화해 갈 것이다.

3) 미국과의 주도적 한반도 영향력 경쟁

2018년 8월 24일 트럼프 대통령은 9월 초 마이크 폼페이오(Mike Pompeo) 미 국무장관의 북한 방문 계획을 전격 취소했으며 그 이유로 한반도 비핵화 측면에서 충분한 진전이 이루어질 가능성이 없고, 미중 무역 전쟁에 불만을 가진 중국이 대북제재 이행 등에서 전처럼 미국을 돕지 않기 때문이라는 점을 들었다.[17] 물론 중국은 트럼프의 이러한 결정, 특히 중국이 북한에 대한 경제제재를 제대로 이행하지 않고 있다는 주장이 사실과 다르다고 말하지만 최근 중국이 미국의 전방위적 중국 견제에 대한 불만으로 과거에 비해 미국의 대북정책에 적극 동조하지 않는다는 것은 부인하기 어렵다(Choe, 2018; Perlez, 2018).

이런 맥락에서 최근 리잔수(栗戰書) 전인대 상무위원장의 평양 방문과 '9·9절' 행사 참석은 비록 시진핑의 방북을 대신하는 성격을 갖지만, 그동안 냉랭했던 북중 관계를 고려하면 매우 의미 있는 것이다. 이는 북한과 중국이 남북, 북미 관계의 급격한 변화가 예상되는 시점에서 김정은의 세 차례 방중과 최고지도부의 방북을 통해 전통적 우호협력의 완전 복원을 대내외적으로 과시

---

17 최강과 신범철은 폼페이오 국무장관의 방북 취소 결정 원인을 ① 비핵화 협상에서 북한에 끌려가지 않겠다는 의지의 표명, ② 협상 실패 혹은 결과 부진의 경우 국내 정치적 비판 가능성 우려, ③ 북한 문제를 중국과의 경쟁 문제로 인식하는 전략적 판단 등으로 분석했다. 또한 향후 대한민국의 대북 정책 방향 관련해 첫째, 3차 남북정상회담을 추진하되 교류 협력보다는 비핵화에 중점을 두어야 한다. 둘째, 한미 공조가 훼손될 경우 비핵화와 남북관계 진전 가능성이 낮아진다는 점에서 한미 공조와 대북제재 이행에 유의해야 한다. 셋째, 중국이 한반도 비핵화에 역행하는 등의 돌발 변수 및 위기관리에 유의해야 한다는 점을 유의해야 한다(최강·신범철, 2018: 1~11 참조).

하려는 매우 전략적 행동이다. 시진핑 집권 이후 중국은 중국몽 실현을 위한 다목적의 국가 대전략으로써 '일대일로(壹帶壹路)'를 야심차게 추진해 왔다. 그러나 시진핑 체제가 최상의 국책으로 추진하며 엄청난 기세로 영역을 확장하는 듯하던 초기 모습과 달리 최근 많은 난관에 직면해 있다. 우선 일대일로와 연계된 대부분의 국가들과 다각적인 협력이 여의치 않고 특히 시진핑 주석이 입버릇처럼 강조하는 이른바 '운명공동체' 형성 목표가 관련 국가들의 큰 공감을 얻지 못하고 있다.[18] 이에 더해 중국의 일대일로 전략을 신형 대국관계 형성과 세계적 차원의 패권적 지위 확보를 위한 우회 전략으로 인식하는 미국의 전방위적 견제가 강화되고 있다. 일례로 미국은 인도를 중심으로 한 동남아, 서남아 국가들과의 전략적 협력을 강화하고 있으며 이는 미국이 대중국 견제 차원에서 추진하는 인도-태평양 전략의 핵심이다.[19]

따라서 중국은 자신들이 추진하는 대국 외교, 주변국 외교 및 이를 모두

---

[18] 시진핑 주석은 2018년 8월 27일 일대일로 추진 5주년에 즈음한 좌담회('一帶一路'建设工作5周年座谈会)에서 관련 국가들과의 정치적 신뢰(政治互信), 경제적 융합(经济互融), 인문적 소통(人文互通)의 강화 필요성을 강조했는데, 이는 일대일로의 공세적 확장성을 완화하고 주변국들의 정치 경제적 현실의 이해와 상호간의 '화해(和諧)'에 보다 노력을 기울여야 한다는 점을 우회적으로 피력한 것으로 보인다(≪人民日報≫, 2018.8.28; Wong, 2018.8.27. 참조).

[19] 미국은 트럼프 대통령이 2017년 11월 '인도-태평양의 자유와 개방 구상(Free and Open Indo-Pacific Initiative)'을 선언한 데 이어 2018년 5월 30일 하와이 태평양사령부를 인도-태평양사령부(USINDO PACOM)로 명칭을 바꾸었는데, 이는 단순한 개칭 이상의 의미가 있다(The New York Times, 2018.8.1). 원래 인도-태평양 전략은 일본의 아베 정부가 미국에 적극 건의한 것으로 전해지며 미국, 일본, 호주의 전략적 협력에 인도를 참여시키는 것이다. 물론 인도는 인도양, 태평양 역내에서 미국의 패권을 대행하거나(hegemony outsourcing) 미국의 중국 견제 전략에 적극 동참하는 것은 주저할 것이다. 왜냐하면 중국에 대한 뿌리 깊은 불신에도 불구하고 인도는 경제 관계를 중심으로 중국과의 기본적인 선린 관계를 유지하는 것이 자국에 유리하다는 판단을 하고 있고 전통적으로 비동맹 성향이 강한 인도가 미국과의 군사 안보적 연대를 확대하는 데는 거부감을 갖고 있기 때문이다. 필자는 2018년 8월 6일 인도의 대표적인 싱크 탱크인 ORF(Observer Research Foundation)를 방문해 가우텀 시커만(Gautam Chikermane) 부소장, 하시 팬트(Harsh V. Pant) 박사와 장시간 좌담회를 가졌으며 이를 통해 인도의 대미·대중 전략을 구체적으로 이해할 수 있었다. 인도의 대외 전략에 대한 ORF의 연구보고서 및 단행본(Pant and Rej, 2018; Sood, 2018; Singh and Pande, 2018; Chikermane, 2018) 참조.

포함하는 일대일로 전략이 벽에 부딪히고 미중 통상마찰이 격화되는 상황에서 한반도에서까지 미국에 밀리거나 소외되어서는 곤란하다는 위기의식을 갖고 있다.[20] 이는 결국 중국이 향후 북한 비핵화를 포함한 제반 현안의 논의와 전개 과정에서 미국과의 힘겨루기에 몰입할 것이라는 점을 의미한다. 이러한 제반 상황을 고려할 때 앞으로 중국이 취하게 될 한반도 및 대미 전략을 다음과 같이 전망할 수 있을 것이다.

첫째, 중국은 북한 핵 문제 해결 및 한반도 평화 체제 구축 과정에서 미국과의 협력에 매우 소극적인 태도를 취할 것이며 사안에 따라 미국과 대립할 가능성이 높다.[21] 그동안 중국은 북한이 핵실험과 ICBM 시험 발사를 지속하자 유엔의 대북제재 결의에 동참했고, 특히 2017년 이후에는 대북 경제제재의 수위를 높이면서 미국과의 공조를 확대했다. 이는 물론 그동안 미국 정부가 중국에 대해 강도 높은 대북 경제제재를 계속 요구했고, 특히 중국기업들이 유엔의 대북제재 결의안을 위반할 경우 이들의 미국 내 금융거래를 차단할 것이라는 강력한 경고에 영향 받은 바가 크다. 또한 시진핑 역시 중국의 권고와 압력에 굴하지 않고 핵실험을 지속하는 김정은 체제에 대한 반감이 강했기 때문에 자의반 타의반으로 대북 경제제재를 강화했다. 그러나 향후 중국은 미국과의 전방위적 협력에 매우 신중한 태도를 보일 가능성이 높다. 왜냐하면 최근 수개월 동안 한반도 정세 변화 과정에서 미국이 중국의 고유한 역할과 지분을 충분히 인정하지 않는다고 판단했기 때문이다. 즉 중국은 미국이 한반도 문제의 전환 과정을 대중국 견제 전략과 연계해 중국의 참여

---

20 미국의 전 방위적 압박에 대한 중국 정부의 전략적 고민과 내부 동요 가능성에 대해서는 펄레즈(Perlez, 2018) 참조.

21 이는 향후 중국이 북한 핵 문제 해결을 위한 미국의 요구를 일정하게 수용할 수밖에 없는 방어적·수세적 태도와 함께 미국의 과도한 군사적 옵션 등에 대해서는 거부, 저항하는 이른바 '방어적 강압 외교(defensive coercive diplomacy)'를 구사할 것이라는 점을 의미한다. 중국의 방어적 강압 외교에 대한 구체적인 논의는 정근식 외(2017: 18~19) 참조.

와 역할을 축소하려 하며 바이든 행정부에서도 계속되고 있는 중미 무역 전쟁도 이와 무관하지 않다는 의구심을 갖고 있다.[22] 따라서 미국의 요구에 너무 쉽게 응할 경우 실익 없이 이들의 전략적 의도에 말려들 수 있다는 우려를 하고 있다.[23]

둘째, 중국은 남북관계에서도 일방적으로 한국을 두둔하거나 북한을 자극하는 태도를 지양할 것이다. 그동안 중국은 대남북한 관계에서 나름대로의 균형 정책을 취해왔으나 실질적인 측면에서 북한보다는 한국과의 관계 발전에 주력해 왔다. 즉 북한과는 형식적인 전통적 우호협력 관계를 내세우며 전략적 자산의 '관리'에 머물렀고 한국과는 실질적인 관계 발전에 치중했다. 그러나 사드 문제로 인한 갈등이 겨우 치유되는 시점에서 시작된 4·27 남북정상회담과 이를 전후한 한반도 비핵화, 평화 체제 구축 논의 과정에서 한국과

---

22 예를 들어 《인민일보》 평론가 런핑(任平)은 "1894년 미국의 GDP가 세계 최고에 달한 이후 어떤 국가가 미국의 지위에 위협이 된다고 판단되면(대략 미국 GDP의 60%에 근접할 경우) 어떻게든 이들 국가의 성장을 제어하려고 했으며 소련, 일본이 그랬고 중국도 예외가 될 수 없다"라는 점을 강조한다. 이는 미국이 중국에 대해 고율의 무역관세 부과 등의 조치를 취하는 것이 트럼프 정부의 일시적, 즉흥적인 정책이 아니라 중국의 강대국화를 근본적으로 제어하기 위한 미국의 총체적 국가 전략이 반영된 것이라고 인식하는 것이다(任平, 2018.8.10; 郭春生, 2018: 142 참조). 한편 주펑(朱鋒)은 "트럼프 정부가 한반도 문제 해결을 위한 중국 역할의 중요성을 공언했음에도 불구하고 중국에 대한 경제적 압박을 강화함으로써 북한 비핵화 실현을 위한 중미의 공동 의무(the shared obligation to achieve the goal)를 약화시켰다"라고 강조한다(Feng, 2018: 32~33 참조).

23 중국의 관계, 학계의 이러한 우려는 2018년 9월 5~7일 동안 중국 웨이하이(威海)에서 개최된 제23차 한중미래포럼(한국국제교류재단과 중국인민우호협회 공동 주최) 논의 과정에서도 잘 나타났다. 즉 필자가 직접 참여한 토론 과정에서 중국의 우하이룽(吳海龍) 중국인민우호협회 회장, 닝푸쿠이(寧賦魁) 전 주한 중국대사, 추이리루(崔立如) 전 현대국제관계연구원 원장 등은 중국이 배제된 상황에서 미국이 일방적으로 종전 선언, 평화협정 등을 추진할 수 없다는 점을 분명히 했다. 이와 동시에 중국이 김정은의 세 차례 방중과 중국 고위 지도부의 9월 방북은 북미의 관계 개선을 제어하기 위한 것이 아니라는 점을 강조했다. 이는 북미 관계 개선과 한반도 비핵화, 종전 선언, 평화 체제 구축 등을 기본적으로 지지하지만 이를 중국의 충분한 참여 없이 미국이 일방적으로 추진할 수 없다는 중국의 공식 입장을 그대로 대변하는 것이다. 중국의 이러한 입장은 2018년 9월 18일 평양 남북정상회담과 '9월 평양공동선언'에 이어 9월 24일 뉴욕 한미정상회담에서 제2차 북미정상회담이 논의되면서 더욱 강화될 것으로 보인다.

의 소통이 제대로 이루어지지 않았다는 판단을 하고 있다. 특히 대외적으로 불순한 의도의 '차이나 패싱'이 거론되는 상황에서 한국마저 여기에 슬그머니 편승하고 있다는 의구심마저 갖고 있었다. 물론 중요한 상황이 전개될 때마다 나름대로 중국과의 소통에 신경을 써온 한국 정부로서는 중국의 주장이 억지로 여겨질 수도 있으나 중국이 불만스러워하는 것은 엄연한 사실이다.

셋째, 중국은 최근 한반도 상황 변화 과정에서 소외감을 갖고 있는 러시아와의 공동보조를 통해 미국의 독주를 견제하려 할 것이다. 즉 중국은 중·러 전략적 협력의 연장선에서 한반도 문제에 대한 양국의 역할을 확대하려고 할 것이다. 실제로 미북 접촉이 구체화되는 상황에서 세르게이 라브로프(Sergei Lavrov) 러시아 외무장관은 5월 31일 평양을 방문해 김정은 위원장에게 블라디미르 푸틴(Vladimir Putin) 대통령의 친서를 전달하고 러시아 방문을 요청했으며 이 자리에서 라브로프는 "북한의 안전 보장 요구를 이해하며 향후 세부적인 조치 과정에서 관련국들이 함께 참여할 수 있기를 바란다"라고 강조했다(The Moscow Times, 2018.5.31). 이는 단적으로 한반도 비핵화를 위해서는 북한의 체제 보장이 중요하며 러시아도 향후 구체적인 논의 과정에 반드시 참여해야 한다는 점을 시사하는 것이다. 또한 푸틴 러시아 대통령은 2018년 6월 8일 시진핑 주석과의 베이징 회담에서 "중국과의 전면적인 전략적 협력동반자 관계가 러시아 외교의 우선적인 방향이며 중러 관계가 사상 최고의 수준에 달했다"라는 점을 강조하는 동시에, 회담 후의 공동성명 제3조 17항에서는 "중국과 러시아가 한반도 문제의 평화적, 전면적 해결을 위해 지속적으로 협력한다"(≪人民日報≫, 2018 6.9)라는 점을 명시했다.

실제로 2014년 3월 우크라이나 사태 이후 서방 국가의 대러시아 경제제재가 지속되고, 중국의 강대국화에 대한 미국의 견제가 강화되면서 중국과 러시아의 전략적 협력은 범위, 강도의 측면에서 점점 확대 강화되고 있다. 일례로 2018년 9월 러시아가 동시베리아와 극동 지역에서 30만의 병력이 동원되는 냉전 이후, 최대 규모의 군사훈련(Vostok-2018)에 중국 인민해방군이 3200명의 병력과 장비를 파견했다(Gabuev, 2018.9.11).[24] 이러한 대규모 중러 연합 군사훈련은 다분히 미국, 일본에 대한 군사적 시위의 성격을 띠고 있다(Higgins, 2018.8.28). 또한 중국의 시진핑 주석은 9월 11~12일 러시아 블라디보스토크에서 개최된 제4차 동방경제포럼에 처음으로 참석해 푸틴 대통령과 회담했다.[25] 러시아 동방경제포럼은 최근 푸틴 대통령이 극동 지역의 경제발전과 동북아 지역에서의 영향력 확장을 목표로 매우 중시하는 행사라는 점에서 시진핑 주석의 참가는 중러 전략적 협력 확대 측면에서 중요한 의미를 갖는다. 특히 중국이 대만문제로 미국의 공세에 직면하고, 러시아 역시 우크라이나 사태로 미국과 극도로 대립하는 상황에서 중국과 러시아의 전략적 협력은 더욱 강화될 수밖에 없다.[26]

---

24 http://tass.com/defense/1021288 (검색일: 2018.9.17) 참조.

25 시 주석은 푸틴 대통령과의 정상회담에서 국제사회의 일방주의 억제와 공정하고 합리적인 국제질서 수호 의지를 강조하는 한편 12일의 포럼 총회 연설을 통해 ① 상호 신뢰와 역내 평화 증진 ② 상호 협력과 윈-윈 실현 ③ 경험의 상호 교류와 인민 우호 증진 ④ 동북아의 새로운 협력 모델 확립 필요성 등을 강조했다(≪人民日報≫, 2018.9.12; ≪人民日報≫, 2018.9.13 참조).

26 물론 중국과 러시아의 전략적 연대가 모든 지역, 이슈에서 이루어지는 것은 아니다. 예를 들어 중국이 극도로 중시하는 남중국해 영유권 분규에서 러시아는 기본적으로 중립적인 입장을 취하며, 러시아가 어려움을 겪는 우크라이나 사태 등에 대해서는 중국이 중립적인 입장을 유지하고 있다(Wishnick, 2018: 367~370). 이처럼 중국과 러시아가 미국의 패권적인 공세에 대해서는 공동 대응한다는 입장을 갖고 있으면서도 상대국의 주요 현안이 주변국과의 관계, 국제 여론 등과 민감하게 연계되어 있을 경우 중립적인 입장을 취하는 경우가 많다(Liu, 2018: 347~349). 그리고 중러 관계의 이러한 양상은 중장기적으로 한반도 문제에서도 충분히 나타날 수 있다. 실제로 푸틴 대통령은 9월 12일의 동방경제 포럼에서 미국의 일방적 이란 핵 합의 파기를 거론하며 북한 핵 문제 해결 과정에 미국, 북한뿐만 아니라 러시아, 중국, 영국, 프랑스 등 핵 강국들이 모두 참여해 북한의 체제 안전을 보장하는 것이 바람직하다는 점을 강조했는데, 이는 한반도 문제에 대한 자신들의 적극적인 참여 의지를 피력한 것이다(≪人民日報≫, 2018.9.13).

4. 결론

2018년 4월 27일의 남북정상회담과 판문점 선언으로부터 북중정상회담, 싱가포르 북미정상회담, 문재인 대통령의 평양 방문과 '9월 평양공동선언', 2019년 6월 평양 북중정상회담에 이르기까지 북한 비핵화와 한반도 평화 체제 구축을 위한 관련국 간의 연쇄적인 접촉과 회담은 희망과 우려가 시시각각 교차하는 긴장의 연속이었다. 물론 일촉즉발의 군사적 대립 상황이 지속되던 과거에 비하면 분명히 기대와 희망의 국면이었지만 이를 바라보는 시각은 국가에 따라 많은 차이를 보였다. 하나같이 한반도의 평화와 안정을 원한다고 강조하면서도 정작 전쟁의 종식, 지속 가능한 한반도 평화 체제 구축, 한반도의 바람직한 미래상에 대해서는 서로 다른 입장을 갖고 있다. 그 이유는 무엇보다 해묵은 이념적 편향과 상호 불신, 자국 중심적 사고 때문이다.

자국의 이해득실에 골몰하는 한반도 주변 국가 중에서도 21세기 국제질서의 양대 축으로서 점차 협력보다는 대립의 양상을 보이는 미국과 중국의 주도권 다툼이 가장 치열하다. 특히 한반도 비핵화와 평화 체제 구축을 위한 남북·북미 회담의 진행 과정과 결과가 동북아, 동아시아에서의 패권 경쟁 향배에 결정적 영향을 미친다는 점을 잘 알고 있는 미중 양국이 여전히 남북한을 배후에서 조종하려고 한다. 북미 관계가 핵심인 사안의 성격상, 그리고 이미 남북한 모두와 수교한 중국의 입장에서 초기 단계에서는 미국의 주도적인 역할을 인정할 수밖에 없었다. 그러나 남북·북미 관계가 예상보다 빠르게 변화하고 특히 중국의 역할이 의도적으로 배제되는 듯한 양상을 보이면서 중국의 태도가 매우 공세적으로 변화했다. 특히 장기간의 냉각기를 일시에 해소한 세 차례의 북중정상회담, 김정은의 싱가포르행 항공기 지원, 최고지도부의 평양 9·9절 행사 참여, 시진핑의 전격적인 평양 방문(2019년 6월 20일~6월 21일) 등은 북한이 여전히 자신의 품 안에 있음을 국제사회에 과시하기 위한 중국의 계산된 행동이다.

이처럼 중국은 한반도 비핵화와 평화 안정을 원하고 이에 필요한 역할을 수행할 의지가 있지만, 그 전제는 자신들이 향유해 온 한반도 영향력이 확대 유지되어야 한다는 것이다. 따라서 한반도의 전쟁과 평화의 문제를 논의하고 합의하는 과정에서 자신들의 지분이 배제되고 기존의 영향력마저 축소된다면 중국은 한반도 평화·공영의 조력자가 아니라 방해자로 변신할 가능성을 결코 배제할 수 없다. 특히 미국이 통상, 해양 주권, 대만, 티베트, 인권 문제에 이르기까지 전 방위적으로 중국을 압박하는 상황에서 북한마저 미국의 영향권에 들어가는 것을 수수방관할 수 없을 것이다. 실제로 중국은 수십만의 젊은이들이 목숨을 바친 한반도의 '전쟁과 평화' 문제에 관한 한 절대적 지분이 있다는 점을 확신한다. 이는 최근 중국이 북한이라는 전략적 자산을 복원하는 데 총력을 기울이는 이유다.

이러한 인식에 기반해 향후 중국은 남북한·북미·북러·북일 관계 등 향후 한반도 주변 정세의 급격한 변화 과정에서 북한과의 전통적 우호협력을 강화함으로써 자국의 영향력 확대 유지의 수단으로 삼을 것이다. 동시에 중국은 미국과의 한반도 영향력 경쟁에 보다 공세적인 입장을 취할 것이다. 결국 중국의 이러한 전략은 북중 관계 강화를 통한 전략적 자산의 안정적 관리, 한반도 문제에 대한 미국의 일방주의 제어를 양대 축으로 해 추진될 것이다. 구체적으로 중국은 첫째, 한반도의 '전쟁과 평화'의 문제를 논의하는 과정에서 미국과의 협력에 매우 소극적인 태도를 취할 것이며 사안에 따라 미국과 대립할 가능성이 매우 높다. 특히 중국은 미국이 한반도 문제를 대중국 견제 전략과 연계해 의도적으로 중국의 참여와 역할을 제어하려는 것에 대해서는 강하게 반발할 것이다. 둘째, 한국과의 전략적 협력 동반자 관계를 유명무실한 상태로 유지하면서 민감한 안보 현안에 대한 한국의 대미 편승을 제어하려고 할 것이다. 이는 그동안 중국이 거의 방치해 온 북한과의 관계를 강화하고 미국과의 대립각을 높여가는 상황에서 초래되는 불가피한 결과다. 셋째, 러시아와의 전략적 협력 강화를 통해 미국의 전방위적 공세에 대응하려 할 것이다. 이는 비단 한반도 문제뿐만 아니라 동북아, 동아시아 지역에서 미국의 유일 패권을 견제하고 한미일의 안보동맹 강화에 공동대응하기 위한 중장기 차원의 전략이다.

　결국 복잡다단한 한반도 주변 정세하에서 중국 요인은 미국과 함께 한반도 평화·안정의 결정적 요인이다. 우려스러운 것은 한반도 문제가 점점 패권 경쟁에 몰입하는 미중관계의 종속변수로 변질되고 러시아, 일본도 한반도 문제의 평화적 해결보다는 자국의 지분 확대에 주력하고 있다는 사실이다. 이는 한민족의 지혜와 능력만으로는 한반도의 평화와 남북한의 공영(共榮)이 제대로 실현되기 어렵다는 것을 의미한다. 이러한 상황에서 역내 모든 국가와 구성원들이 명심해야 할 것은 한반도의 평화와 공영이 결코 남북한만의 과제가 아니라는 점이다. 왜냐하면 의심할 여지없이 한반도의 평화와 안정은 동북아의 필수 불가결한 공공재(public good)이기 때문이다. 이는 지속 가능한 한반도 평화와 남북한 공영을 실현하기 위한 동북아 역내 국가들의 지혜, 협력, 포용이 절실히 요구되는 이유다.

참고문헌

귀춘성(郭春生). 2018. 「중미 '무역분쟁'은 왜 '무역전쟁'으로 격화되었는가?」. ≪성균 차이나 브리프≫, 6(4), 142쪽.

김연철. 2018. 「한반도 평화체제: 어떤 시퀀스가 현실적일까?」. ≪동아시아재단 정책논단≫, 96, 2쪽.

김한권. 2018. 「북한의 '시계추 외교'와 중국의 대응: 과거와 현재」. 한일협력위원회. ≪한일협력≫, 겨울 호, 133~135쪽.

대한민국 외교부 동북아시아국 정세분석팀. 2018.5.14. ≪e-중국이슈≫, 128.

_____.2018.6.8.≪e-중국이슈≫, 129.

_____.2018.8.3.≪e-중국이슈≫, 132.

문흥호. 2014. 「시진핑 집권 이후 중국의 대북정책: 동맹관계와 정상관계의 선택적 균형」. ≪中蘇硏究≫, 38(3), 15~36쪽.

민태은·신종호·이기태. 2018.10.3. 「미·중·일 한반도정책 및 정상회담 전망」. ≪통일연구원 Online Series≫, 3~4쪽.

전병곤. 2018. 「북중관계 현황과 전망」. ≪성균 차이나 브리프≫, 6(3), 79~80쪽.

정근식 외. 2017. 「한반도 평화 프로세스 10가지 제언」. 서울대학교 통일평화연구원 특별보고서.

최강·신범철. 2018. 「폼페이오 국무장관 방북 취소의 정책적 함의 및 대응 방향」. 아산정책연구원. ≪Issue Briefs≫, August 27, 1~11쪽.

한국군사문제연구원. 2018. 「미국 국방성 2018년도 중국군 보고서 요약」. ≪KIMA News-letter≫, 344, 1~2쪽.

任平. 2018.8.10. "美國挑起貿易戰的實質是什么?". ≪人民日報≫.

钟声. 2018.9.22. "为实现朝鲜半岛持久和平行动起来". ≪人民日報≫.

≪人民日報≫. 2000.1.2.

≪人民日報≫. 2018.3.29.

≪人民日報≫. 2018.4.28.

≪人民日報≫. 2018.6.9.

≪人民日報≫. 2018.6.13.

≪人民日報≫. 2018.9.10.

≪人民日報≫. 2018.9.12.

≪人民日報≫. 2018.9.13.

Catherine Wong. 2018.8.27. "Xi Jinping Says Belt and Road Plan isn't about Creating a 'China club'." *South China Morning Post*.

Chikermane, Gautam. 2018. *Policies That Shaped India*. ORF.

Choe Sang-Hun. 2018. "Trump's Cancellation of Pompeo Trip Dashes Hopes in South Korea." https://www.nytimes.com/2018/08/25/.

Gabuev, Alexander. 2018.9.11. "Russia Is Moving Deeper into China's Embrace." *The Moscow Times*.

Higgins, Andrew. 2018.8.28. "300,000 Troops and 900 Tanks: Russia's Biggest Military Drills Since Cold War." *The New York Times*.

Lavrov, Sergei. 2018.5.31. "Lavrov Meets Kim Jong Un in North Korea, Invites Him to Moscow." *The Moscow Times*.

Lee, Seong-hyon. 2018. "China factor in U.S.-DPRK Negotiations: Why China Also Needs to Make Concessions for the Declaration of Ending the Korean War?", ≪세종논평≫, 43.

Liu, Ying. 2018. "Strategic Partnership or Alliance? Sino-Russian Relations from a Constructivist Perspective." *ASIAN PERSPECTIVE*, 42(3), pp.347~349.

Pant, Harsh V. and Abhijnan Rej. 2018. "Beyond JCPOA: Examining the Consequences of U.S. Withdrawal." *ORF Special Report* (July).

Perlez, Jane. 2018. "Is China Undermining Efforts to Disarm North Korea? Not Yet, Analysts Say." https://www.nytimes.com/2018/08/25 (검색일: 2018.8.27).

_____. 2018.9.23. "China Is Confronting New U.S. Hostility. But is It Ready for the Fight?" *The New York Times*.

Singh, Abhijit and Aparna Pande. 2018. *The New India-US Partnership in the Indo-Pacific: Peace, Prosperity and Security*. ORF.

Sood, Rakesh. 2018. *India and Non-proliferation Export Control Regimes*. ORF Occasional Paper(April).

The Moscow Times. 2018.5.31 "Lavrov Meets Kim Jong Un in North Korea, Invites Him to Moscow."

Wishnick, Elizabeth. 2018. "The Sino-Russian Partnership and the East Asian Order."

Asian Perspective, 42(3), pp.367~370.

Wong, Catherine. 2018.8.27. "Xi Jinping says Belt and Road Plan isn't about Creating a 'China Club'." *South China Morning Post*.

Zhu, Feng. 2018. "Trust Building in the Northeast Asia: How We Move forward?" The 3rd International Symposium on China-Japan-ROK security Cooperation(proceeding). pp.32~33.

제4장
중국과 러시아의 전면적·전략적 협력

| **조정원** 원광대학교 한중관계연구원 / **윤익중** 한림국제대학원대학교 정치외교학과 교수 |

1. 서론

　중국과 러시아의 관계는 양국을 지배하던 제정 러시아와 청 왕조 간의 영토 문제로 인해 오랜 시간 동안 어려움을 겪어왔다. 제정 러시아는 1842년 영국과의 제1차 아편전쟁 패배 이후 쇠락하기 시작한 청 왕조를 압박해 1858년 아이훈조약, 1860년 베이징조약을 체결하며 프리아무르와 우수리강 동안, 연해주를 러시아 영토로 편입시켰다(우준모, 2012: 37). 이는 1922년 12월 소비에트 연방공화국(이하 소련)의 성립, 1949년 10월 중화인민공화국(이하 중국) 성립 이후 중국과 소련의 관계가 악화되는 원인으로 작용했다. 중국은 1960년대에 소련에 베이징조약의 국경 획정과 그 설정 과정이 모두 중국에게 부당한 것임을 주장했고 1964년 소련과의 국경 협상을 통해 볼쇼이 우수리스크(Bolshoy Ussuriysk, 중국명 헤이샤쯔)섬, 타라바로프(Tarabarov)섬과 국경 지역의 작은 섬들에 대한 영유권을 주장했으나 소련은 중국의 주장에 반대했다(우준모, 2012: 37). 그 이후 소련과 중국은 국경에서 충돌이 계속되고 1969년 3월 중국 인민해방군이 다만스키[Damansky, 중국명 전바오(珍寶島)]섬에서의 소련군에 선제 사격을 해 31명의 소련군이 사망하면서 양국 간의 국경분쟁은 오랜 기간 동안 접점을 찾지 못했다(박상연, 2018: 148).

그러나 1976년 마오쩌둥(毛澤東)이 사망한 이후 덩샤오핑(鄧小平)을 중심으로 하는 중국공산당의 실용적 성향의 그룹이 공산당과 중앙정부의 주도권을 회복하고 1990년 12월 러시아연방공화국(이하 러시아)의 성립과 개혁적 성향의 보리스 옐친(Boris Yeltsin) 대통령의 등장으로 중국과 러시아 관계는 회복의 기회를 마련할 수 있었다.

2000년 5월에 푸틴이 러시아 대통령으로 취임하고 중국도 1993년부터 2003년까지 장쩌민(江澤民), 2003년부터 2013년까지 후진타오(胡錦濤)를 중심으로 리더십의 안정을 가져오면서 양국은 협력을 지속적으로 강화했다. 특히 양국은 2014년 5월 20일에 '전면적·전략적 협력 파트너 관계의 새로운 단계 진입에 대한 연합성명(中華人民共和國與俄羅斯聯邦關於全面戰略協作夥伴關系新階段的聯合聲明)을 내놓으면서 양국 역사상 최고 수준의 협력을 진행하고 있다(习近平·弗·弗·普京, 2014.5.20). 중국과 러시아는 양국 역사상 최대 무역액인 1070억 달러를 기록했으며 중국은 러시아에게 있어서 2010년부터 2018년까지 9년 연속 최대 무역국이 되었다(中国海关, 2018: 1). 또한 2015년 3월 중국 중앙정부의 국무원 국가발전개혁위원회, 외교부, 상무부가 일대일로(壹帶壹路) 추진 전략인 '실크로드 경제권과 21세기 해상 실크로드 추진의 전망과 행동(推動共建絲綢之路經濟帶和21世紀海上絲綢之路的願景與行動)'을 내놓으면서 러시아와 유럽 시장으로의 수출입 물류 시간, 비용 절감을 위한 중국과 러시아와의 협력이 진행되고 있다(国家发展与改革委员会·外交部·商务部, 2015: 5~7). 대외적으로는 미국 오바마 행정부의 아시아 중시 정책(Pivot to Asia)과 북대서양조약기구(NATO)의 동진, 시리아 내전으로 인해 외교 안보 분야에서의 러시아와 중국의 공조도 강화되고 있다. 그로 인해 중러 관계는 '준동맹(quasi-alliance)' 혹은 '사실상의 동맹(de facto alliance)'에 가깝다는 주장이 실현될 가능성을 보이고 있다 (Rozman, 2014: 1).

  기존의 연구들을 살펴보면 러시아와 중국 모두 협력의 강화를 희망하지만 러시아의 입장에서는 중국이 지나치게 커져서 통제하기 어려운 정도까지 가는 것을 바라지 않을 것임을 언급한 바 있다(제성훈, 2009: 402). 실제로 중국과 러시아의 관계가 2010년과 2011년에 최고조에 도달했지만 러시아의 극동 개발을 중심으로 한 동진 정책과 중국의 창지투 개발 계획이 북한의 나진 선봉 개발 계획과의 연계 과정에서 경쟁이 발생하면서, 러시아가 동북아시아에서의 전략적 행위 과정에서 중국의 지나친 팽창을 원하지는 않을 것으로 보았다(신범식, 2013a: 95). 그렇다면 2011년 이후에도 러시아와 중국이 편의의 축 수준을 넘어서 최상위급 전략적 동반자로서의 관계로 발전하게 된 계기와 원인은 무엇이었을까? 우선 나토의 동진을 통한 미국의 러시아에 대한 압박이 러시아가 중국과 안보 협력을 강화해 동맹 관계로 발전하게 될 수 있는 요인으로 보았다(Mearsheimer, 2015: 323). 그리고 러시아의 에너지 수출국 확보와 중국의 원유 공급국 확보 및 북극 개발 등의 경제협력 수요, 외교 안보에서의 미국에 대한 공동 대응 수요 외에도 러시아와 중국의 국내 정책 관련 요인(러시아의 극동 개발과 신동방 정책, 중국의 신실크로드 경제권 구축과 동북진흥, 서북부 개발)에 따른 협력 수요도 간과할 수 없다고 주장했다(윤익중, 2009: 63~69; 윤익중, 2016: 242~258). 구조현실주의 시각에서 21세기 중러 관계의 발전 요인을 분석한 연구에서는 중국과 러시아의 최상위 수준 협력 강화는 양국 관계에 영향을 미치는 미국이 유발한 안보적 요인들(나토의 동진, 미국의 아시아 중시 정책, 신실크로드 전략, 미일동맹 강화 등을 중심으로 하는 아시아 안보 전략)과 경제적인 요인들(환태평양 경제동반자 협정, 대러시아 경제제재에 대응하기 위한 러시아의 중국과의 협력의 필요성) 때문임을 지적했다. 그리고 미국이 중국과 러시아에 대한 개입을 강화할수록 양국 관계가 준동맹에 가까운 발전을 하게 될 것임을 주장했다(김재관, 2016: 116).

이 장에서는 1991년 12월부터 현재까지 중러 관계가 편의의 축을 넘어선 역사상 최고 수준의 협력관계로 발전하게 된 계기와 원인에 대해 살펴보고자 한다. 그리고 중국과 러시아 간의 협력 확대의 현황과 요인을 분석하고 향후 중러 관계가 현재와 같은 협력을 유지할 수 있을지에 대해 전망해 보고자 한다.

2. 중러 관계를 이해하기 위한 주요 개념

1) 네트워크 세계정치론

네트워크 세계정치론은 국제정치를 구조(structure), 행위자(actor) 중 어느 한쪽을 중심으로 분석하고 설명하지 않는다. 네트워크 세계정치론은 행위자의 행동에 따른 구조의 변화 및 구조의 변화가 행위자의 행동에 어떤 긍정적인 조건 또는 장애 요인으로 작용하는지를 동시에 보여준다(신범식, 2013b: 98). 이를 통해 네트워크 세계정치론은 행위자와 구조, 행위자의 행동에 따른 구조 변화의 특성을 함께 설명하는 것이 가능하다(신범식, 2013b: 98).

주권국가들(sovereign states)은 세계정치의 여러 행위자 중 하나이다. 여러 주권국가 중에서 넓은 영토, 각종 자원과 강력한 군사력을 보유해 자국의 주변 정세에 영향을 미칠 수 있는 강대국들(great powers)은 세계정치와 지역정치의 주요 행위자라 할 수 있다. 강대국의 각 분야에서의 행동은 국가 간의 양자관계, 지역 및 글로벌 차원의 다자 관계와 지역 및 글로벌 차원의 국제정치의 구조에 영향을 줄 수 있다. 예컨대 러시아의 신동방정책, 러시아의 중국으로의 송유관, 가스관을 통한 대중국 원유, 가스 수출은 극동 러시아의 중국을 비롯한 동북아시아 지역에 대한 통합도를 높이면서 러시아의 중국과 동북아시아 국가에 대한 네트워크 권력 강화를 위한 시도이다. 반면 중국은 유럽으로의 원활한 교통 물류 네트워크 구축을 통한 서진 전략이었던 일대일로를 동쪽으로 확장해 극동 러시아의 개발에 적극적으로 참여하고 있다. 특히 러시아와의 극동 러시아 개발 협력을 추진하는 과정에서 중국은 러시아와 중국 동북 지역 지린성(吉林省)의 국경 도시 훈춘(琿春)과 러시아 블라디보스토크를 연결하는 고속철도 연결을 논의하고 있다(최영진, 2018: 274). 훈춘-블라디보스토크 고속철도 건설과 완공이 실현되면 중국은 극동 러시아로의 육로 교통 물류 네트워크 확장뿐만 아니라 블라디보스토크를 기점으로 시베리아와 러시아 유럽 파트로의 교통 물류 네트워크 접근도 용이해질 것이다. 이를 통해 중국은 유럽으로의 진출을 원활하게 하고 러시아에 대한 네트워크 권력 강화를 시도하고 있다. 이와 같이 네트워크 세계정치론의 관점에서 중국과 러시아는 양국을 연결하는 에너지 수출입 네트워크와 교통 물류 네트워크 건설 추진을 통해 서로에 대한 위치 권력을 강화하고 양국이 필요로 하는 지역(러시아는 중국을 비롯한 동북아시아, 중국은 러시아를 비롯한 유럽)으로 진출하기 위한 교두보로 삼으려 하고 있다.

2) 공격적 현실주의

주요 국제 관계 이론 분파 중 하나인 신현실주의 이론에서는 국가들이 자국의 생존과 타국의 간섭에 대응하기 위해 군사력을 증강한다고 주장한다(박원곤, 2016: 73). 신현실주의 이론은 국가의 안보 목표와 관련해 방어적 현실주의와 공격적 현실주의로 설명하고 있다. 케네스 왈츠(Kenneth Waltz), 로버트 저비스(Robert Jervis), 잭 스나이더(Jack Snyder) 등이 주장하는 방어적 현실주의에서는 "국가는 안보 확보와 동맹 유지를 위해 지나친 힘의 추구와 세력 확장을 절제하고 세력 균형을 중시한다"라고 주장한다(안문석, 2012: 8). 반면에 존 미어샤이머(John Mearsheimer), 파리드 자카리야(Fareed Zakaria), 에릭 랩스(Eric Labs) 등 공격적 현실주의를 주장하는 학자들은 국가는 자국 안보를 위해 다른 국가들보다 상대적인 국력의 최대화를 추구하는 존재임을 강조한다(안문석, 2012: 9). 또한 미어샤이머는 자국의 지역 패권 확보를 위해 다른 패권국가가 자신이 영향력을 행사하는 지역으로의 진입을 막는 역외 균형을 추진한다고 주장한다(Mearsheimer, 2016: 110).

공격적 현실주의의 관점에서 러시아와 중국의 협력이 안보 분야로 확대되는 것은 동북아시아와 중동 지역에서 미국의 영향력 행사와 역내 진입을 방지하려는 것으로 볼 수 있다. 중국은 핵무기를 보유하고 있고 최근 군사력 증강에 많은 노력을 하고 있지만, 미국보다 해군력에서 현저히 열세에 놓여 있다. 특히 중국은 현재 운영할 수 있는 항공모함이 1대에 불과하다(박병광, 2011: 73). 그렇기 때문에 중국이 필요로 하는 지역에서의 패권 확보가 쉽지 않다. 중국은 자국에게 필요한 자원이 매장되어 있는 남중국해, 동중국해의 영유권을 행사하려 하고 있지만 필리핀, 베트남이 미국과의 협력을 통해 반대 입장을 견지하고 있다. 그렇기 때문에 중국이 자력으로 남중국해, 동중국해 영유권 문제를 해결하기가 쉽지 않다. 또한 중국은 호르무즈(Hormuz)해협과 말라카(Malacca)해협을 통해 중동의 원유, 가스를 수입하기 때문에 자국에게 필요한 자원 수송로의 안정을 위해서도 해군력의 강화가 필요하다. 이를 위해 중국은 군사 강국인 러시아와의 협력을 통해 중동과 동북아시아에서의 자국의 에너지 안보와 이권을 확보하는 데 초점을 맞추고 있다. 러시아는 크림반도 점령 이후 자국에 대한 미국과 유럽연합의 경제제재로 인해 대형 사업에 대한 파이낸싱과 자국에 필요한 자원 시추 장비의 수입에 어려움을 겪고 있다. 그리고 러시아가 단독으로 한반도와 중동에서 미국의 영향력을 억제하는 것도 쉽지 않다. 러시아는 이와 같은 문제들에 대해 효과적으로 접근하기 위해 중국과의 공조가 필요하다. 그러므로 러시아와 중국은 협력을 통해 아태 지역과 중동에서 상대적 국력의 최대화를 시도하면서 미국의 영향력 행사를 억제하려 하고 있다.

3) 관계

중국의 외교에서 자주 사용하는 개념인 관계(partnership)는 군사 안보 분야의 동맹 관계를 배제하고 다른 국가와 공동의 이익을 추구하는 과정에서 장기적 협력을 통해 발전을 추구하는 의미를 담고 있다(도종윤, 2016: 5). 반면에 러시아는 중국과의 관계를 미국의 패권 확산으로 인해 약화된 자국의 영향력을 회복하려는 목적이 강하며 주어진 관계 속에서 실리를 챙기려는 전략으로 활용하고자 한다(신범식, 2010: 137). 중국과 러시아가 관계의 범위를 확대하는 과정을 살펴보면 국가들 간의 기능적 협력관계를 추진하는 과정에서 기존의 영역에서 다른 영역으로 협력 대상 영역을 파급시키고자 하는 확대재생산의 메커니즘(dynamism)과 속성이 발견된다(21세기 정치학대사전, 2002). 특히 중국과 러시아가 군사 안보 분야로 협력을 확대하면서 중국의 관계 외교에서 군사 안보 분야의 동맹 관계를 배제하는 특성에 변화가 발생할지를 주목할 필요가 있다.

3. 중러 협력 강화의 계기와 요인

1) 강화의 계기

(1) 실용주의적 성향의 리더십 등장

러시아와 중국의 협력 시작은 양국 국내 정치에서 실용주의적 성향의 리더십 등장이 있었기에 가능했다. 1991년 12월 러시아의 대통령이었던 옐친은 소련의 해체와 러시아의 성립을 선언하면서 국내외 정책의 변화를 추구했다. 같은 시기에 중국공산당은 양상쿤(楊尚昆) 국가주석, 리펑(李鵬) 총리의 지도부하에서 장쩌민이 군사위원회 주석을 맡으면서 덩샤오핑의 개혁개방과 실사구시를 중시하는 리더십의 계승을 준비하고 있었다. 이러한 양국의 실용주의적 지도부는 동년 12월 27일 양국의 대사급 외교관계를 수립했고 1992년 12월에는 옐친과 양상쿤의 명의로 '중러 관계 기초에 대한 연합성명(關於中華人民共和國和俄羅斯聯邦相互關系基礎的聯合聲明)'을 발표하면서 양국의 우호 관계를 대외적으로 공표했다(杨尚昆·鲍·尼·叶利钦, 1992). 그로부터 2년 9개월이 지난 후인 1994년 9월 당시 중국의 국가주석이었던 장쩌민이 러시아에 방문하면서 양국의 선린 우호, 상호 협력을 위한 중러 연합성명을 발표했다(江泽民·叶利钦, 1994). 중러 연합성명이 발표될 때까지만 해도 옐친의 러시아는 미국 중심의 친서방 외교에 좀 더 초점을 맞추고 있었다. 그러나 1996년 1월 프리마코프(Evgeni Primakov)가 러시아 외교부 장관으로 취임한 후부터 옐친은 친서방 외교 노선을 수정하고 보다 실용주의적인 외교 노선을 채택하기 시작했다. 이를 위해 러시아는 중국과의 협력을 강화하려는 시도를 하게 된다. 동년 4월 25일 러시아와 중국은 양국 간 매년 1회 정상회담의 정례화, 양국 간 분야별 협력의 제도화, 국가 간 협상의 제도화, 민간 교류의 제도화를 중심으로 하는 전략적 협력 관계(戰略協作夥伴關系)를 수립했다(中华人民共和国外交部, 2000).

(2) 리더십과 외교 노선의 안정

그로부터 4년여가 지난 2000년 5월 7일 푸틴이 러시아 대통령으로 취임한 후에도 프리마코프의 실용주의적 외교 노선과 이를 위한 중국과의 협력이 계승되었다(장덕준, 2014: 236). 우선 푸틴은 국가주석으로서 임기 8년 차에 접어든 장쩌민 중심의 중국공산당 제3세대 지도부와의 협력을 통해 중앙아시아의 카자흐스탄, 타지키스탄, 키르기스스탄, 우즈베키스탄과 함께 동년 6월 15일 상하이협력기구(Shanghai Cooperation Organization, 이하 SCO)를 만들었다. SCO를 통해 중국과 러시아는 중앙아시아 국가들의 접경지역과 아프가니스탄의 테러 조직에 대응하기 위한 반테러 공조를 중심으로 안보 분야에서의 공조를 추진하기 시작했다. 그로부터 1달여가 지난 동년 7월 21일에 양국은 서로의 권익을 보호하고 유엔을 비롯한 국제기구에서의 공조와 함께 경제와 무역, 군사, 과학기술, 에너지, 교통을 비롯한 각 분야에서 보다 실질적인 협력을 추진하기 위한 중러 선린우호협력조약(中俄睦鄰友好合作條約)을 체결했다(江泽民·弗拉基米尔·普京, 2001.7.16).

그러나 2007년까지 중국과 러시아의 협력은 1991년부터 진행되었던 양국의 분쟁 지역이었던 동부 국경 지역 협상과 러시아 에너지의 중국 수출을 위한 송유관 건설에 대한 합의를 이뤄내지 못하면서 두 나라의 협력 범위를 확대하는 데 이르지 못했다. 그로 인해 러시아와 중국의 관계는 자신들의 이익 충족을 위한 제한적 협력에 그치는 편의의 축 수준에서 벗어나지 못했다(Lo, 2008).

(3) 동부 국경 협상의 타결

러시아는 옐친의 대통령 재임 기간(1991년 12월~1999년 12월)에도 중국의 볼쇼이 우수리스크섬 반환 요구에 응하지 않았다. 그러나 2000년 3월 푸틴이 러시아 대통령으로 취임한 이후 러시아와 중국의 동부 국경 지역 협상에 진전을 보이기 시작했다. 2008년 7월 21일 러시아의 라브로프 외교부 장관과 중국의 양제츠(楊潔篪) 외교부 장관은 베이징 궈타이(國泰) 영빈관에서 '중러 동부 국경 지역에 대한 보충서술의정서와 부속지도(中俄國界線東段補充敍述議定書及其附圖, 이하 중러 동부 국경 지역 보충의정서)'에 서명하면서 양국의 동부 국경

지역 협상이 타결되었다(≪新华网≫, 2008.7.21). 중러 동부 국경 지역 보충의 정서에서는 양국의 오랜 분쟁 지역이었던 타라바로프섬을 중국에게 넘겨주고 볼쇼이 우수리스크섬을 균등 분할하는 데 합의했다. 동부 국경 지역 보충의정서 서명을 통해 양국은 정부 차원에서 동북 지역의 헤이룽장성(黑龙江省)과 극동 러시아의 하바로프스크(Khabarovsk)와 인접한 동부 국경 지역의 경계를 확정하면서 양국의 4300km에 달하는 국경선에 대한 논쟁을 종결하게 되었다.

특히 중국이 중러 동부 국경 지역 보충의정서를 통해 볼쇼이 우수리스크섬의 50%를 돌려받게 된 것은 러시아의 과감한 양보와 중국의 볼쇼이 우수리스크섬의 절반의 권리에 대한 주장을 포기한 결과물이다. 이는 당시 드미트리 메드베데프(Dmitry Medvedev) 대통령과 푸틴 총리를 중심으로 한 러시아 정부와 당시 중국공산당을 이끌던 후진타오 국가주석과 원자바오(溫家寶) 총리 중심의 제4세대 지도부가 모두 양국의 경제협력 강화를 중시하는 실용주의적 성향이 강했기 때문에 가능했다. 이와 같이 중국과 러시아는 러시아와 일본이 북방 4개 섬, 중국과 일본이 조어도 문제로 두 나라의 협력을 확대·심화하는 데 현재까지 어려움을 겪고 있는 것과는 대조적인 성과를 거두었다.

영토 문제가 해결되면서 러시아와 중국은 별다른 갈등 없이 양국의 협력을 심화할 수 있는 계기를 마련했다. 그로 인해 2011년 9월 27일에 메드베데프 대통령의 러시아 정부와 후진타오 국가주석을 중심으로 하는 중국공산당 제4세대 지도부는 중국의 대외관계에서 최고 수준인 전면적·전략적 협력 파트너 관계(全面戰略協作夥伴關系)를 수립했다(欧诣, 2016.7.29). 전면적·전략적 협력 파트너 관계는 현재까지 중국의 양자관계에서 최고 수준을 의미하는 용어로 사용되고 있다(이희옥·왕원, 2017: 237).

2) 강화 요인

(1) 러시아의 유가 하락과 루블화 가치 변동

푸틴이 대통령으로 재직했던 2000년 5월 7일부터 2008년 5월 6일까지 배럴당 100달러가 넘는 고유가로 러시아 국내 경제는 회복될 수 있었다(조정원, 2011: 136). 그러나 2008년 10월부터 2009년 1월까지 우랄산 원유 가격은 배럴당 42.9달러까지 하락했다(조정원, 2011: 136). 여기에 같은 해 12월 국제 금융 위기는 러시아의 가장 큰 천연가스 판매 시장 중 하나인 유럽 지역의 천연가스 수요 감소로 이어졌다. 그로 인해 러시아는 새로운 에너지 수출 시장의 개척과 타격을 입은 국내 경제를 부양할 자금이 필요했다. 이러한 러시아 국내 경제의 어려움은 러시아의 대중국 협상력을 약화시켰고, 2009년에 중국으로부터의 차관 지원과 중국으로의 러시아 석유 수출입량 증대, 동시베리아 송유관 중국 지선 건설 협상의 타결을 가능하게 만들었다(Danchenko, Downs and Hill, 2010: 12~13). 또한 2014년 11월 러시아가 자유변동환율제를 채택한 이후 달러 대비 루블 환율은 폭락하기 시작했고 2018년 4월 12일에는 1달러에 62루블을 기록해 2009년 연평균 1달러 대 루블 기준 환율인 31.7루블의 2배 가까이 가치가 떨어졌다(정혜인, 2018.4.12). 환율의 폭락은 러시아의 각급 정부와 기업들이 대규모 투자를 할 수 있는 능력을 떨어뜨렸다. 또한 2015년부터 다시 하락했던 국제 유가의 회복 속도가 빠르지 않아서 원유 수출과 판매를 통해 얻는 수입을 국가 재정 운용에 활용해 왔던 러시아 정부에 어려움을 가중시켰다. 그로 인해 러시아는 세계 최대의 외환보유국이며 국유 기업들과 민영 기업들의 성장으로 해외 투자 능력이 제고된 중국의 투자가 절실해졌다. 러시아는 중국의 금융 지원과 중국석유와의 협력을 통해 2010년 12월에 중러 제1 송유관, 2017년 12월에 중러 제2송유관을 완공했고 2019년 12월 2일에 중러 동부 가스관을 개통하며 러시아산 원유와 천연가스를 중국으로

표 4-1 서방의 대러시아 주요 경제제재

일시	주체	근거	주요 내용
2014.9.12.	EU	EU 이사회 규정 No.960/2014 (No.833/2014 내용 개정)	- 러시아 은행들과 에너지 기업들의 신규 부채 또는 자본 발행을 금지함. · (금융) Sberbank, VTB Bank, Gazprombank, Bank of Moscow, VEB · (에너지) Rosneft, Transneft, Gazprom Neft · (방산기업) Opk oboronprom, United aircraft corporation, Uralvagonzavod
2014.9.12.	미국	행정 명령 EO 13662의 Directive 1, 2 개정 Directive 3, 4 신설	- 신규 부채 및 자본 발행 금지 대상 추가 · (에너지기업) AK Transnef
2014.9.12.	미국	미국 산업 안보국 수출 관리 규정(EAR)	이중 용도 품목 수출 통제
2014.9.25.	일본	일본 외무성 공식 성명서	- 아래 금융기관을 제재 대상으로 지정하고, 제재 대상 은행의 증권 발행을 금지 · (금융) Sberbank, VTB Bank, Gazprombank, VEB, Russian Agricultural Bank - 무기 및 전략물자의 대러시아 수출시, 허가 심사 강화
2014.12.18.	미국	Ukraine Freedom Support Act of 2014	- 에너지·금융·방산 분야 제재 대상 행위에 연루된 외국 개인, 단체, 금융기관을 제재 · (에너지) 러 심해, 북극해, 셰일 지대로부터 원유를 추출하는 프로젝트에 투자하는 외국 개인(단체) 제재
2014.12.19.	미국	행정 명령 EO 13685	- 미국인과 미국 법인의 對크림반도 투자 행위 및 재화·서비스·기술의 (재)수출입 거래를 금지
2014.12.19.	EU	EU 이사회 규정 No.1351/2014 (No.692/2014 내용 개정)	- EU 회원국들의 개인 및 법인의 對크림반도 투자, 관광 서비스 제공, 특정 품목의 수출을 금지
2015.8.7.	미국	미국 산업 안보국 수출 관리 규정(EAR)	- 러시아 가스프롬(Gazprom)의 사할린-3 가스 사업의 주요 공급원인 유즈노-키린스코예(Yuzhno-Kirinskoye) 매장지를 제재 대상에 새롭게 추가해 해당 매장지로의 미국산 기술·장비 공급이 일절 금지 · 미국 상무부(Department of Commerce)의 허가 없이는 미국 수출관리규정(Export Administration Regulations, EAR)에 적용을 받는 미국산 기술·장비의 유즈노-키린스코예(Yuzhno-Kirinskoye) 가스·콘덴세이트전으로의 수출, 재수출, 수송이 전면 금지
2017.8.2.	미국	미국 의회	- 러시아 기업이 지분을 33% 이상 보유하고 있는 북극해, 심해, 셰일 오일 프로젝트에 대한 미국 기업들의 투자 금지 · 대통령이 의회의 승인 없이 대러시아 제재를 완화하거나 취소할 수 없음.

자료: 여유경(2015.8.7; 2016; 2018), Cunningham(2017.8.2; 2018), 이성규(2017: 10).

수출하고 있다(조정원, 2018: 50~51; 안상욱·김현정·임석준, 2020: 161). 또한 러시아의 노바텍(Novatek)은 중국석유와 실크로드기금의 투자를 받아서 2017년 12월 야말(Yamal) LNG 터미널을 완공했고 2018년 여름에 야말 LNG를 중국 장쑤(江蘇)성 루둥(如東)으로 운송하는 데 성공했다(안상욱·김현정·임석준, 2020: 182).

(2) 미국, 유럽연합의 대러시아 경제제재 지속

미국과 유럽연합은 2014년 러시아의 크림반도 점령을 계기로 대러시아 경제제재를 시행한 이후 현재까지 제재를 완화하거나 해제하지 않고 있다.

러시아는 외국 자본 유입과 자원 탐사에 필요한 자본과 장비 도입의 어려움을 타개하기 위해 중국과의 협력을 강화하고 있다. 특히 러시아 야말반도 LNG 사업은 중국의 국가개발은행과 중국수출입은행의 금융 지원을 통해 파이낸싱의 어려움을 타개하고 야말 LNG의 대중국 수출을 통한 러시아의 천연가스 수출 루트 다변화에 도움이 되었다(박지원, 2018: 16).

(3) 농업과 과학기술 분야의 협력 수요

중국과 러시아의 농업과 과학기술 분야의 협력 수요도 양국의 전면적·전략적 협력관계의 확대 및 심화에 긍정적으로 작용하고 있다. 중국은 1990년대 중반 해외 수입 곡물의 오염 문제로 인해 러시아 농산물의 금수 조치를 실시했고 이는 2015년까지 지속되었다(호메리키, 2016.1.14). 그러나 중국인들의 소득 수준 향상에 따른 식품 소비가 늘어나면서 중국은 식품의 원재료로 사용되는 농산물에 대한 수입을 늘려야 하는 상황에 직면했다. 그로 인해 중국은 2016년부터 러시아의 시베리아와 극동 지역에서 생산하는 밀과 옥수수, 카놀라와 쌀, 극동 지역의 하바로프스크 변강구, 연해주, 자바이칼 변강구, 아무르주, 유대인 자치주에서 생산하는 대두의 수입을 허용했다. 중국의 대러시아 농산물 수입 확대는 러시아의 대중국 농산물 수출 증대와 러시아와 중국의 농업 협력 강화의 계기로 작용하고 있다(호메리키, 2016.1.14).

중국은 1978년 개혁개방 이후 선진국 기업들의 범용 기술과 경영 노하우를 학습하면서 국가 경제와 로컬 기업들의 성장에 성공했다. 그리고 2015년에는 '중국제조 2025' 정책을 추진하면서 인공지능, 신에너지자동차(전기자동차, 수소자동차)와 5G 인터넷 등의 새로운 산업 발전과 원천 기술개발을 추진하고 있다(여유경, 2019: 58). 그러나 바이두와 알리바바, 텐센트, 화웨이, 하이얼 등의 일부 대기업들을 제외한 다수의 중국 로컬 기업들은 기존 기술의 혁신과 원천 기술의 연구개발 및 상용화에 어려움을 겪고 있다(조정원, 2019: 1). 중국은 이러한 어려움을 해결하기 위해 자국에 필요한 기술을 보유한 국가들과의 협력을 시도하고 있다(조정원, 2019: 1). 그러나 다수의 선진국들은 자국 기업들과 중국 기업들 간의 경쟁이 치열해짐으로 인해 자국 기업들이 보유한 기술을 중국 기업들에게 이전할 경우 자국 기업들의 대중국 비교우위가 사라질 수도 있기 때문에 매우 신중하게 접근하고 있다.

이러한 상황에서 인공지능과 바이오를 비롯한 여러 분야의 원천 기술을 보유하고 있지만 원천 기술 및 기존 기술의 응용이 필요한 산업들의 국제 경쟁력이 떨어지는 러시아는 중국의 어려움을 보완해 줄 수 있는 협력 파트너로 부상하고 있다.

(4) 중동 정세의 변화

미국의 역외 균형 전략은 2017년 1월 트럼프 행정부 출범 이후 중국에 대한 견제에 초점을 맞추는 방향으로 변화했다(박주현, 2018). 특히 중동에서는 트럼프 미국 대통령이 2019년 10월 6일 시리아 북부의 미군 병력 철수를 지시하면서 바샤르 아사드(Bashar Assad) 정권 유지를 지원하는 러시아의 장애요인이 제거되었다. 그러나 2020년 1월 3일에 미국이 이란 혁명수비대 사령관이었던 가셈 솔레이마니(Qasem Soleimani)를 제거하면서 이란뿐만 아니라 러시아와 중국도 함께 자극하는 결과를 가져왔다(Ministry of Foreign Affairs of the People's Republic of China, 2020.1.4). 중동에서 IS의 세력 확산과 시리아 아사드 정권 유지를 위해 공조했던 러시아와 중국은 미국의 솔레이마니 제거 이후 이란과 함께 미국에 공동 대응해야 하는 필요성이 커졌다.

(5) 한국과 미국, 일본의 안보 협력

한국 정부의 2016년 7월 사드 배치 결정과 동년 11월 일본과의 군사정보협정(GSOMIA) 체결은 모두 북한의 핵무기와 장거리 미사일을 감시하고 북한의 도발을 예방하는 것을 목적으로 하고 있다. 그 이후 한국과 미국, 일본은 안보회의를 통해 북한의 군사 행동 방지를 위한 공조를 하고 있고 한국과 일본은 북한의 핵, 미사일 관련 정보를 공유하기 시작했다. 이러한 한국과 미국, 일본의 해양 안보 동맹 강화를 진행하는 과정에서 한국에 배치될 사드가 중국과 러시아 양국의 미사일 체계를 감시할 가능성을 우려하면서 중러 양국은 사드 배치 반대에 함께하고 있다. 한국 정부는 이러한 중국과 러시아의 반대에 대해 북한의 핵무기와 장거리 미사일 반대를 위한 조치이며 중국과 러시아를 겨냥한 것이 아님을 강조하고 있다. 그러나 한국 정부의 주장과 설득을 중국과 러시아는 정부 차원에서 받아들이지 않고 있다. 이러한 상황이 지속되면 중국과 러시아가 사드 배치와 한일 군사정보협정 체결에 따른 한미일 동맹에 대응하기 위해 북한을 포함한 안보 협력을 추진하거나 북한의 핵무기 보유 포기를 강하게 요구하지 않으면서 사실상 북한의 핵무기 보유를 묵인할 가능성이 있다.

중국과 러시아가 한반도 정세에 대한 공조의 원인으로 작용했던 한미일 안보협력은 2018년 4분기부터 시작된 한일 관계의 악화로 변화가 발생했다. 한국의 박근혜 정부에서 사드 배치와 함께 일본과 체결했던 한일 군사정보협정은 2019년 8월 22일 한국 정부가 종료를 결정했다(홍현익, 2019.8.26). 한국 정부의 한일 군사정보협정 종료 결정은 일본 정부가 2019년 7월 1일 플루오린 폴리이미드, 포토 레지스트, 불화수소에 대한 대 한국 수출규제 발표와 한국의 백색국가(수출 우대국) 리스트 배제에서 비롯되었다(김영배, 2019.6.28). 일본 정부의 대한 수출규제와 한국의 백색국가 리스트 배제는 한국 대법원의 2018년 10월 30일 일본 신일철주금에 일제 강제징용 피해자 배상 명령, 동년 11월 29일 일본 미쓰비시중공업에 일제 강제징용 피해자 배상 명령에 대한 보복 조치였다(유지혜·이유정, 2019.8.23). 일본 정부는 한국 대법원의 일본 기업들에 대한 강제징용 피해자 배상 명령은 1965년 한일 청구권협정에서의 합의를 뒤집는 판결이며 국제법 위반이므로 한국 정부에게 적절한 조치를 요구했지만 한국 정부는 일본 정부의 요구를 거부하였다(BBC NEWS 코리아, 2018.10.31). 그로 인해 일본은 한국에 대한 경제제재를 시행했고 한국은 한일 군사정보협정 종료로 대응했다. 한일 군사정보협정 종료 이후 한국과 일본은 2021년까지 정부 간 협상을 통해 일본의 대한 수출규제와 한일 군사정보협정 복원을 논의하고 있으나 구체적인 합의점에 도달하지 못하고 있다. 상술한 바와 같은 한일관계의 악화로 인하여 한미일 안보 협력체계에도 변화가 발생했으나 한미동맹은 굳건하게 유지되고 있다. 그로 인해 한반도에서의 안보 이슈에 대한 중러 협력도 지속되고 있다.

4. 중러 협력의 현황 및 전망

1) 외교 안보

(1) 중동과 한반도 정세에 대한 공조

중국과 러시아는 외교 안보 분야에서 미국 중심의 단극 체제로의 세계질서 재편을 방지하고 양국의 이해관계가 있는 지역에서 미국의 영향력 행사를 막기 위해 협력을 강화하고 있다. 우선 중동 지역에서는 시리아의 아사드 정권을 지지하면서 미국의 중동 정세 개입을 막고 있다. 중국과 러시아는 2011년 10월 4일 미국, 영국, 프랑스, 독일, 포르투갈을 중심으로 유엔 안전보장이사회에 제출한 아사드 정권 경고 결의안을 부결시켰다(UN, 2011.10.4a). 당시 결의안 제출은 시리아의 아사드 정권이 군을 투입해 반정부 시위대에 대한 유혈 진압에 대한 경고의 내용을 담고 있었다(UN, 2011.10.4b). 그러나 중국과 러시아는 시리아가 중동에 위치하고 있지만 터키와 중부 유럽과 인접한 전략적 요충지이며, 중동에서의 미국 영향력 확대를 방지하는 데 중요한 국가이기 때문에 아사드 정권에 대한 지지를 유지하고 있었다. 그렇기 때문에 안전보장이사회에서의 거부권 행사를 통해 미국과 유럽 국가들이 주도한 아사드 정권에 대한 경고 결의안을 부결시켰다. 중국과 러시아는 2011년의 경고 결의안 부결 이후에도 유엔 안전보장이사회에서 시리아에 대한 제재에 반대하는 공조를 지속하고 있다. 중국과 러시아는 2017년 2월 28일 시리아에서의 화학무기 생산 및 사용에 대한 제재 결의안에 반대했으며 2019년 12월에는 시리아 난민들에 대한 터키-시리아의 2개 국경 지역, 이라크-시리아 1개 국경 지역을 통한 인도적 지원 결의안에도 거부권을 행사해 시리아와의 국경 루트를 통한 시리아 난민들에 대한 인도적 지원을 터키-시리아의 2개 국경 지역으로 제한하고자 했다(UN, 2017.1.25).

중국과 러시아는 시리아에 대한 UN 안전보장이사회에서의 공조 외에도 한반도 정세에 대해서도 공조를 유지하고 있다. 중국과 러시아의 한반도 정세에 대한 공조가 가시화된 계기는 한국과 주한미군이 2016년 경상북도 성주군에 미국의 사드를 배치하면서부터이다. 중국과 러시아가 사드 배치에 반대하는 이유는 한국의 안보 수요를 넘어설 뿐만 아니라 북한을 빌미로 미국의 미사일 방어 시스템(Misile Defense, 이하 MD)이 한반도로 확장되어 미국

표 4-2 **중국과 러시아의 공동 군사훈련**

일시	훈련명	내용
2018.9.11. ~2018.9.17.	보스토크 2018	- 러시아 시베리아와 극동 지역에서 실시 - 러시아의 수천 명의 병력과 항공기 및 차량을 러시아 서부에서 동부까지 신속하게 이동하는 훈련 실시 - 중국과의 합동 훈련을 통한 동북아시아, 중앙아시아에서의 안보 위협 대응
2019.4.29. ~2019.5.4.	해상연합 2019	- 중국 산둥성 칭다오시 해상과 상공에서 실시 - 연합 잠수함 구조, 가상의 적의 잠수함에 대한 연합 대응 훈련, 연합 방공 훈련 실시 - 양국의 잠수함 2척과 전함 13척, 항공기, 헬리콥터 등이 훈련 참여
2019.12.27. ~2019.12.31.	중국, 러시아, 이란 공동 해상 훈련	- 최대 원유 수송로인 호르무즈해협과 인접한 인도양 북부와 오만만에서 중국과 러시아, 이란의 해군이 공동 군사훈련 실시

자료: BBC 코리아(2018.9.11), 김창영(2019.4.20), 김윤구(2019.12.27).

과 중국, 러시아 간의 동북아시아에서의 전략적 균형을 무너뜨릴 가능성이 있다고 보기 때문이다(최종건, 2016.7.26).

(2) 군사훈련

중국과 러시아는 매년 합동 군사훈련을 실시하며 군사 분야에서의 협력도 지속하고 있다. 특히 2018년에는 러시아군의 군사훈련인 보스토크에 중국 인민해방군이 최초로 참여하면서 중국과 러시아가 양국 동부 지역에서의 군사 대세에 대한 합동 훈련을 실시했고, 2019년에는 중국 해군과 러시아 해군이 호르무즈해협 부근에서 이란 해군과 함께 해상 합동 군사훈련을 실시했다.

2020년에는 12월 22일에 중국과 러시아의 공군이 아시아태평양 지역에서 연합공중전략 훈련을 실시했다(张慈·邹宗翰, 2020.12.23). 2021년에는 중국 인민해방군과 러시아군이 8월 9일부터 13일까지 중국 서북부의 닝샤(宁夏)에서 "서부 연합 2021" 합동군사훈련을 실시했다(BBC中文, 2021.8.13). 동년 1월 20일 미국의 바이든 행정부 출범 이후에도 중국과 러시아가 군사훈련을 계속하면서 전통 안보 분야에서 공조를 유지하는 데는 바이든 행정부가 중국과 러시아에 대한 견제 기조에 변화를 주고 있지 않기 때문이다. 이와 함께 중국과 러시아는 안보 분야에서의 공조를 통해 미국의 패권주의와 군비 경쟁 유도에 공동으로 대응하겠다는 입장을 유지하고 있다(王海运, 2019, 46). 그로 인해 중국과 러시아는 매년 군사훈련을 실시하면서 안보 협력을 유지할 것으로 예상된다.

중국의 입장에서는 미국의 트럼프 행정부 출범 이후 미국의 중국에 대한 견제에 공동으로 대응할 국가가 필요하다. 러시아는 중국과 일본, 한반도와 인접한 국가이며 동북아시아 정세에 여전히 영향력을 행사하고자 한다. 또한 중국과 러시아는 미국이 한국의 경상북도 성주에 사드를 배치한 이후 사드 배치에 함께 반대하는 입장을 유지하고 있다. 또한 미국 트럼프 행정부의 이란 핵합의 탈퇴와 대이란 경제제재 실시는 중국, 러시아와 이란 간의 공조가 강화되는 계기로 작용했다. 이와 같이 중국과 러시아의 전략적 입장과 수요가 접점을 찾으면서 양국의 공동 군사 안보 분야에서의 협력이 계속되고 있다.

2) 경제

(1) 무역

2019년 1월부터 11월까지 중국과 러시아의 무역액은 1003억 2000만 달러로 전년 동기 대비 3.1% 증가하면서 2년 연속 1000억 달러 이상의 무역액을 기록했다(王俊岭, 2019: 1). 양국 무역은 기존에 중국의 공산품, 러시아의 에너지 및 광물 자원 등의 원재료를 중심으로 한 무역에서 농업과 하이테크 등으로 분야가 확대되고 있다. 특히 중국의 대러시아 농산물 수입은 2017년부터 지속적으로 증가하고 있다. 러시아 인테르팍스(Interfax)의 보도와 러시아 동식물검역국의 통계에 따르면 2017년 7월 1일부터 2018년 5월 15일까지 러시아의 대중국 농산물 수출량은 123만 1000톤을 기록했다(杨杰, 2019: 1). 중국 세관의 통계에 따르면 2018년 러시아와 중국의 농산물 무역액은 양국 농산물 무역이 시작된 이래 최고치인 50억 달러를 돌파했는데 그중 러시아의 대중국 농산물 수출액은 32억 1000만 달러로 2017년 대비 51.3%의 증가율을 기록했다(杨杰, 2019.12.14).

또한 2019년 1월부터 5월까지 중국과 러시아의 농산물 무역액은 21억 8000만 달러를 기록(전년 동기 대비 1.9% 증가)했는데 그중 러시아의 대중국 농산물 수출액은 14억 5000만 달러로 전년 동기 대비 14.2%가 늘어났다(中華人民共和國 商务部, 2019.8.1). 이는 중국이 러시아의 주요 농산물 수출국이 되었음을 보여주고 있다.

러시아 동식물검역국의 2017년 7월 1일부터 2018년 5월 15일까지 러시아의 대중국 농산물 수출량 통계를 품목별로 살펴보면 대두 84만 6200톤, 유채씨 10만 8100톤, 밀 4억 1300만 톤, 옥수수 2만 3000톤이 중국으로 수출되었다(俄罗斯动植物检疫局, 2018.5.18). 그중 2017년 7월 1일부터 2018년 5월 15일까지 러시아산 대두의 대중국 수출량은 같은 기간 러시아의 대중국 농산물 수출량(123만 1000톤)의 약 66.4%를 차지한 것이다(俄罗斯动植物检疫局, 2018.5.18). 러시아산 대두는 2017년 대중국 수출량 50만 톤을 넘어섰고 2018년에는 대중국 수출량 81만 7000톤을 기록하면서 대중국 누적 수출량 100만 톤을 돌파했다(新浪财经, 2018: 1). 중국의 러시아산 대두에 대한 수요가 늘어나면서 2019년 6월 중국 농업농촌부와 러시아 경제발전부는 대두 협력 심화 및 발전규획(關於深化中俄大豆合作的發展規劃)을 체결했고, 동년 8월에는 중국 세관이 러시아 전역에서 생산되는 대두의 대중국 수출을 허용하게 되었다(中俄经贸合作网, 2019.11.5).

중국이 러시아산 대두의 대중국 수출 허용 범위를 확대하고 러시아와의 대두 생산 및 수출입 협력을 강화하는 이유는 중국의 대두 수요를 충족하기 위해서이다. 대두는 중국인들이 선호하는 돼지에게 주는 사료 대두박(대두에서 기름을 짜내고 남은 콩깻묵)의 재료이다(이장훈, 2018: 24). 중국인들의 돼지고기 소비가 늘어나면서 돼지에게 주는 사료의 수요도 함께 증가하고 있다. 또한 대두는 중국인들의 식탁에 올라가는 두부, 발효 두부, 또우장(豆漿, 두유), 간장 등의 재료이며 중국인들이 많이 사용하는 식용유인 콩기름의 원료이다(이장훈, 2018: 25). 그로 인해 중국이 주요 농산물의 자급을 위한 생산량 증대에도 불구하고 대두는 여전히 중국 내 수요 충족에 어려움을 겪고 있다. 이러한 어려움을 완화하기 위해 중국은 2016년 시베리아와 극동 지역의 대두 수입을 허용하기 전까지 주로 브라질, 아르헨티나, 미국에서 대두를 수입해 중국의 대두 수요 부족분을 보충했고, 2016년부터는 시베리아, 극동 러시아의 대두를 수입했다(徐立凡, 2019: 1). 2017년 중국의 국내 대두 생산량은 1420만 톤이었지만 중국의 해외 대두 수입량은 9554만 톤으로 중국 역사상 최고 수준을 기록했다(农产品期货网, 2018.1.15). 같은 해 중국의 대두 소비량은 1억 1080만 톤이었다(이장훈, 2018: 27). 이는 중국의 대두 수입이 없었다면 2017년 중국의 대두 수요 충족은 불가능함을 입증한 것이다.

2018년 3월 미국의 트럼프 행정부 출범 이후 미국과 중국 간의 무역 분쟁이 지속되면서 중국 내에서 미국산 대두 수입의 안정성에 대한 의구심이 제기되었다(徐立凡, 2019: 1). 그로 인해 중국은 러시아산 대두의 대중국 생산 및 수출 범위를 극동 지역과 시베리아에서 러시아 전역으로 확대하면서 수입량을 늘리게 되었다. 2019년 11월 21일에는 중국 하얼빈에서 중국과 러시아는 대두 협력 좌담회를 개최하면서 러시아의 대두 생산량과 대중국 수출량을 늘리기 위한 산업 협력 방안을 논의했다(俄罗斯工商会驻东亚地区代表处, 2019.11.21).

중국의 국내 식품 수요가 늘어나면서 대두뿐만 아니라 농산물을 가공한 제품의 수입도 증가할 가능성도 나타나고 있다. 2019년 10월에는 러시아 업체 그레인홀딩이 제조한 밀가루 991톤이 러시아 칼루가주 보르시노역에서 출발한 화물 컨테이너 열차 치루호(齊魯號)를 통해 중국 산둥성 지난으로 들어오기도 했다(楊杰, 2019.11.5). 이와 같이 양국 간의 농산물 수입 및 관련 협력이 강화되는 요인으로 중국과 러시아의 정부 간 협의 채널의 가동도 빼놓을 수 없다. 중국 농업농촌부와 러시아 농업부는 양국의 차관을 좌장으로 하는 중러 총리회담 산하 중러 농업분과위원회를 운영하며 2021년까지 8차례 회의를 개최했고 회의 개최 전에 양국의 농업 협력 관련 실무 협의를 진행하면서 농업 협력의 심화를 추진하고 있다(农业农村部新闻办公室, 2021.10.28).

러시아는 광활한 토지를 보유하고 있지만 농업 생산량을 늘리는 데 필요한 노동력과 자본이 부족한 반면에 중국은 러시아에 비해 자본, 인력과 농업 기술에 강점이 있다(≪人民网≫, 2019.8.16). 그렇기 때문에 러시아와 중국은 농업 분야에서도 상호보완적 협력이 가능하다.

(2) 과학기술

중국과 러시아는 양국 총리 회담 산하에 러시아 과학고등교육부, 중국 과학기술부의 차관급이 좌장인 과학기술협력분과위원회가 1996년부터 현재까지 23회의 회의를 개최했으며 러시아 기초연구기금(RFBR)과 중국 국가자연과학기금위원회(NSFC)가 매년 양국 대학 간의 기초과학 연구 프로젝트들을 선정해 원천 기술 연구개발에 필요한 기초과학 연구 협력을 진행하고 있다(国家自然科学基金委员会, 2019.8.21). 그리고 양국의 산업 발전에 필요한 연구개발과 기술 기반 창업 협력에 소요되는 자금을 안정적으로 확보하기 위해 관련 기금들을 설립, 운영하고 있다(조정원, 2019: 2).

인터넷과 이동통신 분야에서는 중국의 화웨이(华为)와 러시아 MTS 간의 5G 네트워크 구축 협력이 진행되고 있다. 2021년 4월 화웨이와 MTS는 모스크바의 14개 지역에서 5G 상업용 서비스를 개통했다(华为, 2021.4.15). 화웨이와 MTS는 모스크바를 시작으로 러시아에서 5G 네트워크 구축과 신도시 건

표 4-3 러시아와 중국 간의 과학기술 연구개발 및 기술 기반 창업 관련 기금

기금	설립 시기	주요 내용
러중 금융 연맹	2017년	- 중국 하얼빈은행, 러시아 연방저축은행을 중심으로 중국의 32개 은행, 러시아의 36개 은행이 참여 - 양국의 민간 자본을 활용한 창업 보육 센터, 기술 기반 신흥 산업 단지 구축 협의
러중 지역 협력 발전 투자 기금	2018년 9월	- 초기 자본금: 100억 위안 - 전체 규모: 1000억 위안 - 투자 영역: 원자력발전, 청정에너지, 민생, 일대일로 관련 인프라, 하이테크 및 장비 제조, 금융 관련 3차 산업
러중 과학기술 이노베이션 기금	2019년	- 자본금: 10억 달러(중국, 러시아 50%씩 출자) - 투자 영역: 최신 기술개발

자료: UN(2017.1.25; 2018.9.20; 2019.6.5).

설의 연계를 추진하고 있다(华为, 2021.4.15). 화웨이와 MTS의 협력은 미국의 트럼프 행정부의 제재를 받으면서 이에 대응하기 위해 러시아를 대안으로 활용하는 데서 기인하고 있다. 화웨이의 런정페이(任正非) 회장은 2020년 8월 29일 상하이 자오퉁대학에서의 강연에서 자사의 미국에 대한 투자를 러시아로 돌려서 러시아의 역량 있는 과학자들의 숫자를 늘리고 러시아 과학자들의 임금을 인상하는 데도 기여할 계획을 공개했다(界面, 2021.8.30). 화웨이는 러시아의 전문가들을 활용해 러시아 현지에서의 사업 추진과 제품 개발에 필요한 연구개발을 강화할 것으로 예상된다.

이와 함께 중국 지방정부와 러시아 연구 기관들 간의 기술 협력도 함께 진행하고 있다. 중국의 톈진, 상하이는 인공지능, 해양 엔지니어링, 신에너지 산업의 발전을 통해 4차 산업혁명에 대응할 수 있는 산업 구조의 개편과 일자리 창출을 시도하고 있다. 이를 위해 러시아 연구 기관들과의 협력을 추진하고 있다. 특히 톈진시는 러시아의 각 분야별 기술에 대해 구체적으로 논의하면서 양국 간 협력 수요를 발굴하고 실질적 협력을 추진하려 하고 있다.

표 4-4 중국 지방정부와 러시아 연구 기관들 간의 협력

주제	개최일	주관	주요 내용
러중 과학기술 이노베이션 협력 좌담회	2019년 9월 17일	러시아 과학원, 텐진시 과학기술국	- 인공지능, 해양 엔지니어링, 바이오제약, 신에너지, 신재료 분야에서의 연구개발 및 기술 협력 논의
상하이 러중 이노베이션 협력센터 현판식	2019년 9월 26일	상하이시 정부, 중국과학원 상하이 분원	- 상하이시 정부의 장강 중점 프로젝트하에 이노베이션 협력 센터 운영 - 러시아와 중국 간의 집적회로, 인공지능, 바이오제약, 신재료 분야 연구개발 및 연구개발 성과의 상용화 협력 추진
러시아 과학원 극동 분원-지린성 과학기술 교류회	2019년 10월 23일	러시아 과학원 극동 분원, 중국 지린성 정부	- 화학, 신에너지, 신재료, 정보통신 분야에서의 연구개발 협력 방안 논의

자료: UN(2019.9.2; 2019.9.26; 2019.10.31).

중국 동북 지역의 지린성도 신에너지, 신재료 산업과 함께 지역 경제 활성화와 일자리 창출에 유용한 정보통신, 화학 산업 발전에 필요한 기술 협력을 러시아 과학원 극동 분원과 추진하고 있다.

5. 결론

러시아와 중국의 관계가 역사상 최고 수준의 전면적·전략적 관계로 발전하게 된 데는 2000년부터 양국 모두 과거의 문제에 집착하지 않는 실용주의적 성향의 정치적 리더십이 안정적으로 지속되고 있는 점이 크게 작용하고 있다. 그리고 2008년 5월 볼쇼이 우수리스크섬의 균등 분할을 통해 양국 정부 차원에서 과거의 분쟁과 영토 문제의 일단락을 지은 것도, 양국의 협력을 강화하는 계기가 되었다. 2008년 9월 건설에 합의해 2010년 12월에 개통된 스코보로디노-다칭(Skovorodino-大慶) 송유관을 중심으로 중국의 러시아산 원

유의 수입량이 늘어나면서 러시아는 중국의 최대 원유 수입국이 되었다. 2008년 하반기 미국과 유럽의 금융위기로 인해 유럽을 중심으로 러시아 에너지에 대한 수요가 감소했지만 중국으로의 상품 수출입이 늘어나면서 2010년부터 2019년까지 중국은 러시아의 최대 무역 파트너가 되었다. 또한 미국 오바마 행정부의 아시아 중시 정책(Pivot to Asia), 2016년 7월에 한국 정부가 결정한 미국의 사드 배치, 미국 트럼프 행정부 출범 이후 미국과 일본, 인도, 호주 등이 참여하고 있는 인도-태평양 전략과 미국의 대중국 견제, 미국의 대이란 제재 재개로 인해 중국과 러시아가 군사, 안보 분야에서도 미국에 대항하는 협력관계가 강화되었다.

중국과 러시아의 협력 강화는 중국은 러시아를 통해 유럽으로, 러시아는 중국을 통해 동북아시아로의 네트워크를 확장해 위치 권력을 확보해 영향력을 행사하고자 하는 의도가 담겨 있다. 또한 러시아와 중국은 외교 안보와 군사 분야의 공조를 통해 아태 지역과 중동에서 미국의 영향력을 견제하려는 시도를 계속하고 있다. 미국은 2017년 2월 트럼프 행정부 출범 이후 중동 정세에 대한 개입을 줄이는 듯했으나, 2018년 5월에 이란과의 핵 협정을 일방적으로 탈퇴하고 이란의 원유 수출 금지와 이란의 국제금융시장 퇴출 등을 골자로 한 대이란 제재를 복원했다(신동찬, 2018: 2). 그리고 2020년 1월 3일 미군이 이란 군부의 핵심인 솔레이마니를 제거한 이후부터 중국과 러시아가 이란을 지원하는 양상이 전개되었다. 한반도에서는 한국에 배치한 미국의 사드와 한국의 미국 미사일 방어 체계 편입에 관련해서 중국과 러시아가 함께 대응하고 있다. 러시아의 에너지, 광물 등의 원재료와 중국의 공산품 중심의 상호보완적 경제협력은 농업과 과학기술 분야로 확대되고 있다.

경제 분야에서는 중국인들의 소득 수준 향상에 따른 농산물과 이를 가공한 식품 수요 증대가 러시아 농산물의 수출에 새로운 기회가 되고 있다. 그리고 중국이 필요로 하는 인공지능, 바이오제약, 해양 엔지니어링, 신에너지 분야에 있어서 러시아의 원천 기술을 활용한 과학기술 협력도 활발하게 진행되고 있다. 또한 중국의 일대일로 추진 과정에서, 중국과 러시아, 몽골이 정부 차원에서 공동으로 논의하고 있는 중몽러 경제회랑 건설, 푸틴 3기의 극동 선도개발구역 및 블라디보스토크 자유항 정책에 따른 중국과 러시아 간의 극동개발 협력, 신개발은행(New Development Bank)과 아시아인프라투자개발은행(AIIB)을 통한 인프라 구축 관련 금융 협력은 중러 협력을 강화하는 촉매로 작용할 가능성이 있다. 그러나 중국과 러시아의 과학기술 협력이 중국 기업의 기술혁신과 기존 선진국 제품의 수준을 넘어서는 새로운 제품 생산으로 연결될지는 좀 더 지켜볼 필요가 있다.

그렇다면 양국 역사상 최고 수준의 협력이 앞으로도 지속될 수 있을까? 중국과 러시아의 관계에 영향을 줄 변수로 작용할 것으로 보였던 미국 트럼프 행정부의 정책은 중러 관계를 이완하기보다는 결속하는 방향으로 추진되었다. 경제 분야에서 미국은 중국에 대한 무역제재와 협상을 병행하면서 중국을 압박했다. 또한 미국은 중국의 기술개발이 자력으로만 진행되고 있는지에 대해 의구심을 제기했고, 2019년 5월 11일부터 중국의 스마트폰, 통신장비 제조업체인 화웨이와 미국 기업 간 기술·부품 등의 거래를 차단했다(서봉교, 2019: 136). 미국의 화웨이에 대한 제재는 화웨이가 대 러시아 투자 증대와 러시아에서의 기술 연구개발 협력을 강화하는 계기로 작용했다. 트럼프 행정부에 이어서 2020년 1월 20일에 출범한 조 바이든 행정부에서도 미국의 대 러시아 경제제재는 지속되고 있다. 군사 안보 분야에서는 트럼프 미국 대통령이 2018년 10월 20일 중거리 핵전력 조약(Intermediate-range Nuclear Forces Treaty, 이하 INF) 탈퇴를 천명했고, 그 이후 미국이 러시아보다 먼저 INF를 탈퇴했다(Kubiak, 2018: 17).

미국이 INF를 탈퇴한 이후 러시아와 중국은 중거리미사일과 핵무기 추가개발 및 배치 가능성을 우려하고 있다. 조 바이든 행정부에서도 미국이 중국과 러시아에 대한 견제 기조를 유지하고 있고 중국과 러시아는 이에 대한 대응 차원에서 공조를 유지하고 있다. 2022년 2월 4일 중국 베이징에서 개최했던 시진핑(習近平) 중국 국가주석과 블라디미르 푸틴 러시아 대통령의 정상회담 종료 후에 중국과 러시아는 '중화인민공화국과 러시아연방의 새로운 시대의 국제관계와 글로벌 지속가능발전에 대한 공동성명(中华人民共和国和俄罗斯联邦关于新时代国际关系和全球可持续发展的联合声明, 이하 중·러 공동성명)'을 발표하였다(中华人民共和国·俄罗斯联邦, 2022.2.4). 중·러 공동성명에서 양국은 북대서양조약기구(NATO; 나토) 확장, 오커스(AUKUS; 미국·영국·호주 안보 동맹)를 통한 대 호주 핵추진 잠수함 건조 협력, 아태 및 유럽에서의 미국 중·단거리 미사일 배치에 반대할 것임을 명시했다(조준형, 2022.2.7). 이는 중국과 러시아가 향후 미국과 맞서는 문제에 협력을 지속할 것임을 의미한다. 또한 2022년 2월 4일에 북한의 동년 1월 30일 중거리 탄도미사일 '화성-12형' 발사에 대한 유엔 안전보장이사회 비공개회의에서 상임이사국인 중국과 러시아는 미국이 주도하는 북한에 대한 규탄이나 제재 조치 시행을 저지했다(조준형, 2022.2.7). 또한 러시아의 대중국 원유 및 가스 수출, 농업과 과학기술 분야에서의 협력 수요도 중국과 러시아가 사상 최고 수준의 협력을 확대 및 심화하는 요인으로 작용하고 있다. 극동 러시아에서는 현지인 사이에서 중국 기업의 투자에 따른 중국인의 유입에 대한 경계 심리가 발동할 수도 있다(최영진, 2018: 269). 그러나 서방의 대러시아 경제제재가 계속되는 상황에서 러시아 연방정부가 중국의 자본과 인력을 도외시한 채로 극동 러시아의 경제개발과 산업 정책을 추진하기는 쉽지 않다. 그리고 러시아의 우크라이나에 대한 군사작전 개시로 인하여 서방의 대러시아 경제제재가 강화되고 있다.

2022년 2월 21일 러시아는 우크라이나 동부 돈바스 지역의 친러시아 분리주의 세력인 도네츠크인민공화국(DPR), 루간스크인민공화국(LPR)의 독립을 승인하고 평화유지군을 파견하기로 했다. 러시아의 대우크라이나 군사작전이 시작된 다음 날인 동년 동월 22일에 유럽연합(EU)은 도네츠크인민공화국(DPR), 루간스크인민공화국(LPR) 지역과 EU 간 무역 금지, EU 금융시장에서 자금을 조달하는 러시아 정부의 능력 제한과 도네츠크인민공화국과 루간스크인민공화국 독립 승인에 관여한 러시아 하원의원 등의 개인과 러시아의 의사 결정권자에게 자금을 대는 은행에 대한 제재를 시행하기로 했다(김성주, 2022.2.23). 그리고 같은 날 독일은 러시아와 자국을 연결하는 가스관인 '노르트 스트림 2' 사업을 중단했다(신기섭·황준범, 2022.2.23). 미국은 2022년 2월 23일 조 바이든 대통령이 노르트 스트림-2 가스관의 주관 기업인 '노르트 스트림-2 AG' 및 '노르트 스트림-2 AG' 임원들에 대한 제재 시행을 지시함으로써 이 기업의 지분 100%를 보유한 가즈프롬의 러시아-독일 가스관 사업에 대한 제재를 시행했다(이상헌, 2022.2.24).

참고문헌

김성주. 2022.2.23. "EU·영국 일제히 대러제재…독, 가스관 사업 중단". ≪KBS NEWS≫. https://news.kbs.co.kr/news/view.do?ncd=5401441&ref=A (검색일: 2022.2.23).

김윤구. 2019.12.27. "중·러·이란, 美 겨냥 첫 합동 해상 군사훈련". ≪연합뉴스≫. https://www.yna.co.kr/view/AKR20191227074700083 (검색일: 2020.2.11).

김영배. 2019.6.28. "[일본 수출규제 2년] 더 끈끈해진 대·중기, 산업 자생력 끌어올렸다". ≪한겨레≫. https://www.hani.co.kr/arti/economy/economy_general/1001101.html (검색일: 2022.1.12).

김재관. 2016. 「21세기 중러 관계의 발전요인에 대한 분석」. ≪아세아연구≫, 59(2), 116~155쪽.

김창영. 2019.4.30. "중국-러시아, 합동 해상 군사훈련으로 '밀월' 과시". ≪서울경제≫. https://www.sedaily.com/NewsVIew/1VI2F7SZNR (검색일: 2020.2.12).

도종윤. 2016. 「동반자관계(Partnership) 외교연구: 한국-EU, 한국-러시아, 한국-중국 문서를 중심으로」. 제주평화연구원. 1~23쪽.

박병광. 2011. 「중국의 항공모함 건조에 관한 소고: 지정학과 군사과학 기술 요인을 중심으로」. ≪국가전략≫, 17(4), 173~202쪽.

박상연. 2018. 「전바오섬 사건은 중국의 의도적 선제공격이었는가?: 위기 관리전략 구사의 한계에 대한 조직이론적 해석」. ≪군사≫, 107, 147~192쪽.

박원곤. 2016. 「정당한 전쟁론 연구―평화주의, 현실주의와의 비교」. ≪신앙과 학문≫, 21(2), 57~88쪽.

박주현. 2018. 「미국 '역외균형' 전략 및 '우선주의' 정책 평가와 한국의 대응」. ≪KIMS Periscope≫, 133, 1~3쪽.

박지원. 2018. 「서방의 대러시아 경제제재 현황과 시사점」. KOTRA. 16쪽.

서봉교. 2019. 「미중 갈등과 금융 분쟁」. ≪성균차이나브리프≫, 7(4), 134~140쪽.

신기섭·황준범. 2022.2.23. "독일, 러시아 직결 가스관 사업 중단…고강도 압박카드 꺼내". ≪한겨레≫. https://www.hani.co.kr/arti/international/international_general/1032175.html (검색일: 2022.2.23).

신동찬. 2018. 「트럼프 대통령의 이란 핵합의 탈퇴와 對이란 제재 재부과」. ≪Trade Inside≫, 2018-06, 2~10쪽.

신범식. 2010. 「러-중관계로 본 '전략적 동반자관계': 개념과 현실 그리고 한계」. ≪한국정치학회보≫, 44(2), 135~160쪽.

_____. 2013a. 「러-중관계의 전개와 러시아의 대(對)중국 외교안보 정책」. ≪전략연구≫, 59, 95~132쪽.

_____. 2013b. 「러시아의 대(對)동북아 석유 가스 공급망 구축: 국제·지역정치적 의미 및 영향에 대한 네트워크 세계정치론적 이해」. ≪국제정치논총≫, 52(3), 95~132쪽.

안문석. 2012. 「공격적 현실주의 국제정치이론과 이명박 정부의 대북정책」. ≪한국동북아논총≫, 63, 5~28쪽.

안상욱·임석준·김현정. 2020. 「러시아와 중국의 천연가스 사업협력: 배경과 전망」. ≪중소연구≫, 43(4), 161~192쪽.

여유경. 2015.8.7. "Russian Sanctions: Addition to the Entity List To Prevent Violations of Russian Industry Sector Sanctions." FEDERAL REGISTER. https://www.federal register.gov/documents/2015/08/07/2015-19274/russian-sanctions-addition-to-the-entity-list-to-prevent-violations-of-russian-industry-sector (검색일: 2020.2.15).

_____. 2016. "EU restrictive measures in force." *EC CFSP*, p.1.

_____. 2018. "Ukraine and Russia Sanctions. U.S. Department of State Archived Content." https://2009-2017.state.gov/e/eb/tfs/spi/ukrainerussia/index.htm (검색일: 2020. 2.11).

_____. 2019. 「개혁-개방 이후 중국 기술산업 정책의 진화」. ≪아태연구≫, 26(4), 57~88쪽.

우준모. 2012. 「러시아의 영토의식과 지정학적 경계설정: 중국과의 국경설정 사례분석」. ≪국제지역연구≫, 16(1), 29~50쪽.

윤익중. 2009. 「러시아-중국의 동반자관계 발전과 에너지 협력: 메드베데프 시대를 중심으로」. ≪시베리아극동연구≫, 5, 35~76쪽.

_____. 2015. 「러시아-중국 간 신 밀월관계의 발전과 한계: 푸틴과 시진핑 체제를 중심으로」. ≪중소연구≫, 39(3), 221~267쪽.

이상헌. 2022.2.24. "[우크라 일촉즉발] 美, '러-독 가스관' 주관사 제재…러 가즈프롬 타격(종합)". ≪연합뉴스≫. https://www.yna.co.kr/view/AKR20220224005851071?input =1195m (검색일: 2022.2.24).

이성규. 2017. 「북방경제협력: 러시아 경제제재 우회방안」. 한양대학교 에너지거버넌스센터. 10쪽.

이장훈. 2018. 「중국이 콩 확보에 사활을 건 이유는」. ≪한경머니≫, 160, 23~25쪽.

이희옥·왕원. 2017. 「중국의 '전략적 동반자 관계' 외교의 유형화 시론(試論)」. ≪중국학연구≫, 82, 229~256쪽.

장덕준. 2014. 「러시아의 신동방정책과 동북아」. ≪슬라브학보≫, 29(1), 229~266쪽.

정혜인. 2018.4.12. "러 루블화 가치 추락 지속······ 달러 대비 환율 한때 65루블까지도". ≪아주뉴스≫. https://www.ajunews.com/view/20180412075437602 (검색일: 2020. 1.13).

제성훈. 2009. 「러시아 대 중국정책의 지정학적 지향 ─2000년대 양국관계를 중심으로」. ≪한국정치학회보≫, 43(4), 379~405쪽.

조정원. 2011. 「러·중 에너지 관계의 변화-협력과 갈등, 경쟁」. ≪슬라브학보≫, 26(3), 136쪽.

____. 2018. 「중·러 석유·가스 협력 강화요인과 장애요인: 중국의 국내적 요인을 중심으로」. ≪현대중국연구≫, 19(4), 45~81쪽.

____. 2019. 「러시아와 중국의 과학기술협력」. 한국외국어대학교 러시아연구소. ≪Russia Eurasia Focus≫, 556, 1~2쪽.

조준형. 2022.2.7. "準동맹 수준으로 묶인 중러, 우크라이나 공조 주목." ≪연합뉴스≫. https://www.yna.co.kr/view/AKR20220207079300083 (검색일: 2022.2.9).

최영진. 2018. 「극동러시아에서의 인프라 및 제도 구축을 통한 환동해 국가와의 경제 협력 활성화」. ≪아세아연구≫, 61(3), 241~277쪽.

최종건. 2016.7.26. "사드가 MD가 아니라면". ≪한겨레≫, 13면.

호메리키, 레오니드. 2016.1.14. "러시아, 중국에 곡물 수출 시작". ≪Russia Beyond≫, 1면, https://kr.rbth.com/business/2016/01/14/559405 (검색일: 2019.11.12).

홍현익. 2019.8.26. "지소미아 종료 결정과 대한민국의 과제." 대한민국 정책브리핑. https://www.korea.kr/news/contributePolicyView.do?newsId=148864020 (검색일: 2022.1.12).

BBC 코리아. 2018.9.11. "러시아: 역대급 규모의 군사 훈련 실시". https://www.bbc.com/korean/international-45481306 (검색일: 2020.2.11).

BBC NEWS 코리아. 2018.10.31. "강제징용: 일제 강제징용 피해자 승소 이후 ··· 주목할 3가지 핵심 포인트." https://www.bbc.com/korean/news-46040406 (검색일: 2022.1.12).

江泽民·弗拉基米尔·普京. 2001.7.16. "中俄签署睦邻友好合作条约". 中华人民共和国 外交部. https://www.fmprc.gov.cn/web/gjhdq_676201/gj_676203/oz_678770/1206_679110/1207_679122/t11111.shtml (검색일: 2020.2.17).

欧诣. 2016.7.29. "中俄战略协作意味着什么". ≪新华网≫, 1면. http://www.xinhuanet.com/world/2016-07/29/c_129187678.htm (검색일: 2020.8.12).

国家发展与改革委员会·外交部·商务部. 2015. "中華人民共和國與俄羅斯聯邦關於全面戰略協作 夥伴關系新階段的聯合聲明". 5~7쪽.

国家自然科学基金委员会. 2019.8.21. "2019年度国家自然科学基金委员会与俄罗斯基础研究基 金会合作交流项目初审结果通知". ≪科学网≫, 1면. http://news.sciencenet.cn/html news/2019/8/429633.shtm (검색일: 2019.11.12).

农产品期货网. 2018.1.15. "2017年我国大豆进口量创历史记录 俄罗斯大豆进口量猛增". 新浪财 经. http://finance.sina.com.cn/money/future/agri/2018-01-15/doc-ifyqqciz724 2764.shtml (검색일: 2020.5.9).

农业农村部新闻办公室. 2019.9.14. "中俄总理定期会晤委员会农业合作分委会第六次 会议召开". 中华人民共和国 农业农村部, 1면. http://www.moa.gov.cn/xw/zwdt/201909/t20190 914_6327933.htm (검색일: 2019.11.19).

农业农村部新闻办公室. 2021.10.28. "中俄农业合作分委会第八次会议召开". 中华人民共和国 农 业农村部. http://www.moa.gov.cn/xw/zwdt/202110/t20211028_6380731.htm (검 색일: 2021.11.20).

徐立凡. 2019.8.5. "允许从俄罗斯全境进口: 大豆贸易正形成 '大三角' 战略?"WTO/FTA 资讯网, 1 면. http://chinawto.mofcom.gov.cn/article/ap/l/201908/20190802887875.shtml (검색일: 2020.1.21).

习近平·弗·弗·普京. 2014.5.20. "中华人民共和国与俄罗斯联邦关于全面战略协作伙伴关系新阶 段的联合声明". ≪新华社≫, 1~3면. http://www.xinhuanet.com/world/2014-05/ 20/c_1110779577_3.htm (검색일: 2020.2.11).

俄罗斯动植物检疫局. 2018.5.18. "俄罗斯粮食对华出口创纪录". ≪中国农业信息网≫, 1면. http: //www.agri.cn/province/gansu/fxyc/201805/t20180518_6151691.htm (검색일: 2019.11.21).

俄罗斯工商会驻东亚地区代表处. 2019.11.21. "俄罗斯联邦工商会北京代表处首席代表出席中俄 大豆贸易与投资对接会". 俄罗斯工商会驻东亚地区代表处. https://eastern-asia.tpprf.ru /en/-%E5%93%88%E5%B0%94%E6%BB%A8%E4%B8%AD%E4%BF%84%E5%A4 %A7%E8%B1%86%E8%B4%B8%E6%98%93%E4%B8%8E%E6%8A%95%E8%B5% 84%E5%AF%B9%E6%8E%A5%E4%BC%9A-i338852/ (검색일: 2020.5.17).

杨杰. 2019.11.5. "中欧班列助力俄罗斯农产品对华出口". ≪人民画报≫, 1면. http://www.rmhb. com.cn/zt/ydyl/201911/t20191105_800183865.html (검색일: 2020.1.12).

杨尚昆·鲍·尼·叶利钦. 1992. 关于中华人民共和国和俄罗斯联邦相互关系基础的联合声明, 中华 人民共和国 外交部, https://www.fmprc.gov.cn/web/gjhdq_676201/gj_676203/

oz_678770/1206_679110/1207_679122/t5414.shtml (검색일: 2020.5.12).

王海运. "中俄军事关系七十年: 回顾与思考". ≪俄罗斯东欧中亚研究≫ 2019年 第4期. 37-48.

王俊岭. 2019.12.14. "有望再创新高 中俄贸易额全年将突破1100亿美元". ≪中国日报 中文网≫, 1면. https://china.chinadaily.com.cn/a/201912/14/WS5df4d31fa31099ab995f18b9. html (검색일: 2020.2.13).

张慈·邹宗翰. 2020.12.23. "中俄战机联合巡航 日韩绷紧神经". ≪德国之声≫. https://www.dw. com/zh/%E4%B8%AD%E4%BF%84%E6%88%98%E6%9C%BA%E8%81%94%E5 %90%88%E5%B7%A1%E8%88%AA-%E6%97%A5%E9%9F%A9%E7%BB%B7%E7 %B4%A7%E7%A5%9E%E7%BB%8F/a-56037587 (검색일: 2021.11.7.)

中华人民共和国·俄罗斯联邦. 2022.2.4. "中华人民共和国和俄罗斯联邦关于新时代国际关系和全 球可持续发展的联合声明(全文)". 中华人民共和国 中央人民政府. http://www.gov.cn /xinwen/2022-02/04/content_5672025.htm (검색일: 2022.2.7).

中華人民共和國 商务部. 2019.8.1. "商务部召开例行新闻发布会". 商务部例行新闻发布会, 1면. http://www.mofcom.gov.cn/xwfbh/ 20190801. shtml (검색일: 2020.1.20).

≪界面≫. 2021.4.15. "俄罗斯MTS携手华为开启5G第一批商用体验". https://www.huawei. com/cn/news/2021/4/mts-launch-5g-commercial-2021 (검색일: 2021.12.7).

≪界面≫. 2020.8.30. "任正非: 华为把对美国的投资转移到了俄罗斯". https://www.jiemian. com/article/4905139.html (검색일: 2021.12.5).

≪新华网≫. 2008.7.21. "中俄签署国界线东段补充叙述议定书及其附图". 中国新闻网. http:// www.chinanews.com/gn/news/2008/07-21/1319105.shtml (검색일: 2020.5.10).

≪人民网≫. 2019.8.16. "中俄农业合作新时代来了吗?" 1면. http://www.crc.mofcom.gov.cn/ article/doublestate/201911/414662.html (검색일: 2019.11.30).

≪BBC 中文≫. 2021.8.13. "中国俄国2021宁夏军事演习引发多方不同角度的关注". https://w ww.bbc.com/zhongwen/simp/world-58173421(검색일: 2021.10.23).

Cunningham, Nick. 2017.8.2. "Energy Implications of Tighter U.S. Sanctions on Russia." *THE FUSE.* http://energyfuse.org/energy-implications-tighter-u-s-sanctions-russia/ (검색일: 2020.2.10).

Danchenko, I., E. Downs and F. Hill. 2010. *One Step Forward, Two Steps Back? The Realities of a Rising China and Implications for Russia's Energy Ambitions.* Brookings.

Kubiak, Katarzyna. 2018. "The INF Treaty: European Perspectives on the Impending U.S. Withdrawal." *Arms Control Today*, 48(10).

Lo, Bobo. 2008. *Axis of Convenience: Moscow, Beijing and the New Geopolitics*. Chatham House.

Mearsheimer, John. 2016. "Conversation in International Relations: Interview with John J. Mearsheimer(Part I)." *International Relations*, 20(1).

Ministry of Foreign Affairs of the People's Republic of China. 2020.1.4. "Wang Yi Had Telephone Conversation with Iranian Foreign Minister Zarif." p.1. https://www.fmprc.gov.cn/mfa_eng/zxxx_662805/t1729558.shtml (검색일: 2020.2.11).

Nichols, Michelle. 2019.12.21. "Russia, Backed by China, Casts 14th U.N. Veto on Syria to Block Cross-border Aid." *Reuters*. https://www.reuters.com/article/us-syria-security-un/russia-backed-by-china-casts-14th-u-n-veto-on-syria-to-block-cross-border-aid-idUSKBN1YO23V (검색일: 2020.2.12).

Rozman, Gilbert. 2014. *The Sino-Russian Challenge to the World Order: National Identities, Bilateral Relations, and East versus West in the 2010s*. Stanford University Press.

_____. 2014.10.29. "Asia for the Asians Why Chinese-Russian Friendship is Here to Stay." *Foreign Affairs*, p.1. https://www.foreignaffairs.com/articles/east-asia/2014-10-29/asia-asians (검색일: 2020.2.11).

UN. 2008.7.21. "中俄签署关于中俄国界线东段补充叙述议定书及其附图." ≪新华网≫. http://world.people.com.cn/GB/7539216.html (검색일: 2019.7.21).

_____. 2011.10.4a. "Russia and China Veto Draft Security Council Resolution on Syria." *UN news*, p.1. https://news.un.org/en/story/2011/10/390412-russia-and-china-veto- draft-security-council-resolution-syria (검색일: 2020.1.12).

_____. 2011.10.4b. "Security Council Fails to Adopt Draft Resolution Condemning Syria's Crackdown on Anti-Government Protestors, Owing to Veto by Russian Federation, China." *United Nations*, p.1. https://www.un.org/press/en/2011/sc10403.doc.htm (검색일: 2020.1.12).

_____. 2016.1.25. "亚洲国家对俄投资"排名": 日本远超中国." ≪透视俄罗斯≫. http://tsrus.cn/jingji/caijing/2016/01/25/561153 (검색일: 2016.6.29).

_____. 2017.1.25. "中俄金融联盟总部基地入驻哈尔滨新区." 中华人民共和国 商务部. http://www.mofcom.gov.cn/article/resume/n/201701/20170102507909.shtml (검색일: 2019.11.2).

_____. 2017.2.28. "Russia, China Block Security Council Action on Use of Chemical Weapons in Syria." *UN NEWS*, p.1. https://news.un.org/en/story/2017/02/55236

2-russia-china-block-security-council-action-use-chemical-weapons-syria（검색일: 2020.2.11).

_____. 2018.9.20. "中俄地区合作发展投资基金确定未来投资重点". 新华社. http://xinhua-rss. zhongguowangshi.com/13701/-399551614614816961/4615569.html（검색일: 2019. 10.31).

_____. 2019.6.5. "俄中将投资10亿美元成立联合科技创新基金". 俄罗斯卫星通讯社. http://sput niknews.cn/china/201906051028670209/（검색일: 2019.10.31).

_____. 2019.9.2. "关于举办 开放创新·合作共赢 俄(天津)科技创新合作洽谈会的通知". 天津科技. http://kxjs.tj.gov.cn/xinwen/tzgg/201909/t20190903_146126.html（검색일: 2020.1.12).

_____. 2019.9.26. "上海中俄创新中心揭牌". 上海市人民政府. http://www.shanghai.gov.cn/nw 2/nw2314/nw2315/nw4411/u21aw1402884.html（검색일: 2020.1.12).

_____. 2019.10.31. "吉林省与俄罗斯科学院远东分院科技交流会 在长春召开". 吉林省科学技术厅. http://kjt.jl.gov.cn/xwzx/zwdt/201910/t20191031_6126567.html（검색일: 2020. 1.12).

_____. 2019.12.27. "中国同俄罗斯的关系". 外交部. https://www.fmprc.gov.cn/web/ jhdq_ 676201/gj_676203/oz_678770/1206_679110/sbgx_679114（검색일: 2020.1.23).

Ying, Fu. 2016. "How China Sees Russia- Beijing and Moscow Are Close, but Not Allies." *Foreign Affairs*, 1/2, pp.96~105.

제5장
트럼프-시진핑 시기 미중 간 북핵 문제에 대한 협력 변화, 원인 및 영향 분석

| 이영학 한국국방연구원 |

1. 서론

2017년 5월 출범한 문재인 정부는 북핵 문제 해결과 한반도 평화 체제 구축을 위해 노력했다. 2018년 초 김정은 위원장이 신년사를 통해 비핵화 의지를 표명하자 한국 정부는 이에 적극 호응했고, 평창동계올림픽을 계기로 남북관계 개선 및 화해의 분위기가 조성되면서, 남북정상회담이 2018년에 세 차례 개최되었다. 또한 2018년 6월에는 최초의 북미정상회담이 싱가포르에서 개최된 데 이어, 2019년 2월 말에 제2차 북미정상회담이 베트남 하노이에서 개최되었다. 북중 간에도 집권 이래 한 번도 대면하지 않았던 양 정상이 2018년에만 세 차례, 2019년에 두 차례, 총 다섯 차례 회담했다.

이처럼 전례 없는 남북, 북미, 북중 간 빈번한 정상회담은 북핵 문제 해결

---

*   이 장은 이영학 외, 「미중 경쟁이 북핵 문제에 미치는 영향 및 시사점」(한국국방연구원의 연구보고서, 2019)의 일부분을 수정·보완한 것이다.

과 한반도 평화 체제 구축의 목표를 실현하기 위해서는 남북의 노력에 더해서, 한반도 이슈의 주요 행위자인 미국과 중국의 협력이 반드시 필요하다는 것을 방증한다. 특히 세계적 G2 국가인 미국과 중국 간 관계는 북핵 문제를 포함한 한반도 이슈에 직간접적 영향을 미치고 있다.

이 글은 트럼프 행정부 출범 후 미중관계가 북핵 문제에 미치는 영향을 다룬다. 과거 오바마 행정부 시기 미중관계는 경쟁과 협력이 공존했고, 북핵 문제는 미중 간 협력의 이슈였다. 북한의 핵미사일 실험 도발에 직면해 미중 정상은 북핵 불용과 대북제재의 전면적 이행 공조를 확인하고, 유엔 안보리 결의의 완전한 이행을 포함해 한반도 비핵화를 실현하기 위한 협력을 강화했다(이영학, 2016: 47~68). 2017년 초 출범한 트럼프 행정부도 북한의 계속된 핵미사일 실험 도발에 대해 중국과 대북제재를 조율하며 협력을 강조했다. 그러나 2017년 말 트럼프 행정부는 중국을 '전략적 경쟁국'으로 명시했고, 이후 대중국 견제와 경쟁을 강화했다. 미중 간 무역 분쟁이 지속되었고, 남중국해, 대만, 중국 내 소수민족 인권 문제에 이르기까지 다양한 이슈에 있어서 경쟁이 심화되었다. 북핵 문제에서도 2018년 초 한반도 정세의 급격한 변화와 미중 간 전략적 경쟁의 심화를 배경으로 양국 간 북핵 문제에 대한 이견이 표출되고 협력이 약화되었다. 그러나 북핵 문제는 다른 이슈와 달리 다시 협력의 이슈로 복원되었다. 2018년 말 트럼프 대통령과 시진핑 주석은 통화 및 회담 등을 통해서 양국이 북핵 문제에 대해 협력하고 있다는 입장을 공식적으로 재확인했다.

그렇다면 미국과 중국은 상호 간 전략적 경쟁이 심화되고 있는 상황에서, 왜 북핵 문제에서는 협력을 강조했을까? 또한 미중 간 북핵 문제에 대한 협력은 왜 꾸준히 지속되지 못하고 약화되는 등의 변화가 나타났을까? 미중 간 북핵 문제에 대한 협력의 변화는 북한의 비핵화에 어떤 영향을 미쳤고, 한국 정부는 어떤 노력을 해야 할까?

이 글의 목적은 이러한 질문들에 대한 해답을 찾는 것이다. 즉 미중 간 전략적 경쟁 심화를 배경으로 양국 간 북핵 문제에 대한 협력의 변화를 검토하고, 협력 변화의 원인 및 영향을 분석함으로써 한국에 대한 정책적 시사점을 제시하고자 한다.

트럼프 행정부 출범 이후 미중관계가 북핵 문제에 미친 영향을 다룬 연구들은 주로 미중의 안보 전략, 국방 전략, 지역 및 대한반도 정책 등을 분석하고 거시적·중장기적으로 변화를 전망하고 있는 데 반해(박창권 외, 2018; 신종호 외, 2017; 신종호 외, 2018), 이 글은 최근 전개되고 있는 미중 경쟁 심화가 북핵 문제에 미치는 영향에 대한 미시적 분석에 초점을 맞추고 있다. 따라서 이 글은 북핵 문제에 영향을 미치는 외생 변수 중 가장 중요하다고 판단되는 미중관계의 영향을 분석하는 데 한정되며, 북핵 문제에 영향을 미치는 다양한 요인을 식별해 분석하지 않는다는 점을 밝혀둔다.

이 글의 구성은 다음과 같다. 우선 2절과 3절에서 각각 미중 간 전략적 경쟁의 심화 양상과 미중 간 북핵 문제에 대한 협력의 변화를 검토한다. 4절에서는 미중 간 전략적 경쟁의 심화 추세하에 양국 간 북핵 문제에 대한 협력 변화의 원인 및 이러한 변화가 북핵 문제 해결에 어떤 영향을 미쳤는지 분석한다. 5절에서는 앞의 분석을 토대로 결론을 내리고, 한국에 대한 정책적 시사점을 제시한다.

2. 미중 간 전략적 경쟁의 심화

2017년 초 출범한 트럼프 행정부는 2018년을 거치면서 중국을 '전략적 경쟁국'으로 명시하고, 협력보다는 경쟁과 견제에 방점을 찍었다.[1] 미국의 정책결정자 및 전문가들은 중국이 강력하게 부상하면서 미국의 세계적 리더십에 도전하고, 경제적 중상주의 및 위협적인 행태들을 취하고 있다고 비판했다. 이에 따라 양국이 강력한 경쟁의 시대에 접어들게 되었고, 기존의 대중국 관여 정책이 더 이상 미국의 이익에 도움이 되지 않는다고 판단했다. 미행정부, 의회, 기업 및 학계는 대중국 무역, 투자, 군사 교류, 학생 및 학술 프로그램 지원 등 오랫동안 유지해 온 협력 프로그램을 폐기했다(Bader, 2018).

트럼프 행정부는 국가안보 및 국방 전략의 핵심 전략서인 국가안보전략 (NSS)과 국가국방전략(NDS)에서 중국과 러시아를 '수정주의 국가'로 명시하고, 이들과의 장기적이고 전략적인 경쟁이 미국의 안보와 번영에 주요한 도전이라고 적시했다. 특히 중국을 '전략적 경쟁국'으로 규정하면서, 중국이 인도-태평양 지역에서 미국을 대체하고, 국가 주도 경제 모델의 영향력을 확대하며, 지역 질서를 자신의 선호에 맞게 재구축하려 하고 있다고 비판했다(The White House, 2017; U.S. Department of Defense, 2018). 또한 마이크 펜스(Mike Pence) 부통령은 2018년 10월 허드슨 연구소 연설에서 중국의 경제 정책, 군사 전략, 대외정책 및 인권 문제 등 전반에 대해 비판하면서 미국이 "공정, 호혜, 주권 존중에 기반한" 새로운 대중국 정책을 추구할 것이라고 강조했다 (The White House, 2018d).

미국 내 부정적인 대중국 인식은 행정부보다 의회에서 더욱 강하게 표출되었다. 미 의회는 2018년 8월 트럼프 대통령이 서명한 '2019 국방수권법'에서 "중국과의 장기적인 전략적 경쟁이 미국의 주요 우선순위"임을 선언하면서, 중국의 도전으로부터 미국의 안보를 보호 및 강화하기 위해 외교, 경제, 정보, 법 집행, 군사 요소를 포함한 국력의 복합적 통합을 강조했다(Congress,

---

1 기존의 미국의 대중국 정책은 통상적으로 '협력과 경쟁의 결합'으로 이해된다. 마이클 필스버리 (Michael Pillsbury)는 "닉슨 대통령이 1971년 중국과 관계를 개선한 이래, 미국의 대중국 정책은 대부분 중국의 부상을 돕기 위해 건설적 관여(constructive engagement)를 추구하는 이들에 의해 결정되어 왔다. 이러한 정책은 수십 년간 8명의 미 대통령 행정부 동안 오직 미미한 변화만 있었을 뿐, 유지되어 왔다"라고 설명하고 있다(Pillsbury, 2016: 6).

2018).

미중관계를 영역별로 살펴볼 때, 안보·군사 관계는 남중국해, 동중국해 및 아시아 지역 내 전략적 경쟁 등을 둘러싸고 긴장이 지속되었다. 미국은 중국이 남중국해상 주변국과의 영유권 분쟁 지역에서 인공섬을 건설하고 군사화를 진행한 데 대해, '항행의 자유' 작전을 지속하면서 맞대응했다. 2018년에는 남중국해상 중국의 공세적 행태를 이유로 림팩(RIMPAC) 훈련 초청을 취소하기도 했다. 또한 미국은 동중국해 센카쿠 열도(중국명 댜오위다오)에서의 중국의 군사 행동 증가를 미일 상호방위조약에 근거해 미국의 대일본 안보 보장에 대한 도전으로 인식했다. 한편 미국은 중국이 러시아, 이란, 파키스탄과의 파트너십을 강화하는 데 대해서, 이를 미국의 안보 및 경제 이익에 도전하기 위한 레버리지로 활용하고 있다고 인식했으며, 중국이 러시아로부터 무기를 구매한 데 대해 중국군에 대한 제재를 부과했다. 특히 군사적 측면에서 미국은 중국의 군사력이 인도·태평양 지역 내 미군의 작전 수행에 도전하고 있으며, 분쟁 시 미국의 군사력 투사에 중대한 장애가 될 것으로 인식했다(The U.S.-China Economic and Security Review Commission, 2018).

경제·무역 측면에서, 트럼프 대통령이 2018년 7월과 8월에 500억 달러 규모의 중국산 수입품에 대해 25% 관세를 부과함으로써 세계 1, 2위 경제대국 간 무역 전쟁의 신호탄을 쏘아 올린 후, 양국은 수차례의 추가 관세 부과 및 보복 관세를 통해 맞대응하는 동시에, 협상도 단속적으로 진행했다. 이후 양국은 2019년 10월 11일 1단계 협상을 타결했으나, 트럼프 행정부가 목표했던 구조적 문제 등 핵심 쟁점들이 미해결로 남겨진 '스몰딜', 또는 '미니딜'이라는 평가를 받았다. 미중 양국은 전선을 확대하고 주요 쟁점에 대해 자국의 입장을 강경하게 고수해 갈등 수위를 높이면서도 결정적 파국에 이르는 선택은 회피하는 '투이불파'의 양면성을 보였다. 무역 불균형 문제에서 시작해 전선을 기술 및 산업 정책, 기술 탈취, 발전 모델의 문제로 확대하고, 이 과정에서 수차례 무역 협상이 결렬되는 등 미중 양국은 확전을 과감하게 선택하기도 했으나, 결정적 순간에는 다시 협상을 재개하는 모습을 보였다. 미국과 중국은 무역 불균형의 시정, 공급 사슬의 재편, 기술 경쟁 등 다양한 쟁점들을 동시다발적으로 제기했으며, 경쟁과 갈등의 장으로서 양자, 지역, 다자 구도를 긴밀하게 연계해 자국에 유리한 세계 경제 질서를 구축하는 게임을 전개했다(이승주, 2019: 1~15).

미국 내 중국 전문가들은 현재 미중 간 경제 관계가 실질적인 무역 전쟁으로까지 악화되었고, 군사 관계 역시 억지력 차원뿐만 아니라 인도·태평양 지역 내 전쟁에서 승리할 수 있는 군사력을 건설하기 위해 경쟁하고 있다고 분석했다(Cordesman, 2018). 중장기적으로도 경제 분야에서는 중국의 지속적인 경제발전 및 첨단 산업 투자 증대로 인해 미중 간 구조적이고 전략적인 경쟁이 더욱 심화될 것이며, 특히 해양·우주·사이버 등 전략 영역과 아시아 지역 내 영향력 차원에서도 경쟁이 심화될 것으로 전망했다.

중국은 미국의 대중국 정책 전환과 달리, 기존의 대미국 정책을 고수했다. 2017년 1월에 발간된 『중국의 아·태 안보 협력 정책』 백서에서는 "중국은 미중관계가 지속적이고 건강하며 안정적으로 발전하도록 추진해 나가기를 원하며, 미국의 새로운 행정부와 함께 노력해서 '충돌하거나 대결하지 않고, 상호 존중하며 협력해 윈윈'하는 원칙을 견지해, 양국이 양자, 지역 및 글로벌 차원에서 각 영역의 협력을 확대하고, 이견은 건설적인 방식으로 관리·통제하며, 미중관계가 새로운 기점에서 더욱 커다란 발전을 얻도록 추진해 나갈 것을 기대한다"라고 천명했다(中华人民共和国国务院新闻办公室, 2017).

중국은 트럼프 행정부의 전방위적 압박 및 견제에 대해 이슈별 원칙적 입장을 고수하고, "협력은 확대하고 이견은 관리한다"라는 방침을 강조했다. 트럼프 행정부의 대규모 관세 부과에 대해, 보복 관세를 부과하며 맞대응하되 미중 간 경제·무역 협력의 본질은 호혜 공영임을 주장하고, 미국의 요구를 일정 부분 수용하면서 무역 분쟁을 종결하기 위한 협상을 추구했다.

또한 중국은 트럼프 행정부의 인도·태평양 전략에 대해 미국이 일본, 인도, 호주 및 파트너 국가들과 안보 및 경제협력을 통해 대중국 견제를 강화하고 중국의 부상을 저지하려는 시도로 인식했다. 이에 대응하기 위해 군사력, 특히 해군력 건설을 강화하고, 일대일로 전략을 더욱 심화·발전시키면서 연선 국가 및 국제사회의 지지를 획득하며, 러시아, 상하이협력기구 및 브릭스(BRICS) 국가와의 전략적 관계를 강화하는 동시에 일본, 인도, 호주를 미국과의 안보 협력 기제에서 분리해 내려는 노력도 전개했다(王竟超, 2019: 63~71).

중국의 저명한 미국 전문가는 미국의 대중국 정책에 실질적인 변화가 나타나고 있으며, 미중관계가 전략적 변화의 시기에 들어섰다고 진단했다. 이에 따라 중국은 냉정하고 침착하게 대응해야 하며 갈등을 완화하고 경쟁을 관리하기 위해 노력하면서, 양국 관계의 긍정적 요인이 발현되도록 해야 한다고 강조했다(陶文钊, 2019: 35).

중국이 이처럼 미중관계를 안정적으로 관리해 나가려는 이유는 중화민족의 위대한 부흥이라는 '중국의 꿈'을 실현하기 위해서 기존의 세계 패권국인 미국과의 안정적인 관계가 매우 중요함을 인식하고 있기 때문이다. 미국과의 전면적 갈등이나 대결을 야기한다면 중국의 평화적 부상은 상당 기간 지체 내지 후퇴할 가능성이 높다.

종합해 볼 때, 미국의 대중국 인식과 정책이 경쟁과 견제로 전환되었고, 이는 중장기적으로 지속될 가능성이 높다. 중국은 미중관계를 안정적으로 관리하기 위해 노력하고 있음에도 불구하고 미국의 요구를 일방적으로 수용할 수 없다. 통상적으로 미중관계는 미국의 주도와 중국의 대응으로 전개되어 왔다. 따라서 미중관계는 정세와 이슈에 따라 정도의 차이가 있을지언정 전략적 경쟁이 지속될 가능성이 높다. 그러나 미중 간 전략적 경쟁은 양국 간 군사적 충돌이나 전쟁으로 격화되거나 미소 냉전기처럼 양 진영 간 전면적 대결로 귀결될 가능성은 높지 않다고 판단된다. 미중 간 핵무기 공포의 균형, 다양한 영역에서 상호 의존 및 글로벌 도전에 대한 협력의 필요성, 기존에 구축된 다양한 소통 기제, 동맹 및 파트너 국가들의 미중 양자 간 선택 회피 경향 등이 양국 간 군사적 충돌 가능성을 완화하는 요인으로 작용할 것이기 때문이다. 따라서 미중관계는 영역 및 이슈별로 전략적 경쟁의 심화 속에서도 관여 노력을 지속하는 '경쟁 심화 추세하, 관여 노력 유지'로 발전할 가능성이 높을 것으로 전망된다.

3. 미중 간 북핵 문제에 대한 협력의 변화

미중 간에는 경제·무역, 안보·군사, 중국 국내 문제에 이르기까지 거의 모든 영역과 이슈에서 이견과 경쟁이 심화되었지만, 북핵 문제에 대해서만큼은 협력을 강조했다. 펜스 부통령은 2018년 10월과 2019년 10월 두 차례의 대중국 연설에서 중국의 경제, 군사, 대외정책 등에 대해 거친 비판을 쏟아냈지만, 유독 한반도 문제에서만큼은 트럼프 행정부가 중국 정부와 협력해 왔음을 강조했다.[2] 폼페이오 국무장관도 2018년 5월 첫 미중 외교장관 회담에서 경제·무역 관계, 남중국해 이슈, 인권 및 종교의 자유 등에 대해 비판적이었으나, 북핵 문제에서만큼은 협력을 강조했다.[3]

---

2 펜스 부통령은 2018년 10월 허드슨 연구소 연설에서 "트럼프 대통령은 취임 이후 지난 2년간 중국 국가주석과 강력한 개인적 관계를 맺어왔고, 한반도의 비핵화와 같이 공동의 이익 이슈에 대해 긴밀하게 협력해 왔다"라고 언급했다(The White House, 2018d).

3 폼페이오 장관은 "중국 측과 6월 12일로 예정된 북미정상회담 준비에 대해 논의하고 중국 측 의견을 경청했다. 한반도의 CVID 이전까지 대북 압박과 유엔 안보리 결의 이행을 지속할 것이다. 미국, 중국, 한국, 일본은 북한 비핵화 시 북한의 밝은 미래를 보장하고 있다"라고 언급했다(U.S. Department of State, 2018a).

그러나 트럼프 행정부가 북핵 문제에서 중국과 항상 협력을 추구한 것은 아니다. 트럼프 대통령은 2018년 5월 말 중국이 미중 간 무역 문제 때문에 북미정상회담을 방해하고 있다고 주장하면서 6월로 예정된 북미정상회담을 취소하려 했고, 싱가포르정상회담 이후 북미 간 비핵화 협상이 교착상태에 빠지자 중국이 북핵 문제에 있어서 미국을 돕지 않는다고 비난하면서 폼페이오 장관의 예정된 북한 방문을 취소하기도 했다. 따라서 트럼프 행정부 출범 이후 현재까지 미중 간 북핵 문제에 대한 협력의 양상에 대해 구체적으로 검토해 볼 필요가 있다.

1) 2017년: 협력

2017년 초 트럼프 대통령 취임 후 2017년 후반까지, 미중은 북핵 문제에 대해 협력했다. 양 정상은 4월 6일 개최된 첫 회담에서 북핵 문제를 중요 의제로 논의하고 북핵 위협의 심각성 및 해결의 긴박성에 대해 인식을 공유하면서, 한반도 비핵화 목표와 유엔 안보리 대북제재 결의의 충실한 이행에 합의했다.

2017년 1월 20일 취임한 트럼프 대통령은 북핵 및 북한 문제 해결을 대외정책의 우선순위에 놓고 중국을 통한 북핵 문제 해결을 추구했다. 트럼프 대통령은 2017년 2월 23일 로이터 통신과의 인터뷰에서 "북한의 핵위협이 매우 위험한 상황"이고, "중국은 자신들이 원하면 북한이 야기하는 안보 위험을 아주 쉽게 해결할 수 있을 것"이라고 언급했고, 4월 30일 CBS와의 인터뷰 및 펜실베이니아 연설에서도 "중국이 북한 상황을 해결하려는 미국을 돕고 있다. …… 시 주석은 북한 문제를 다루기를 원하는 좋은 사람이며, 중국이 대북 문제에서 엄청난 힘을 갖고 있다"라고 했다(≪연합뉴스≫, 2017.2.24; ≪연합뉴스≫, 2017.4.30).

이후 북한의 미사일 발사 도발이 6월까지 이어지자 미국은 북핵 문제 해결을 위한 중국의 더욱 적극적인 노력을 견인하기 위해서 대만, 은행 제재, 남중국해, 경제·무역 등의 이슈와 연계해 중국을 압박했다. 6월 29일 미 국무부는 대만에 7개 품목 약 14억 달러 규모의 무기 판매를 승인했고, 6월 29일 미 재무부는 중국 단둥은행을 돈세탁 우려 기관으로 지정했으며, 7월 2일에는 미 구축함 스테텀호가 서사군도(西沙群島)에서 '항행의 자유' 작전을 수행했다. 트럼프 대통령은 이미 북핵 문제에 대해서 중국이 협력하면 미중 간 경제·무역 관계가 좋아질 것이라면서 두 이슈의 연계 방침을 여러 차례 밝혀왔다.[4]

이러한 상황에서 7월 3일 트럼프 대통령은 시 주석과 전화 통화를 갖고 미국이 독자적으로 북한을 압박할 준비가 되어 있다고 언급했다(*The New York Times*, 2017.7.3). 즉 미국은 중국으로 하여금 대북제재를 더욱 강화하도록 하기 위해 대만 및 경제 이슈 등을 연계해 압박한 후에, 중국이 적극적으로 노력하지 않으면 미국이 북한에 대한 군사 행동을 포함해 독자적인 행동을 할 수 있다고 경고한 것이다.

중국은 2017년 북한의 지속적인 핵미사일 도발과 이에 대한 트럼프 행정부의 군사적 대응 가능성, 그리고 이로 인한 한반도의 군사적 충돌 및 불안정 사태를 가장 우려했고, 이를 방지하기 위해 외교적 노력을 경주했다. 이러한 가운데, 트럼프 대통령이 북핵 문제를 대만, 경제·무역 등 다른 이슈와 연계해 압박하자, 중국은 대외적으로는 이슈별 원칙적 입장을 강조하면서 분리 대응할 것임을 천명했으나,[5] 실질적으로는 미국의 요구를 일정 부분 수용했

---

4   트럼프 대통령은 4월 12일 WSJ와의 인터뷰에서 중국을 환율조작국으로 지정하지 않을 것이며, 지금 지정하면 북한의 위협과 관련한 중국과의 대화를 위험하게 할 수 있기 때문이라고 언급하면서, 시진핑 주석과의 정상회담 때 북한 문제 해결을 도와주면 무역 협상에서 양보할 수 있다고 제안했다고 밝혔다(≪중앙일보≫, 2017.4.13).

다. 중국은 북핵 문제에 대한 미국의 요구를 수용할 경우 미국이 중국에 대한 경제적 압박을 완화할 것으로 기대했다(*The New York Times*, 2018.8.25). 또한 중국은 북한의 계속된 도발을 비판하면서 대북제재를 강화해 왔기 때문에, 미국의 대북제재 강화 요구는 수용할 수 없는 것이 아니었다.

이후 미중은 북한의 계속된 도발에 대해 강력한 대북제재를 조율하며 협력했다. 7월 4일과 28일 북한의 ICBM급 화성 14형 발사에 대해 유엔 안보리 결의 2371호가 8월 5일 채택되자, 트럼프 대통령은 다음 날인 6일 백악관 성명을 통해 중국의 협력에 사의를 표명했다. 특히 주목되는 양 정상 간 협력은 9월 3일 북한의 제6차 핵실험 감행 이후 3일 만에 이루어진 전화 통화에서 잘 드러난다(中国外交部, 2017c). 언론들은 양 정상 간 의견 조율이 안보리 결의 2375호가 북한의 6차 핵실험 후 9일 만에 신속하게 채택된 배경으로 분석했다. 니키 헤일리(Nikki Haley) 유엔 주재 미국 대사도 "이번 안보리 결의는 트럼프 대통령과 시진핑 주석 간 강력한 연대가 없었다면 이렇게 빨리 채택되지 못했을 것"이라고 밝힌 바 있다. 이후 11월 9일 미중 양 정상은 세 번째 정상회담을 개최하고 북핵 문제에 대한 협력을 확인했고,[6] 11월 29일 북한이 화성 15형 ICBM급 미사일 발사 도발을 감행한 데 대해서도 전화 통화를 하고 협의했다(中国外交部, 2017d).

---

5   7월 31일 중국 상무부 부부장 첸커밍(錢克明)은 "북핵 문제와 미중 무역은 완전히 다른 영역의 문제로서 관련성이 없으며 함께 논의할 수 없다"라고 했다(中华人民共和国中央人民政府, 2017).

6   미국은 한반도 핵 문제에서 중국의 중요 역할을 고도로 중시하고, 중국과 협력해 한반도 비핵화 목표 실현을 추진하기를 희망한다고 강조했다. 양측은 국제 핵 비확산 체계 수호 및 한반도 비핵화 목표 실현에 진력하고, 양국이 대화와 협상을 통해 최종적으로 한반도 핵 문제를 해결하는 데 공동목표를 갖고 있음을 강조하며, 한반도 평화 안정 수호에 진력하고 있다는 입장을 표명했다(≪新华网≫, 2017.11.9a; ≪新华网≫, 2017.11.9b).

2) 2018년 초중반: 이견 표출

2018년 초반 북미정상회담 개최 합의 시부터 2018년 6월 싱가포르정상회담 전후까지, 미중 간 북핵 문제에 대한 이견이 표출되었다. 트럼프 대통령은 중국이 미중 간 무역 마찰 때문에 대북제재를 완화하고 북미 간 정상회담을 포함한 비핵화 협상을 방해하고 있다고 주장했으나, 중국은 이를 일축했다. 북핵 문제 해결의 변곡점으로 여겨지는, 역사적으로 최초인 북미정상회담 개최를 둘러싸고 미중 간 이견이 표출된 것이다.

2018년에 들어서자 한반도의 긴장 정세는 급격히 완화되었다. 김 위원장이 신년사에서 비핵화 및 남북관계 개선 의지를 피력하자 한국 정부는 이에 적극 호응했고, 2월 평창동계올림픽을 계기로 남북관계 개선, 더 나아가 북한의 비핵화 및 북미 관계 개선을 위한 외교적 프로세스가 시작되었다. 정의용 청와대 안보실장은 김 위원장을 만나고 온 직후인 3월 8일 트럼프 대통령에게 김 위원장의 비핵화 및 북미 관계 개선 의지를 전달했고, 트럼프 대통령은 북미정상회담 개최 제안을 전격적으로 수용했다(The White House, 2018a).

트럼프 대통령은 북핵 문제를 북미 양 정상 간 협상을 통해 해결할 수 있을 것으로 자신하게 되자 중국과 협력할 필요성을 낮게 보았고, 이에 따라 경제·무역 이슈에 있어서 대중국 압박을 시작했다. 미국은 2018년 2월 중국산 태양광 패널과 세탁기에 세이프가드를 발동한 데 이어, 3월에는 중국산 철강 및 알루미늄 수입품에 대해 각각 25%와 10%의 관세를 부과했고, 22일 500억 달러 규모의 중국산 수입품에 대한 대규모 관세 부과 명령에 서명했다.

사실상 트럼프 대통령은 2017년 후반부터 북핵 문제에 대한 중국의 협력에도 불구하고 중국과의 무역 분쟁을 준비하기 시작했다. 2017년 8월 5일 유엔 안보리의 대북제재 결의 통과 후, 트럼프 대통령은 다음 날인 6일 중국의 협력에 사의를 표명했다. 그러나 이로부터 며칠 지나지 않은 14일에 중국의 지식재산권 침해와 강제적 기술 이전 요구 등 부당한 관행을 조사토록 하는 대통령 각서에 서명해, 향후 1년간 조사 결과를 통해 '통상법 301조'에 의한 각종 무역제재를 부과할 수 있는 가능성을 열어놓았다. 로스 상무장관도 9월에 개최된 한 세미나에서 "북한 문제와 미국이 더 나은 무역정책을 갖는 것 사이에는 아무런 논리적인 충돌이 없다"라고 하면서, 미국이 북핵 해결을 위해 중국의 적극적 역할을 주문하는 것과 미중 무역 불균형 해소는 별개 사안이라는 입장을 표명한 바 있다.

중국은 미국의 대중국 경제·무역 압박이 강화되면서 한반도 정세가 급격히 변화하자, 북중정상회담을 통해 북핵 및 북한 문제에 대한 중국의 영향력을 보여주었다. 2018년 3월 25일부터 28일까지 김 위원장이 중국을 방문해 시 주석과 첫 정상회담을 개최했는데, 이는 양 정상이 각각 2011년 말과 2012년 말에 집권한 이래 처음 대면한 회담이다(≪人民网≫, 2018.3.28). 시 주석은 북중정상회담 결과를 바로 트럼프 대통령에게 전달했고, 트럼프 대통령은 3월 28일 트위터상에 "지난밤 시 주석으로부터 김정은과의 만남이 매우 잘됐고 김정은이 나와의 만남을 고대하고 있다는 메시지를 전달받았다"라고 밝혔다(*The Washington Post*, 2018a). 중국은 북중정상회담을 통해 이른바 '차이나 패싱론'을 불식하고 미중 간 협력 필요성을 어필한 것이다. 이후 5월 7일 2차 북중정상회담이 중국 다롄에서 개최되었다. 1차 북중정상회담 후 40여 일 만에 개최된 회담에서 양 정상은 남북 및 북미 대화 진행 상황과 관련해 북중 간 전략적 소통 및 협력 강화 등을 논의했다(≪新华网≫, 2018.5.8).

이러한 상황에서 6월로 예정된 북미정상회담을 앞두고 북한의 입장이 강경해지자, 트럼프 대통령은 중국이 미중 간 무역 마찰에 대한 레버리지로서 대북한 영향력을 활용해 북미 간 비핵화 협상을 방해하고, 대북제재를 완화하는 등 미국을 돕지 않는다고 주장했다. 김계관 북한 외무성 제1부상이 5월 16일 북미정상회담 철회 가능성을 언급하자, 트럼프 대통령은 다음 날인 17일

"최근 북한의 태도 변화는 2차 북중정상회담 이후에 발생했다고 생각한다. 중국은 미국과 무역 문제를 갖고 있는데, 이는 전에 없던 것으로서 시 주석이 김정은에게 영향을 미치고 있을 수 있다"라고 언급했다. 또한 트럼프 대통령은 5월 22일 "시 주석은 최고 수준의 협상가로서, 북한의 태도가 달라진 것은 북중 2차 정상회담 이후였다. 중국과의 무역 협상 시, 중국이 북미 간 평화를 돕기 위해 하고 있는 일들을 고려하고 있으며, 이는 매우 중요하다. 한편 최근 중국의 대북한 제재가 국경 지역에서 완화되고 있는 문제가 있다"라고 언급했다(The White House, 2018b).[7]

중국 정부는 이를 일축했다. 왕이 외교부장은 5월 23일 개최된 미중 외교장관 회담에서 북미정상회담에 대한 지지를 공식적으로 표명했다. 왕 부장은 중국이 북미정상회담을 지지하며, 회담이 계획된 대로 개최되고 성공하기를 기대한다고 언급하는 동시에, 중국이 유엔 안보리 결의를 계속 이행하는 등 국제적 의무를 준수할 것이며, 한반도의 평화와 안정 유지를 위해 계속 노력할 것임을 강조했다(U.S. Department of State, 2018a).

그러나 트럼프 대통령은 6월 12일 싱가포르정상회담 직후 가진 단독 기자회견에서도 중국을 비판했다. 트럼프 대통령은 "중국은 매우 협조적이었다. 그러나 지난 2개월간 북중 국경은 처음 제재 시작 때보다 열려 있었다. 미국과 중국은 무역 관련 힘든 협상을 하고 있었으며, 그것이 중국에게 다소 영향을 주었을 것으로 생각한다. 그러나 미국은 중국으로부터 막대한 무역적자를

---

7   트럼프 대통령의 주장과 관련해 중국이 북한의 비핵화 문제를 해결하기 위한 방법으로서 북미 간 직접 협상을 주장해 왔음을 고려할 때, 미중 간 무역 분쟁에서의 협상 레버리지를 위해 북미정상회담 개최에 부정적 영향을 미쳤을 것으로 보기 어렵다. 다만 중국은 북한 측에 북미 협상 시 한미 연합 군사훈련에 대한 우려를 제기토록 요구했던 것으로 관측된다. 6월 12일 북미정상회담의 싱가포르 공동성명 및 합의에는 중국의 정책적 선호와 일치하는 한미 연합 군사훈련의 연기와 평화조약 논의 시작이 포함되어 있기 때문이다. CSIS의 수미 테리(Sue Mi Terry)는 "김 위원장이 트럼프 대통령에게 요청하고 트럼프 대통령이 선언한 한미 연합훈련 중단은 결국 부분적으로는 시 주석의 요청이라고 생각된다. 이는 중국이 원했던 것이기 때문이다"라고 분석했다(CSIS, 2018).

안고 있으며, 그에 대해 조치를 취할 것이다"라고 했다(The White House, 2018c).

3) 2018년 중후반: 협력 약화

2018년 6월 싱가포르정상회담 이후 10월 폼페이오 장관의 방중 이전까지, 미중 간 북핵 협력은 약화되었다. 트럼프 대통령은 계속해서 중국이 북한의 비핵화를 위한 미국의 노력을 돕지 않는다고 비난했으나 중국은 무역 분쟁에 대한 대응에 집중했고, 북핵 문제에 대한 양국 간 협력은 약화되었다. 양국 간 한반도 비핵화의 목표와 주요 방법론에 대한 인식 공유 및 협력 확인이 이루어지지 않음으로써 북미 간 비핵화 협상 진전에 장애가 된 것이다.

미중 간 무역 마찰은 이미 대규모 무역 전쟁으로 확전되고 있었다. 2018년 7월과 8월 미국이 각각 340억 달러와 160억 달러 규모의 중국산 수입품에 대해 25% 관세를 부과하자, 중국 역시 동일한 규모와 세율로 보복 관세를 부과했다. 9월에도 미국은 2000억 달러 규모의 중국 제품에 10% 관세를 부과했고, 중국은 600억 달러 규모의 미국 제품에 5~10%의 보복 관세를 부과했다.

이러한 상황에서 7월 6일 폼페이오 장관의 방북 및 북미 간 비핵화 협상이 별다른 성과를 내지 못하자, 트럼프 대통령은 7월 9일 또다시 트위터를 통해 중국이 미중 간 무역 분쟁에 대한 지렛대로서 북한의 입장이 강경해지도록 영향을 미칠 가능성에 대해 경고했다.[8] 또한 8월 24일에는 미중 간 무역 분쟁을 북미 간 비핵화 협상과 연계하면서 8월 마지막 주초로 예정된 폼페이오 장관의 4차 방북 계획을 취소했다. 트럼프 대통령은 "폼페이오 국무장관에게 지금 시점에 북한에 가지 말도록 했는데, 이는 한반도 비핵화 관련 충분한

---

8   트럼프 대통령은 7월 9일 트위터를 통해 "김정은이 북미 간 합의와 악수를 존중할 것으로 확신한다. 우리는 북한의 비핵화에 대해 합의했다. 반면에 중국은 미국의 대중국 무역 태세로 인해 (북핵) 협상에 부정적 압력을 행사하고 있을지도 모르겠으나, 그러지 않기를 기대한다"라고 언급했다.

진전이 없다고 생각되기 때문이다. 중국이 미국의 강경한 대중국 무역 입장 때문에 과거처럼 비핵화 과정에서 돕지 않고 있다. 폼페이오 장관은 가까운 시기, 미국의 대중국 무역 관계가 해결된 이후, 북한 방문을 기대하고 있다"라고 했다.[9] 8월 29일에도 트위터를 통해 "미국의 대중국 무역 분쟁 때문에, 북한이 중국의 거대한 압박하에 있다는 것을 알고 있으나, 동시에 중국이 북한에 많은 원조를 하고 있다는 것 역시 알고 있으며, 이는 도움이 되지 않는다"라고 비판했다.

중국은 이에 대해 배신감을 느낀 것으로 알려졌다. 북핵 문제에 대해 미국과 협력했지만, 미국은 약속과 달리 중국에 대해 경제적 압박을 가하고, 관세를 부과하면서 무역 전쟁을 시작했다는 것이다. 실제로 8월 3일 싱가포르에서 개최된 미중 외교장관 회담에서 폼페이오 장관이 북한의 '최종적이고 완전히 검증된 비핵화(FFVD)' 이행과 유엔 안보리의 대북제재 결의 이행의 중요성 등 북핵 문제를 강조한 것과 달리, 왕이 부장은 미중관계가 관건적 시점에 처해 있다면서 양국 간 갈등 이슈의 해결을 강조했다(U.S. Department of State, 2018b; 中国外交部, 2018).

4) 2018년 10월~2019년 12월: 협력 재확인

2018년 10월 폼페이오 장관의 방중 이후, 미중은 북핵 문제에 대한 협력을 재확인했다. 양국 정부는 10월부터 외교장관 회담, 외교 안보 대화, 양 정

---

9   《워싱턴 포스트》는 "트럼프 대통령은 중국이 비핵화 이슈에 대해 협력하지 않는다고 비난하면서 비핵화 이슈를 미중 간 고조되고 있는 무역 전쟁에 연계하려 하고 있다"면서, "트럼프의 전략은 현재 진행 중인 무역 전쟁의 위협하에, 시 주석을 설득해 김 위원장에 대한 영향력을 사용하도록 함으로써, 미국이 비핵화 대화를 재개할 수 있도록 (북한으로부터) 중요한 양보를 얻어내는 데 목적이 있는 것"으로 분석하고, "이는 서로 상관없는 목표를 혼동한, 분별없고 위험한 것"이라고 비판했다 (*The Washington Post*, 2018b; *The Washington Post*, 2018c).

상 간 전화 통화 및 회담을 연이어 가지면서 북핵 문제에 대한 이견을 봉합하고 협력을 재확인했다.

2018년 10월 폼페이오 장관은 양제츠 주임 및 왕이 부장과 회담을 갖고 김 위원장이 싱가포르에서 합의한 북한의 FFVD 실현을 위해 미중이 압박 캠페인을 함께 유지하고 있음을 확인했다(U.S. Department of State, 2018c). 또한 11월 9일 워싱턴에서 개최된 제2차 미중 외교 안보 대화에서도 양측은 트럼프 대통령과 김 위원장이 천명한 대로 최종적이고 완전히 검증된 한반도 비핵화를 달성하기 위한 지속적 약속 이행을 강조했다(U.S. Department of State, 2018d).

트럼프 대통령도 11월 1일 시 주석과 전화 통화를 하고 양국 간 무역 및 북핵 문제를 논의한 데 이어서, 12월 1일 아르헨티나 G20 정상회의 계기에 개최된 회담에서 시진핑 주석과 북한 이슈에 대해 협력하기로 했음을 강조했다. 트럼프 대통령은 "우리는 과거와 달리, 북한에 대해 매우 강력히 노력할 것임을 동의했다. 시 주석은 북한에 대해 100퍼센트 나와 함께 노력할 것임을 동의했다. …… 북한 관련 대단한 진전이 이루어져 왔으며, 트럼프 대통령은 시 주석과 함께 한반도 비핵화를 실현하기 위해 김 위원장과 함께 노력하기로 합의했다"라고 천명했다(The White House, 2018e). 양 정상은 12월 30일에도 전화 통화를 갖고, 북핵 문제에 대한 협력을 재확인했다.

트럼프 대통령은 2019년 2월 28일 제2차 북미정상회담 종료 후 가진 기자회견에서 중국이 이번 회담에 커다란 도움을 주었다고 언급했다(The White House, 2019). 지난 1차 북미정상회담 직후 중국을 비난했던 것과는 전혀 상반된 평가였다. 폼페이오 장관도 3월 1일 양제츠 주임과 전화 통화를 하고, 제2차 북미정상회담 결과를 공유하면서 양국 간 소통과 협력을 강조했다(中国外交部, 2019).

이후 미중 간 추가 관세 및 보복 관세 부과 등의 무역 전쟁과 중국의 통신

장비업체 화웨이에 대한 미국의 제재 등 기술 경쟁이 한층 격화되는 상황에서도 북핵 문제에 대한 협력 방침은 유지되었다. 2019년 5월 미국은 중국산 수입품 2000억 달러 규모에 부과하던 관세율을 25%로 인상하고, 나머지 3000억 달러 규모의 중국산 수입품에 대해서도 추가 관세 부과를 경고했다. 중국 역시 미국산 수입품 600억 달러 규모에 부과하던 관세율을 5~25%로 인상했다. 이어서 2019년 9월 1일 미국은 중국산 수입품 3000억 달러 중 다수의 소비재 품목을 포함한 1120억 달러 규모의 품목에 대해 15% 관세를 부과하고, 나머지 1880억 달러 규모의 IT 제품 등에 대해 12월 15일부터 15% 관세 부과 방침을 공포했다. 중국 역시 미국산 수입품 5078개 품목, 750억 달러 규모의 상품에 대해 9월 1일부로 10%, 12월 15일부로 5% 관세 부과 방침을 공포하는 동시에, 12월 15일부터 미국산 자동차와 부속품에 대해 25%와 5%의 관세 부과 계획도 공포했다.

한편 2019년 5월 미국은 중국의 통신장비 기업 화웨이와 68개 계열사를 거래제한 기업으로 지정하고, 화웨이가 백도어를 심는 방식으로 중국 정부의 스파이 활동에 악용될 수 있다면서 동맹국들에게 화웨이의 5G 네트워크 장비를 사용하지 말 것을 요구했다. 이에 대해 중국 상무부는 5월 31일 시장 규범을 지키지 않고 계약 정신을 위반하며 비상업적 목적으로 중국 기업에 대한 공급을 차단하거나 삭감해 중국 기업의 정당한 권익을 심각하게 훼손하는 외국 기업, 단체 및 개인을 '신뢰할 수 없는 기업(블랙리스트)'으로 지정하겠다는 방침을 표명했다.

그러나 미중 외교장관은 양국 간 무역 전쟁 및 기술 경쟁의 심화에도 불구하고, 8월 1일 태국에서 회담을 갖고 북한의 완전한 비핵화에 대한 약속 이행 및 북한의 협상 테이블로의 복귀 필요성을 재확인했다. 왕이 부장은 중국이 북미 간 협상 재개를 위한 지지와 협력을 제공하기를 원한다는 입장을 표명했다.

비건 미 국무부 대북 특별 대표도 9월 7일 미시간대 강연에서 중국과의 관계에 대해 무역 갈등과 북핵 협력 등 상충되는 지점이 있고, 대만, 홍콩시위, 남중국해 등 양국 간 마찰 요소가 있다고 설명한 뒤, "두 가지 일을 동시에 할 수 있어야 한다"며 "북한에 관해 중국과 매우 긴밀히 협력하고 있다"라고 밝혔다. 또 "중국은 100% 우리와 함께 있다"라고 강조하면서 대북 압력을 유지하고 외교적 해법을 찾는 데 있어 중국보다 더 중요한 국가는 없다며 "입체적 정책에서 중국의 역할은 성공을 위해 결정적으로 중요하다"라고 강조했다(≪연합뉴스≫, 2019.9.7).

4. 미중 간 북핵 문제에 대한 협력 변화의 원인 및 영향

1) 원인

미국과 중국은 북핵 문제에 대해서 왜 협력 → 이견 표출 → 협력 약화 → 협력 재확인의 변화를 보였을까? 이 질문에 답하기 전에 양국이 북핵 문제에 대해 협력을 중시하는 원인을 먼저 분석할 필요가 있다. 기본적으로 양국 모두 북핵 문제 해결을 위해서는 상대방의 역할과 영향력이 중요하다는 것을 인식하고 있기 때문이다.

우선 미국의 입장에서 살펴보면 북핵 문제는 역대 행정부와 달리 트럼프 행정부 출범 이후 외교정책의 최고 우선순위가 되었다. 2017년 4월 렉스 틸러슨(Rex Tillerson) 국무장관, 제임스 매티스(James Mattis) 국방장관, 댄 코츠(Dan Coats) 국가정보국장은 합동 성명을 통해 트럼프 행정부의 대북정책 기조 '최고의 압박과 관여'를 확정해 발표하면서, 북한의 핵무기 추구는 긴급한 국가안보 위협이며, 최고의 외교정책 우선순위라고 천명했다(U.S., 2017). 이후 북한이 미 본토를 타격할 수 있는 ICBM급 화성 15형 시험 발사에 성공하자 미국의 위협 인식은 더욱 고조되었다.

트럼프 행정부는 이러한 북핵 위협을 제거하기 위해 출범 초부터 중국을 통한 해결을 추구했다. 중국은 북한과 혁명의 역사와 사회주의 체제를 공유하고 있는 전통적 우호국이며, 전략적 후원국이다. 비록 중국이 북핵 '불용' 입장을 유지하며 대북제재에 동참하고 있지만, 동시에 북한 체제의 불안정 사태를 우려해 민생 및 인도주의적 목적의 식량과 원유 등을 지원하고 있었다. 트럼프 행정부는 중국이 미국의 요구에 따라 대북제재의 고삐를 더욱 바짝 죈다면 북한이 더 이상 버티지 못할 것으로 판단했다.

트럼프 대통령은 한반도 정세의 급격한 완화 이후에는 독자적으로 북미 간 비핵화 협상을 추구하기도 했으나, 협상이 교착상태에 빠지게 되자 한편으로는 중국이 대북제재를 유지하도록 하면서, 다른 한편으로는 북한을 설득해 주기를 기대하는 등 중국의 협력 필요성을 재인식했다.

중국은 북한의 지속적인 핵미사일 도발과 이에 대한 트럼프 행정부의 군사적 대응 가능성, 그리고 이로 인한 한반도의 군사적 충돌 가능성이 고조되자, 이를 방지하고 북핵 문제를 평화적으로 해결하기 위해 미국과 긴밀한 소통을 통한 협력을 추구했다. 이는 중국이 한반도 문제에 대해 일관되게 천명해 온 정책 입장과 상통한다. 중국은 그간 한반도의 비핵화, 한반도의 평화와 안정 유지, 대화와 협상을 통한 문제 해결을 주창해 왔다.

그동안 중국은 북한의 비핵화 문제는 직접 당사자인 북한과 미국이 해결의 열쇠를 갖고 있고, 특히 미국의 역할이 중요하다고 강조해 왔다. 중국은 트럼프 대통령을 비롯한 미국의 주요 외교 안보 인사들이 북한의 도발에 대해 '중국책임론'을 제기한 데 대해 강하게 반발해 왔다. 한반도 핵 문제의 본질은 안보 문제로서, 문제의 매듭은 북미 간의 모순에 있고, 직접 당사국인 북한과 미국이 서로의 정당한 합리적 안보 우려를 고려함으로써 한반도 핵 문제를 종국적으로 해결할 수 있다는 것이다. 그러나 이와 동시에 중국은 한반도 문제의 관련국으로서 미국을 포함한 관련 각 측과 소통을 계속 유지하고, 건설적 역할을 발휘할 것임도 분명히 해왔다(中国外交部, 2017a; 2017b).

이에 더해, 중국은 그동안 북핵 문제를 미중 간 협력 및 윈윈을 강조한 '신형대국관계(新型大國關係)' 구축에 가장 부합하는 이슈로 인식해 왔다. 중국은 북한의 비핵화 목표가 국제 핵 비확산 체제 수호와 한반도 및 동북아의 평화와 안정 유지 등, 중국과 미국 모두의 이익에 부합하는 이슈이기 때문에 양국 간 협력이 비교적 용이하다고 판단했다. 양국 간 북핵 문제에 대한 협력이 미중관계 전반에 긍정적 영향을 미칠 것으로 기대한 것이다(이영학, 2016: 67~68).

그렇다면 미중은 이처럼 북핵 문제 해결을 위한 상대방의 역할과 영향력의 중요성을 인식하고 있었음에도 불구하고, 양국 간 협력은 왜 이견이 표출되고 약화되는 등의 변화를 보였을까? 그것은 북핵 문제에서 미국의 대중국 접근법의 변화가 중국의 다른 대응을 촉발했기 때문이다. 2017년 초부터 2019년 말까지 약 3년여간 미국은 북핵 문제 해결을 위해 중국에 대해서 무역 분쟁 등의 이슈와 연계해 압박할 때도 있었고, 이슈를 분리해 독자적으로 북핵 문제 해결을 시도하거나 중국과의 협력을 추구할 때도 있었다. 이에 대해 중국은 미국의 연계 및 압박을 수용할 때도 있었고 거부할 때도 있었으며, 미국이 이슈를 분리해서 독자적으로 북핵 문제를 해결하려 할 때 이를 거부한 반면, 협력을 추구할 때는 수용했다. 이처럼 양국 간 북핵 문제에 대한 다양한 접근법의 상호작용에 따라 협력 양상에 변화가 나타났다.

〈표 5-1〉은 북핵 문제에서 미국과 중국이 각각 상대방에게 취했던 접근법에 따른 협력 양상의 변화를 표시하고, 이러한 변화가 북한의 비핵화에 미친 영향을 정리한 것이다. ①은 3절의 시기 구분에 따르면 첫 번째 시기인 2017년이다. 미국은 북핵 문제 해결을 위해 중국에 대해 대만 및 경제·무역 이슈 등과 연계해 압박했고, 중국은 대외적으로 분리 대응을 천명한 것과는 달리 이

표 5-1 북핵 문제에서 미국과 중국의 상대방에 대한 접근법에 따른 협력의 변화와 영향 1

미국의 대중국 접근법 \ 중국의 대미국 대응		수용	거부	비고
연계(압박)		① (2017년) 협력 → 비핵화에 긍정적 영향	② (2018년 중후반) 협력 약화 → 비핵화에 부정적 영향	중국의 대응이 ①에서 ②로 변화
분리	협력	③ (2018년 10월~2019년) 협력 재확인 → 비핵화에 긍정적 영향	④ ·	④는 개연성 낮음
	독자	⑤ ·	⑥ (2018년 초중반) 이견 표출 → 비핵화에 부정적 영향	⑤는 개연성 낮음

자료: 필자 작성.

를 일정 부분 수용했다. 이에 따라, 양국은 북한의 계속된 도발에 대해 대북제재를 강화하면서 협력했다.

⑥은 두 번째 시기인 2018년 초반 북미정상회담 개최 합의 시부터 2018년 6월 싱가포르정상회담 전후까지이다. 미국은 변화된 한반도 정세하에서 북한과 직접 협상을 통해 독자적으로 문제를 해결하고자 했다. 미국은 북핵 문제에 대해 중국과 협력할 필요성이 감소하자, 북핵과 경제·무역 이슈를 분리하고 경제·무역 이슈에 대해 중국을 압박하기 시작했다. 중국은 한반도 정세의 급격한 변화 속에서 미국의 대중국 경제·무역 압박이 강화되자, 북중정상회담을 통해 북핵 및 북한 문제에 대한 영향력을 보여주었다. 이를 통해 중국은 이른바 '차이나 패싱'을 수용하지 않을 것임과 미중 간 북핵 협력 필요성을 어필했고, 한편으로는 북핵 문제에 대한 협력을 통해 미국의 대중국 경제·무역 압박 완화를 기대했을 것으로 추정된다.

이런 상황에서 싱가포르 북미정상회담을 앞두고 북한의 입장이 강경해지자, 트럼프 대통령은 중국이 미중 간 무역 마찰 때문에 북한을 협상 레버리지로 활용하면서 북미정상회담을 방해하고 있다고 주장했다. 중국 정부는 이를 일축하면서, 북미정상회담에 대한 지지 입장을 재차 표명했으나 양국 간 이견은 지속되었다.

②는 세 번째 시기인 2018년 6월 싱가포르정상회담 이후 10월 폼페이오 장관의 방중 이전까지이다. 미국은 대중국 무역 전쟁을 시작한 상황에서 북미 간 비핵화 협상이 돌파구를 찾지 못하자, 비핵화 문제를 무역 분쟁과 다시 연계시켰다. 미국은 대중국 경제적 압박을 통해 중국이 북미 간 비핵화 협상에서 미국을 도와 북한을 설득해 주기를 기대했다. 그러나 중국은 이를 거부했다. 중국은 미국의 행태에 대해 배신감을 느끼고 있었다. 중국 입장에서는 트럼프 대통령이 시 주석에게 대북 압박에 협력한다면 중국에 대한 경제적 요구를 완화할 것이라는 약속을 이미 폐기한 상황에서 북핵과 미중 간 무역 분쟁을 다시 연계해 중국의 역할을 기대하는 트럼프 대통령을 믿을 수 없었다(Snyder, 2019). 중국 내 분석가들은 무역 분쟁의 강도가 오히려 중국으로 하여금 북한 문제에서 트럼프 대통령을 돕는 데 더욱 소극적으로 만들 것으로 전망했다(*The New York Times*, 2018.8.25). 실제로 중국은 미중 간 무역 분쟁 대응에 집중하면서 양국 간 북핵 문제에 대한 협력은 약화되었다.

③은 네 번째 시기인 2018년 10월 폼페이오 장관의 방중 이후 2019년 12월까지이다. 트럼프 행정부는 북미 간 비핵화 협상의 교착상태를 타개하는 데 있어서 중국의 협력을 얻기 위해 북핵과 미중 간 무역 분쟁을 분리했고, 중국은 이를 수용하면서 북핵 문제에 대한 협력을 재확인했다. 폼페이오 장관은 2019년 1월 7일 미 CNBC와의 인터뷰에서 북한의 비핵화와 미중 무역 분쟁은 분리된 별개의 사안임을 확인했다. 폼페이오 장관은 "중국은 이들이 분리된 이슈임을 우리에게 분명히 밝혀왔으며, 행동으로도 보여주었다. 우리는 이에 대해 사의를 표했다. 중국은 북한의 핵 능력이 세계에 부과한 위험을 감소시키려는 우리의 노력에서 좋은 파트너이고, 중국이 협력을 지속하기를

기대한다"라고 강조했다(U.S., 2019).

2) 영향

그렇다면 양국 간 북핵 문제에 대한 협력의 변화는 북한의 비핵화 과정에 어떤 영향을 미쳤을까? 〈표 5-1〉의 ①부터 ⑥까지의 여섯 가지 상황 중에서 개연성이 낮은 ④와 ⑤를 제외하고, 북한의 비핵화에 긍정적인 영향을 미친 경우는 양국이 협력했던 ①과 ③이었고, 북한의 비핵화에 부정적인 영향을 미친 경우는 양국 간 이견이 표출되고 협력이 약화되었던 ⑥과 ②였다.

우선 ①의 경우 2017년 말 미중이 대북제재를 강화하면서 협력한 이후, 2018년 초 김 위원장의 신년사와 평창동계올림픽을 계기로 북한의 비핵화 및 한반도 평화 프로세스가 시작되었다. 양국의 강력한 대북제재에 대한 협력이 북한의 비핵화 방침을 견인한 중요한 동력으로 작용했다고 볼 수 있다.

둘째, ③의 경우 2018년 말 미중 정상 간 북핵 협력을 재확인한 이후, 교착 상태에 빠져 있던 북미 간 비핵화 협상이 재개되고 제2차 북미정상회담이 개최되었다. 구체적으로 살펴보면, 2018년 12월 1일 미중 정상이 회담을 통해 북핵 협력을 재확인한 이후, 12월 7일 북한 리용호 외무상이 방중해 시 주석을 예방했다. 또한 12월 30일 미중 정상이 다시 한번 전화 통화를 하고 북핵 협력 방안에 대해 논의한 이후, 2019년 1월 1일 김 위원장이 비핵화 의지를 재천명한 신년사를 발표했고, 1월 8일 제4차 북중정상회담이 개최되었으며, 이후 북한이 북미 간 비핵화 협상에 적극적으로 나서면서 하노이 제2차 북미 정상회담 개최로 이어졌다. 이러한 정황을 고려할 때, 중국이 미중 정상 간 비핵화 협력을 재확인하면서 북한이 북미 간 비핵화 협상에 더욱 적극적으로 임하도록 긍정적 영향을 미쳤을 것으로 추론된다. 트럼프 대통령도 2차 북미 정상회담 직후 가진 기자회견에서 중국의 도움이 컸다고 언급한 바 있다.

또한 하노이 북미정상회담 결렬 이후 북미 간 비핵화 협상이 다시 교착상태에 빠지자, 시 주석은 2019년 6월 일본 G20 정상회의 계기로 개최될 미중정상회담을 일주일 앞두고 6월 20일부터 21일까지 중국 최고지도자로서 14년 만에 북한을 국빈 방문해 김 위원장과 제5차 북중정상회담을 개최했다. 시 주석은 한반도 문제에서 중국이 북한의 안보 및 발전의 합리적 우려를 해결하는 데 있어서 힘닿는 대로 도움을 제공하고, 북한 및 관련 각 측과 협력해 한반도 비핵화 및 지역의 항구적 평화 실현을 위해서 적극적으로 건설적 역할을 발휘하기를 희망한다고 강조했다(≪新华网≫, 2019.6.21). 이후 27일 한중정상회담에 이어서, 29일 미중정상회담에서 한반도 문제를 협의했으며, 6월 30일 트럼프 대통령의 방한 계기에 판문점에서 북미 및 남북미정상회동이 전격적으로 이루어졌고, 북미 정상은 2월 하노이 회담 결렬 이후 교착상태에 빠졌던 비핵화 실무 협상을 재개하기로 합의했다. 북미 정상의 전격 회동과 비핵화 협상 재개 합의를 촉발한 직접적 요인은 6월 29일 오전 트럼프 대통령이 트위터를 통해 올린 북미정상회동 제안이었지만, 6월 20일과 29일에 각각 개최된 북중정상회담과 미중정상회담이 긍정적 분위기를 조성하는 데 기여했다고 볼 수 있다.

한편 ①과 ③을 비교해 볼 필요가 있다. ①은 중국이 미국의 연계 및 압박을 수용해 협력이 이루어졌던 첫 번째 시기이지만, 이후 중국은 미국의 약속 불이행에 대한 배신감으로 인해 미국의 연계 및 압박을 거부해 협력이 약화되었기 때문에 ①은 더 이상 비핵화에 긍정적 영향을 미칠 수 있는 방식이 아니다. 따라서 북한의 비핵화에 긍정적 영향을 미칠 수 있는 미중 간 협력 방식은 ③의 경우처럼 미국이 북핵 문제를 미중 간 무역 분쟁과 분리해 협력을 추구하고, 중국이 이를 수용하는 경우이다.

셋째, ⑥의 경우 미중 간 북핵 문제에 대한 이견 표출로 인해 트럼프 대통령은 북미정상회담 취소 서한을 발송했고, ②의 경우에도 양국 간 북핵 문제

표 5-2 북핵 문제에서 미국과 중국의 상대방에 대한 접근법에 따른 협력의 변화와 영향 2

시기	미국의 대중국 접근법	중국의 대미국 접근법	북핵 문제에 대한 협력 여부	북핵 문제에 대한 영향
2017년	· 연계·압박 - 북핵 문제를 대만 및 경제·무역 이슈 등과 연계해 압박	· 수용	· 협력 - 대북제재 강화	· 긍정적 - 북한의 비핵화 방침 견인
2018년 초중반	· 분리/독자 - 북핵 문제를 무역 분쟁과 분리 - 북핵 문제는 북미 협상 통한 독자 해결 추구 - 대중국 무역 압박 시작	· 거부 - 북중정상회담 개최 - '차이나 패싱' 불수용 및 미중 간 북핵 협력 필요성 어필	· 이견 표출 - 북미 싱가포르정상 회담 지지 여부에 대한 이견 - 트럼프 대통령은 중국이 무역 마찰 때문에 북한을 레버리지로 활용하고 있다고 비판	· 부정적 - 트럼프 대통령이 싱가포르 북미정상회담 취소 결정
2018년 중후반	· 연계·압박 - 북핵 문제를 무역 전쟁과 다시 연계해 압박	· 거부 - 미국의 행태에 대해 배신감	· 협력 약화 - 미중 외교장관 회담에서 북핵 협력에 대한 컨센서스(consensus) 도출 실패	· 부정적 - 폼페이오 장관의 예정된 북한 방문 취소
2018년 10월~ 2019년	· 분리/협력 - 북핵 문제와 무역 전쟁 분리 - 비핵화 협상 교착상태 타개를 위해 중국과 협력	· 수용	· 협력 재확인 - 양 정상, 아르헨티나 G20 정상회담에서 합의 - 비건 대표, 미시간대 강연에서 언급	· 긍정적 - 하노이 제2차 북미 정상회담 개최 - 판문점 북미·남북미 정상회동 및 비핵화 실무 협상 재개

자료: 필자 작성.

에 대한 협력 약화와 함께 폼페이오 장관의 예정된 북한 방문이 취소되는 등 북핵 협상이 장기간 교착상태에 빠지게 되었다. 물론 우여곡절 끝에 싱가포르정상회담이 개최되었고 북미 간 비핵화 협상이 교착상태를 벗어나서 재개되었으나, 이 두 경우에서 볼 수 있듯이 미중 간 북핵 문제에 대한 이견이 심화되거나 협력이 약화될 경우 비핵화 프로세스에 부정적 영향을 미칠 수 있음을 확인할 수 있다.

한편 ④와 ⑤가 개연성이 낮다고 판단한 이유는 우선 ④는 미국이 북핵 문제를 무역 분쟁과 분리해 중국과 협력을 추구하려 할 때 중국이 이를 거부하는 경우인데, 중국이 북핵 '불용' 입장을 유지하고 협력적 미중관계를 중시하는 입장을 고려할 때, 중국이 거부할 개연성이 낮기 때문이다. 마찬가지로 ⑤는 미국이 북핵 문제를 무역 분쟁과 분리해 독자적으로 해결하려 할 때 중국이 이를 수용하는 경우인데, 중국이 한반도에서 갖는 전략적 이익과 '차이나 패싱' 불수용 의지를 고려할 때, 역시 개연성이 낮다고 볼 수 있다.

5. 결론 및 정책적 시사점

트럼프 행정부 출범 이후 미중 간 전략적 경쟁이 심화되었지만, 북핵 문제에 대해서는 협력을 강조했다. 이는 양국 모두 북핵 문제 해결을 위한 상대방의 역할과 영향력의 중요성을 인식했기 때문이다. 그러나 한반도 정세의 급격한 변화와 양국 간 전략적 경쟁의 심화를 배경으로 미국은 북핵 문제에 있어서 중국과의 무역 분쟁을 연계하는 등 대중국 접근법을 변화시켰다. 이는 중국의 다른 대응을 촉발했고, 그 결과 양국 간 북핵 문제에 대한 협력은 이견 표출, 협력 약화, 협력 재확인의 변화가 나타났다. 양국이 북핵 문제에 대해 협력할 때 북한의 비핵화에 긍정적인 영향을 미쳤으나, 양국 간 이견이 표출되거나 협력이 약화될 때에는 북미 간 비핵화 협상에 차질이 빚어졌다. 이러한 관찰과 분석은 북핵 문제 해결과 한반도 평화 체제 구축을 위해 진력하고 있는 한국 정부에게 중요한 정책적 시사점을 제시한다.

첫째, 북한의 비핵화에 긍정적인 영향을 미칠 수 있는 미중 간 협력을 촉진해야 한다. 4절에서 분석한 것처럼, 북한의 비핵화에 긍정적인 영향을 미칠 수 있는 방식은 미국이 북핵 문제를 미중 간 무역 분쟁 등 전략적 경쟁 이슈와 분리해 협력을 추구하고, 중국이 이를 수용하는 것이다.

그러나 미중 간 전략적 경쟁이 심화되는 상황에서 한국 정부가 양국으로 하여금 북핵 문제를 다른 경쟁 이슈와 분리해 다루도록 직접 관여하는 것은 쉽지 않다. 다만 앞의 분석에서 볼 수 있듯이 북핵 문제는 미중 간 전략적 경쟁의 심화와는 별개로 양국 간 협력의 이슈가 될 수 있다. 따라서 한국은 북한의 비핵화와 한반도 평화 체제 구축이 미중 모두에게 커다란 이익이 되고, 미중의 협력이 무엇보다 중요하다는 점을 지속적으로 강조할 필요가 있다. 이를 위해 한국은 미중 양국과의 전략적 소통을 강화해 미중 간 북핵 문제에 대한 협력을 통한 긍정적 영향을 견인하고, 양국 간 전략적 경쟁이 북핵 문제 협력에 부정적 영향을 미치지 않도록 노력해야 한다.

둘째, 북한의 비핵화를 촉진할 중국의 긍정적 역할을 견인할 필요가 있다. 북미 간 비핵화 협상이 진전을 보이다가도 교착상태에 빠지는 근본적인 이유는 오랜 기간 지속되어 온 상호 불신에 기인한다. 북미 간 상호 불신을 완화하고 비핵화 협상에 성과를 만들기 위해서는 한국의 중재 노력 이외에도, 중국의 긍정적인 역할이 필요하다. 세계적 G2 국가로 발전한 중국은 북한의 전략적·경제적 후원국인 동시에, 북핵 '불용' 입장과 대북제재를 유지하고 있다. 또한 김 위원장이 비핵화 의지를 표명한 이후 1년 반 기간 동안 북중정상회담이 다섯 차례 개최되었다. 중국이 북한에 대해 전향적인 비핵화 조치를 설득하고, 한국 및 미국과 협의를 통해 북한의 안보 우려 해소와 경제적 수요를 보장해 준다면 북한의 비핵화는 빠르게 진행될 수 있을 것이다.

중국은 현재 미중관계의 안정적 관리에 집중하면서 북한의 비핵화 문제에 대해서는 다소 신중한 모습을 보이고 있지만, 다른 한편으로 북핵 문제 해결을 위해 건설적 역할을 발휘할 것이라는 점도 강조하고 있다.

따라서 한국은 북한의 전향적인 비핵화 촉진을 위한 중국의 노력이 안정적인 미중관계 발전과 한반도의 평화 및 안정에 기여함으로써 중국의 이익에도 부합하는 것임을 강조할 필요가 있다. 이를 위해 한국은 중국과 전략적 소통을 강화하고, 더 나아가 한중 간 전략적 신뢰를 구축하는 것이 중요하다. 동시에 미국 정부에 대해서도 중국의 적극적 역할을 통한 북한의 전향적 비핵화 조치 설득을 요청할 필요가 있다.

셋째, 미중관계의 동향을 면밀히 모니터링하면서, 향후 양국 간 경쟁 및 갈등이 심화될 경우 북핵 문제에 미칠 부정적 영향을 최소화할 수 있도록 선제적 대응 방안을 준비해야 한다. 북핵 문제의 평화적 해결 및 한반도 평화 체제 구축을 외교 안보 목표로 추진하고 있는 한국으로서는 미중 간 경쟁 심화에도 불구하고 북핵 문제에 대한 양국 간 협력이 유지되는 것이 가장 바람직하다. 그러나 향후 미중 경쟁이 더욱 심화되어 양국 간 핵심 이슈에서 미국의 대중국 견제가 강화되고 중국의 임계점을 넘을 경우, 중국은 동 사안에 대한 강경 대응과 함께 기존의 경쟁 이슈와 북핵 문제를 분리해 다루던 입장을 변화해서 북핵 문제에 대해 그동안 유지해 오던 미국과의 협력을 약화시키거나 중단할 가능성이 있다. 미중 경쟁 및 갈등 심화가 한반도 비핵·평화 프로세스에 미칠 부정적 영향을 최소화하기 위한 여러 방안을 고민하고 준비해야 한다. 이를 위해 범정부 차원의 미중관계 분석 및 대응팀을 상설 기제화하고, 관학연(정부, 학계, 연구 기관)이 공동의 노력을 기울여야 할 것이다.

참고문헌

박창권 외. 2018. 『미중의 대한반도 정책 변화 전망과 한국의 대응방향』. 한국국방연구원.

신종호 외. 2017. 『뉴노멀 시대 미중 전략 경쟁관계와 한반도에의 함의』. 통일연구원.

_____. 2018. 『2030 미중관계 시나리오와 한반도』. 통일연구원.

이승주. 2019. 『미중 무역전쟁: 다차원적 복합 게임』. EAI 스페셜 이슈브리핑 시리즈.

이영학. 2016. 「중국 시진핑 지도부의 新 북핵 정책 동향 및 시사점: 4차 및 5차 북핵 실험을 중심으로」. ≪중소연구≫, 40(3).

≪중앙일보≫. 2017.4.13. "트럼프, 북한 문제 협력 위해 중국 환율조작국 지정 안 해".

≪연합뉴스≫. 2017.2.24. "트럼프, 北 미사일 발사에 매우 화나 …… 한일 미사일 방어체계 강화".

_____. 2017.4.30. "트럼프, 북한 핵실험하면 기분 나쁠 것, 중국 큰 힘 가졌다".

_____. 2019.9.7. "비건, 완전한 비핵화시 주한미군 감축에 '전략적 재검토' 언급".

陶文钊. 2019. 「合作共赢四十年」. ≪国际展望≫, 1, 35쪽

王竞超. 2019. 「美国印太战略的演进及对地区局势的影响」. ≪华东理工大学学报(社会科学版)≫, 3, 63~71쪽

中国外交部. 2017a. "2017年7月11日外交部发言人耿爽主持例行记者会". https://www.fmprc. gov.cn/web/wjdt_674879/fyrbt_674889/t1476982.shtml (검색일: 2017.7.12).

_____. 2017b. "2017年8月29日外交部发言人华春莹主持例行记者会". https://www.fmprc. gov.cn/web/wjdt_674879/fyrbt_674889/t1488200.shtml (검색일: 2017.8.30).

_____. 2017c. "习近平应约同美国总统特朗普通电话". https://www.fmprc.gov.cn/web/zy xw/t1490700.shtml (검색일: 2017.9.8).

_____. 2017d. "习近平应约同美国总统特朗普通电话". https://www.fmprc.gov.cn/web/zyx w/t1515163.shtml (검색일: 2017.11.30).

_____. 2018. "王毅会见美国国务卿蓬佩奥". https://www.fmprc.gov.cn/chn///pds/wjb/ wjbz/xghd/t1583028.shtml (검색일: 2018.8.4).

_____. 2019. "杨洁篪同美国国务卿蓬佩奥通电话". https://www.fmprc.gov.cn/web/wjdt_ 674879/gjldrhd_674881/t1642194.shtml (검색일: 2019.3.1).

中华人民共和国国务院新闻办公室. 2017. "中国的亚太安全合作政策白皮书". http://www.scio.go v.cn/37236/38180/Document/1626688/1626688.htm (검색일: 2017.1.12).

中华人民共和国中央人民政府. 2017. "新闻办就2017年上半年我国对外经贸运行情况举行发布会". http://www.gov.cn/xinwen/2017-07/31/content_5214938.htm#6 (검색일: 2017.7.31).

≪新华网≫. 2017.11.9a. "习近平同美国总统特朗普举行会谈".

_____. 2017.11.9b. "习近平同美国总统特朗普共同会见记者".

_____. 2018.5.8. "习近平同朝鲜劳动党委员长金正恩在大连举行会晤".

_____. 2019.6.21. "习近平同金正恩会谈, 他们这样说".

≪人民网≫. 2018.3.28. "习近平同金正恩举行会谈".

Bader, Jeffrey A. 2018. "U.S.-China Relations: Is It Time to End the Engagement?" https://www.brookings.edu/research/u-s-china-relations-is-it-time-to-end-the-engagement/ (검색일: 2018.10.1).

Congress. 2018. "John S. McCain National Defense Authorization Act for Fiscal Year 2019." https://www.congress.gov/bill/115th-congress/house-bill/ 5515/text (검색일: 2018.8.15).

Cordesman, Anthony H. 2018. "China and the U.S.: Choosing Between the Four 'Cs'-Conflict and Containment Versus Competition and Cooperation." https://www.csis.org/analysis/choosing-between-four-cs-conflict-and-containment-versus-competition-and-cooperation (검색일: 2018.10.4).

CSIS. 2018. "Post-Summit Press Conference Call." https://www.csis.org/analysis/post-summit-press-conference-call (검색일: 2018.6.13).

Pillsbury, M. 2016. The Hundred-Year Marathon. Martin's Press.

Snyder, Scott A. 2019. "What Does Kim Jong-un Want From China?" https://www.cfr.org/blog/what-does-kim-jong-un-want-china (검색일: 2019.1.9).

The New York Times. 2017.7.3. "Trump Warns China He is Willing to Pressure North Korea on His Own."

_____. 2018.8.25. "Is China Undermining Efforts to Disarm North Korea? Not Yet, Analysts Say."

The U.S.-China Economic and Security Review Commission. 2018. "2018 Report To Congress of the U.S.-China Economic and Security Review Commission." https://www.uscc.gov/sites/default/files/annual_reports/2018%20Annual%20Report%20to%20Congress.pdf (검색일: 2018.11.15).

The Washington Post. 2018a. "Trump administration 'cautiously optimistic' summit with N. Korea will Take Place." March 28.

_____. 2018b. "Trump Cancels Pompeo Mission." August 25.

_____. 2018c. "A Nonsensical Approach." August 28, A16.

The White House. 2017. "National Security Strategy of the United States of America 2017." https://www.whitehouse.gov/wp-content/uploads/2017/12/NSS-Final-12-18-2017-0905.pdf (검색일: 2017.12.19).

_____. 2018a. "Remarks by Republic of Korea National Security Advisor Chung Eui-Yong." https://www.whitehouse.gov/briefings-statements/remarks-republic-korea-national-security-advisor-chung-eui-yong/ (검색일: 2018.3.9).

_____. 2018b. "Remarks by President Trump and President Moon of the Republic of Korea Before Bilateral Meeting." https://www.whitehouse.gov/briefings-statements/remarks-president-trump-president-moon-republic-korea-bilateral-meeting-2/ (검색일: 2018.5.23).

_____. 2018c. "Press Conference by President Trump." https://www.whitehouse.gov/briefings-statements/press-conference-president-trump/ (검색일: 2018.6.13).

_____. 2018d. "Remarks by Vice President Pence on the Administration's Policy Toward China." https://www.whitehouse.gov/briefings-statements/remarks-vice-president-pence-administrations-policy-toward-china/ (검색일: 2018.10.5).

_____. 2018e. "Statement from the Secretary Regarding the President's Working Dinner with China." https://www.whitehouse.gov/briefings-statements/statement-press-secretary-regarding-presidents-working-dinner-china/ (검색일: 2018.12.2).

_____. 2019. "Remarks by President Trump in Press Conference." https://www.whitehouse.gov/briefings-statements/remarks-president-trump-press-conference-hanoi-vietnam/ (검색일: 2019.2.28).

U.S. Department of Defense. 2018. "Summary of the 2018 National Defense Strategy of The United States of America." https://dod.defense.gov/Portals/1/Documents/pubs/ 2018-National-Defense-Strategy-Summary.pdf (검색일: 2018.1.20).

U.S. Department of State. 2017. "Joint Statement by Secretary of State Rex Tillerson, Secretary of Defense James Mattis, Director of National Intelligence Dan Coats." https://www.state.gov/r/pa/prs/ps/2017/04/270464.htm (검색일: 2017.4.27).

_____. 2018a. "Remarks with Chinese Foreign Minister and State Councilor Wang Yi at a

Press Availability." https://www.state.gov/secretary/remarks/2018/05/282469. htm (검색일: 2018.5.24).

_____. 2018b. "Secretary Pompeo's Meeting With Chinese State Councilor and Foreign Minister Wang Yi." https://www.state.gov/r/pa/prs/ps/2018/08/284919.htm (검색일: 2018.8.4).

_____. 2018c. "Secretary Pompeo's Meetings in Beijing, China." https://www.state.gov/r/pa/prs/ps/2018/10/286491.htm (검색일: 2018.10.9).

_____. 2018d. "U.S.-China Diplomatic and Security Dialogue." https://www.state.gov/r/pa/prs/ps/2018/11/287282.htm (검색일: 2018.11.10).

_____. 2019. "Interview With Wilfred Frost of CNBC." https://www.state.gov/secretary/remarks/2019/01/288346.htm (검색일: 2019.1.8).

제6장
미중관계 40년 평가와 전망
상호 인식의 변화를 중심으로

| 신종호 통일연구원 |

1. 서론

미중관계는 1979년 1월 1일 수교 이후 냉전 및 탈냉전 시기를 거치면서 협력과 갈등을 반복해 왔다. 하지만 40여 년이 지나 불혹을 훌쩍 넘긴 2022년 현재 상황에서 보면 미중관계는 협력보다는 경쟁이나 갈등 추세가 훨씬 더 강하게 작동하고 있다. 2018년 무역 통상 분야에서 시작된 미중 경쟁과 갈등은 2019년 화웨이(華爲), 홍콩, 남중국해 등과 같은 분야로 확대되었고, 2020년에는 '코로나바이러스감염증-19(COVID-19, 이하 코로나19)'의 진원지를 둘러싼 책임론 공방으로 이어졌다. 이러한 미중 경쟁과 갈등 추세는 2021년 1월 미국 조 바이든(Joe Biden) 행정부 출범 이후에도 여전히 지속되고 있다.

물론 수교 이후 미중관계가 반드시 협력적이지만은 않았다는 점에서 현재와 같은 미중 갈등 심화 상황은 표면적으로는 기존 패권국과 신흥 강대국이 벌이는 일반적인 수준의 강대국 경쟁과 크게 다르지 않아 보인다. 하지만 최근 미중관계를 보면 냉전 및 탈냉전 초기에 비해 협력적인 모습보다는 갈등적인 모습을 더 많이 보이고 있다. 특히 2017년 트럼프 행정부 출범과 2018년 시진핑 2기 지도부 출범 이후부터 2021년 출범한 바이든 행정부에 이르기까지 미중관계는 자국의 사활적(핵심) 이익을 둘러싸고 벌이는 '전략 경쟁(strategic competition)'의 단계에 진입한 것으로 보인다. 중국 정부는 여전히 미중 간 협력의 중요성을 강조하고 있지만, 미국은 중국의 부상을 지연 내지 억제하기 위해 대중국 견제와 압박을 지속하고 있고, 특히 대만 문제와 홍콩 문제 같은 중국의 핵심 이익과 관련해 이른바 '중국 때리기'를 지속하고 있다.

이처럼 미중 두 강대국(G2)이 모든 분야에서 사사건건 부딪히고 갈등이 심화되는 근본적인 이유는 무엇일까? 그동안 많은 연구에서는 미중 간 협력 및 갈등 원인과 관련해, 국력 차이 같은 구조적 요인과 함께 상대방에 대한 인식 같은 행위자 요인을 주로 강조한다.[1] 하지만 이 글은 미중관계 40년의 역사에서 협력과 갈등이 반복되고 갈수록 경쟁과 갈등이 심화되는 이유와 관련해, 기본적으로 미중 양국의 상호 인식 변화에 주목하고자 한다. 즉 수교 이후 40여 년 동안 미중관계가 협력보다는 경쟁, 경쟁보다는 갈등이 갈수록 심화되는 근본적 이유는 바로, 부상하는 중국을 위협으로 보는 미국의 인식과 미국은 점차 쇠퇴하고 있다는 중국의 인식이 상호 '전략적 불신(strategic distrust)'을 가중시키고 있기 때문이다.[2] 이러한 이유로, 미국은 자국 패권의 상대적 쇠퇴와 중국의 경제적·군사적 급부상에 대한 위협 인식에 기반해 이른바 '중국의 부상'을 최대한 지연하기 위한 대중국 봉쇄와 압박을 진행하고 있고, 이와

---

1   중국이 미국과의 국력 차이가 많이 나기 때문에 강대국으로 부상하기 어렵다는 주장은 텔리스(Tellis, 2013: 75~100) 참조. 또한 2030년경 미국과 중국의 경제력이 동등해지거나 미국이 중국에 추월당할 가능성이 크다는 주장은 맥코이(McCoy, 2017.9.26) 참조.

2   중국과 미국의 저명한 미중관계 전문가인 왕지쓰(王缉思) 교수와 케네스 리버탈(Kenneth Lieberthal) 교수는 2012년 공저에서 "미중 경쟁은 제로섬 게임이며, 중국지도부는 미국이 더 이상 놀라운 국가가 아니며 신뢰할 만한 나라도 아니다"라고 주장한 바 있다(Lieberthal and Wang, 2012).

같은 대중 강경정책에 대해서는 민주·공화 양당의 입장이 일치하고 있는 상황이다. 반면, 중국은 미중 간 국력 격차를 인정하면서도, 미국이 중국의 부상을 지연 내지 억제하기 위한 봉쇄 전략을 추구하고 있다는 우려와 의구심에 기반해, 핵심 이익이나 국제적인 영향력 차원에서 미국에 양보하지 않는다는 입장을 유지하고 있다.

물론 경제력과 군사력 같은 구조적 요인이 덜 중요한 것이 아니라, 국제정치에서 기존 패권국과 신흥 도전국 간 '전략 경쟁' 혹은 '패권 경쟁' 여부를 판단하기 위해서는 경제력과 군사력 같은 물리적인 힘(power)에 기반해 상대방의 의도를 어떻게 인식하느냐가 더 중요할 수 있다.[3] 특히 최근 몇 년간 미중 경쟁과 갈등이 심화되고 특히 미중 간 무역 전쟁이 다른 분야로 확대됨으로써 강대국 간 일반적인 수준의 경쟁을 초월해 전략 경쟁 내지는 패권전쟁의 전초전 성격을 보이면서, 일각에서는 '신냉전' 가능성까지 제기하고 있는 이유 역시 미중 간 상호 전략적 불신에서 기인한다.[4] 또한 향후 미중관계의 미래를 전망함에서 경제력과 군사력 같은 구조적 요인에 대한 변수도 여전히 중요하지만, 양국의 상대방에 대한 인식 변화와 같은 '행위자 요인'에 대한 분석 역시 매우 중요하다.

따라서 이 글은 1979년 수교 이후 40여 년 동안 미중 양국 정부가 상대방에 대해 어떻게 인식해 왔는지를 시기별·사안별로 살펴보고, 이것이 미래 미중관계의 전개 방향에 어떤 함의를 갖는지를 살펴본다. 이를 위해 첫째, 미중 양국의 역대 지도부가 상대방을 어떤 '관계'로 인식했고 그 배경이 무엇인지를 분석한다. 둘째, 역대 미중관계 발전의 패턴을 살펴보고 최근 미중관계에서 나타난 새로운 변화의 주요한 특징을 살펴본다. 셋째, 미중관계의 주요

---

3 저비스(Jervis, 1976: 3) 역시 패권국과 도전국 간 상호 인식의 중요성을 강조했다.

4 미중 '신냉전' 가능성에 대해서는 다음을 참조. Ferguson(2020.7.5), Dupont(2020.7.8), Karabell (2018.10.31), Land(2018.4.15), South China Morning Post(2020.5.5).

쟁점(중국의 부상, 발전 방식, 국제규범, 대만 문제, 한반도 문제 등)에 대한 상호 인식의 차이를 살펴본다. 마지막으로 이러한 상호 인식의 차이가 미래의 미중관계에 어떤 함의를 갖는지를 제시한다.

2. 시기별 미중관계의 유형과 특징

미중 간 상호 인식 차이는 양국 정부가 상대방에 대해 어떤 '관계'를 설정하고자 했는지를 보면 가장 잘 드러난다. 이 절에서는 미중 양국 상호 인식의 변화를 2008년 기점으로 크게 두 시기, 즉 1979년 미중 수교부터 2008년 글로벌 금융위기 이전까지, 그리고 2008년부터 2020년까지로 구분해 살펴본다. 2008년을 기점으로 삼은 이유는 미중관계가 2008년 글로벌 금융위기를 기점으로 상호 국력 격차가 줄어들기 시작했기 때문이다.[5] 즉 냉전 및 탈냉전 초기 미중관계는 미국 국력의 압도적인 우위하에 '미국 주도, 중국 대응'이라는 패턴이 유지되었으나, 2008년 미국발 글로벌 금융위기 이후 미중 간 국력 격차가 조금씩 좁혀지면서 중국이 이전보다 더 적극적이고 주도적으로 미국에 대응하는 모습을 보여주었다.

1) 1979년 미중 수교~2008년 글로벌 금융위기 이전

1949년 10월 중화인민공화국 수립 이후 1950년 한국전쟁을 거치면서 '적대 관계'를 유지해 오던 미국과 중국은 1971년 이른바 '핑퐁외교'와 헨리 키신저(Henry Kissinger) 미 국무장관의 중국 방문 등을 통해 양국 관계의 개선을

---

5   2008년 글로벌 금융위기와 미중관계의 변화에 대해서는 김재철(2010: 15~40), 전재성(2012), 陳
     玉剛(2009)을 참조.

시도했다. 그리고 1972년 리처드 닉슨(Richard Nixon) 대통령의 역사적인 중국 방문을 계기로 양국은 공식적인 외교관계 수립을 위한 본격적인 협상을 진행했다. 급기야 1978년 12월 중국의 덩샤오핑(鄧小平) 지도부가 개혁개방 노선을 천명한 이듬해인 1979년 1월 미국의 지미 카터(Jimmy Carter) 행정부는 중국과의 공식 외교관계를 수립했다.

1979년 수교 이후 지속적으로 발전해 온 미중관계는 1997~1998년 빌 클린턴(Bill Clinton) 대통령과 장쩌민(江澤民) 국가주석의 상호 방문을 통해 '건설적인 전략적 관계(建設性戰略夥伴關系)' 구축에 노력할 것을 합의하는 수준까지 개선되었고, 이 관계는 2001년 초까지 지속되었다. 하지만 2001년 취임한 조지 부시(George Bush) 행정부는 중국을 '전략적 경쟁자(strategic competitor)'로 규정하며 중국에 대한 견제를 본격화했고, 미중관계는 저조기에 진입했다. 이 시기 미국은 중국을 잠재적인 패권국으로 인식하기 시작했고, 미일동맹 강화와 아시아 지역에서의 미사일방어(Missile Defense) 체제 구축 및 인도와의 관계 개선 등을 통한 대중국 견제를 강화했다.

다만 2005년 부시 2기 행정부 출범 이후 미국 내에서 여전히 '중국위협론(China Threat)'이 대두되고 있었음에도 불구하고 미국은 중국과의 경제적 상호 의존 증대에 따라 대화와 경제협력을 강화하는 노력을 시도했다. 이를 반영해 2005년 9월 로버트 졸릭(Robert Zoellick) 미 국무부 부장관은 미중관계위원회에서 중국을 위협이나 경쟁자로 보지 않는다는 점을 강조하고, 중국이 미국과 함께 국제사회에서 책임 있는 이익공유자(responsible stakeholder)로 발전해 주기를 희망한다고 밝혔다.

버락 오바마(Barack Obama) 행정부 출범 이후 미국의 대중국 견제는 잠시 소강상태에 접어들었다. 2006년 4월 후진타오(胡錦濤) 중국 국가주석이 미국을 방문해 부시 대통령과 "21세기 미중 건설적 협력관계 전면 추진"에 합의했고, 2008년 글로벌 금융위기 이후인 2009년 4월 G20 정상회의에서 미중

양국은 '전략·경제 대화'를 추진하고 국제금융위기에 공동 대처하기로 하는
등 협력관계를 유지해 왔다.

2) 2008년 글로벌 금융위기~2020년

2008년 미국발 글로벌 금융위기 발발 직후 이루어진 미중 간 협력관계는
오래 지속되지 않았다. 가장 중요한 이유는 2008년 글로벌 금융위기 이후 미국
패권의 상대적 쇠퇴와 함께 중국의 경제력이 G2로 불릴 만큼 급성장했기 때
문이다. 즉 중국이 급속한 경제성장을 기반으로 외교·군사적으로도 공세적인
정책을 추구하기 시작하자 국제사회에서는 '중국위협론'이 다시 제기되었고,
미국 내에서는 중국의 부상을 억제하기 위한 '봉쇄' 정책을 주장하기도 했다.
결국 오바마 대통령이 "미국은 아시아태평양국가"라고 선언한 이후 2011년 미국
은 새로운 외교정책으로 아시아로의 회귀(Pivot to Asia) 정책을 발표했고(Clinton,
2011.11.10), 이는 2013년 '재균형(rebalancing)' 전략으로 전환되었다.

오바마 행정부가 제기한 '재균형' 전략은 미국이 중국을 새로운 위협 요인
으로 인식하고 있다는 점을 반영한다. 실제로 2013년 5월 미중정상회담에서
양국 정상은 댜오위다오(일본명 센카쿠열도) 영유권 문제, 미국의 대만에 대한
무기 판매 문제, 남중국해 문제, 중국의 환율조작 문제 등에서 견해 차이를
노정했고, 오바마 대통령 역시 "양국 간 불가피하게 긴장된 분야들(areas of
tension)이 있다"는 점을 인정했다(The White House, 2013.6.7).

미국이 대외정책의 중점을 아시아태평양 지역으로 전환하기 시작한 것은
중국의 부상을 견제함과 동시에 역내에서의 미국의 영향력을 회복하기 위해
서이다. 하지만 중국은 미국 오바마 정부의 '아시아로의 회귀' 정책은 중국을
봉쇄하려는 미국의 의도였다고 간주했다(黃平倪編, 2013). 이에 대응해 중국은
주변 국가들과의 정치·경제 관계를 강화함과 동시에 미국에 대해서는 중국

의 핵심 이익을 존중받기 위한 노력을 시도했다. 2011년 1월 미국을 방문한 후진타오 국가주석은 오바마 대통령과의 정상회담을 통해 "상호 존중과 상호 호혜의 협력동반자 관계 공동 건설에 노력(致力於共同努力建設相互尊重, 互利共贏的合作夥伴關係)"할 것을 합의했다(≪中國新聞網≫, 2011.1.20).

2013년 새롭게 출범한 시진핑 지도부는 미국을 겨냥해 '신형대국관계(新型大國關係)'를 제안하기에 이른다. 중국이 제안한 신형대국관계는 "不충돌, 不대항, 상호 존중, 협력과 공영(win-win)"을 핵심 내용으로 하며, 주권과 영토 등과 같은 핵심 이익(core interests) 수호를 전제로 해 체제와 발전 방식에 대한 상호 존중을 강조한다. 중국이 미국과의 신형대국관계 구축을 제안한 것은 시진핑 시기 중국의 외교 전략 변화와 관련성이 있고 미국의 아시아 재균형 정책에 대응하기 위해 제시되었다(신종호, 2016). 즉 시진핑 지도부는 기존의 평화적 발전(和平發展) 노선은 유지하되 중국의 국제적 위상에 걸맞은 외교 정책 추진 및 '핵심 이익' 수호를 동시에 강조하고 있다. 또한 미국의 '재균형' 정책을 자국 견제로 인식한 중국은 국내외 현안 해결을 위해 미국과의 패권 경쟁은 회피하는 것이 바람직하다는 판단하에 핵심 이익 수호를 전제로 한 신형대국관계를 제안한 것이다.

이러한 중국의 신형대국관계 구축 제안에 대해 미국은 신중한 입장이었는데, 그 이유는 바로 양국 간 상호 전략적 신뢰의 부족과 상대방 의도에 대한 의구심에서 기인한다. 특히 미국 내에서 시진핑의 주변외교 강조를 미국의 '아시아 재균형' 전략에 맞선 중국판 '아시아 회귀' 전략의 일환으로 인식하거나, 심지어는 중국의 신형대국관계 구축 제안을 '아시아판 먼로주의(Monroe Doctrine)'[6]로 인식하는 등 미중 간 상호 전략적 불신이 여전히 유지되었다. 결

---

6   '중국판 먼로주의', 혹은 '아시아판 먼로주의' 논쟁은 할로란(2008.1.31), Kurlantzick(2006: 1~8), Mendis(2014.5.6)를 참조. '중국판 먼로주의'에 대한 중국의 비판은 王义桅(2014.7.8), 王毅(2016. 2.26)를 참조.

그림 6-1 역대 미중관계 유형

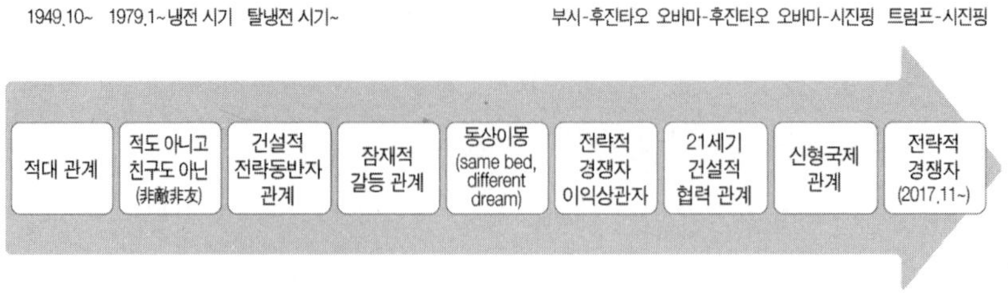

1949.10~ 1979.1~냉전 시기 탈냉전 시기~   부시-후진타오 오바마-후진타오 오바마-시진핑 트럼프-시진핑

| 적대 관계 | 적도 아니고 친구도 아닌 (非敵非友) | 건설적 전략동반자 관계 | 잠재적 갈등 관계 | 동상이몽 (same bed, different dream) | 전략적 경쟁자 이익상관자 | 21세기 건설적 협력 관계 | 신형국제 관계 | 전략적 경쟁자 (2017.11~) |

자료: 신종호 외(2019: 35).

국 오바마 행정부의 대중국 정책은 국제질서에 중국을 끌어들여 '억제'보다는 책임을 강조하는 데 더 큰 목적이 있었기 때문에 중국의 제안을 완전하게 수용하지는 않았다고 볼 수 있다. 또한 미국은 군사력 등 종합 국력에서 여전히 중국을 압도하고 있고 자국 주도의 국제질서를 유지할 수 있다는 믿음을 갖고 있기 때문에 중국이 제안한 신형대국관계를 수용하지 않은 것이다.

'미국 우선(America First)'을 강조하면서 2017년에 출범한 트럼프 행정부의 최대 관심 국가는 중국이었다. 특히 경제·통상 분야에서 미국의 대중 적자를 우려하고 있는 트럼프 대통령 입장에서 중국은 미국의 전략적 경쟁 국가이자 위협 국가로 인식되었다. 이에 2017년 미 백악관은 「국가안보전략(National Security Strategy)」 보고서를 발간해 중국을 '전략적 경쟁자(strategic competitor)'로 규정했고(The White House, 2017.12.8), 미 국방부는 역시 2019년 6월 「인도·태평양 전략보고서(Indo-Pacific Strategy Report)」를 발간해 중국을 지역의 주요 위협으로 규정했다(The Department of Defense, 2019.6.1).

3) 최근 미중관계의 특징과 뉴노멀

미중관계는 1979년 수교 이후 40여 년 동안 대립과 협력, 경쟁과 갈등을 반복하면서 발전했고, 여기에는 일정한 패턴이 존재해 왔다. 즉 미중은 반테러, 환경, 기후변화 등과 같은 다양한 글로벌 이슈와 상호 호혜의 경제적 상호 의존 및 북한 비핵화 등과 같은 역내 안보 문제에 대해서는 대체로 협력기조를 유지하는 가운데 사안별로 갈등을 했다. 하지만 전통적인 군사·안보문제나 대만 문제 및 남중국해 문제와 같은 핵심 이익에 대해서는 협력보다는 대립과 갈등 기조가 강했다. 이처럼 냉전 및 탈냉전 시기 미중관계가 '협력 속 갈등' 및 '갈등 속 협력' 패턴을 지속한 가장 중요한 이유는 미국의 국력이 중국에 비해 압도적으로 강했기 때문이다. 이로 인해 미중관계는 오랫동안 미국이 주도(action)하고 중국이 대응(reaction)하는 패턴으로 전개되었다.

하지만 2008년 미국발 글로벌 금융위기 이후 미중관계는 기존과 다른 새로운 패턴, 즉 '뉴노멀(New Normal)' 현상을 보여주고 있다.[7] 미중관계 뉴노멀 현상은 크게 세 가지 차원에서 잘 드러나고 있다. 첫째, 미중 간 국력 격차가 갈수록 좁혀지면서 미국의 힘이 중국을 압도적으로 제압할 수 있는 수준에 이르지 못하고 있다. 경제력의 경우 미국의 GDP가 여전히 중국을 앞서지만 격차는 갈수록 줄어드는 추세에 있고, 군사력의 경우 중국의 군사 현대화 노력에도 불구하고 미국이 여전히 중국을 압도하고 있다. 하지만 종합 국력 차원에서 볼 때 미국과 중국의 격차가 갈수록 줄어들고 있는 것은 분명해 보인다.[8] 물론 현재와 같은 미국의 경제력 및 군사력 우위 추세가 향후 5~10년 혹

---

7 중국의 저명한 미중관계 전문가인 왕지쓰(王緝思) 교수 역시 미중관계를 일종의 '뉴노멀' 상태로 평가한 바 있다. 즉 미중 간 경쟁과 협력이 동시에 강화되는 추세 속에서 무역 통상과 글로벌 거버넌스, 인문사회 분야의 협력은 심화되고 있지만 국제 안보 영역, 특히 아태 지역 안보 문제에서 경쟁은 더욱 격화되고 있다고 보았다(王緝思, 2016: 22~25).

8 세계은행(World Bank) 자료(https://tradingeconomics.com)에 따르면, 미국의 명목 GDP는 2010년 16조 1970억 달러에서 2019년 21조 4277억 달러로 약 32% 증가했고, 같은 기간 중국은 8조 5322억 달러에서 14조 3429억 달러로 약 66% 성장한 것으로 나타났다. 반면, 구매력지수(PPP) 기준 GDP는 이미 2004년에 중국이 미국을 넘어섰고, 2019년에는 중국이 27조 3088억 달러로 미국의 21조 4394억 달러를 훨씬 상회했다. 국제통화기금(IMF) 자료(http://statisticstimes.com/

은 더 오랫동안 유지될 가능성도 배제할 수 없지만, 미래 어느 시점에 미중 간 국력 격차가 좁혀질 경우에는 미국이 힘의 우위를 지속할 것이라는 점을 장담하기는 쉽지 않다.

둘째, 미중 경제적 상호 의존도는 여전히 높지만 무역 통상 갈등 역시 지속 혹은 심화되는 이른바 '상호 의존의 역설' 현상이 나타나고 있다. 그동안 미중 간 높은 수준의 상호 의존도는 양국 갈등 확산을 일정 정도 제어하는 역할을 해왔다. 하지만 트럼프 행정부는 '미국 우선'의 정책 기조하에서 중국에 대한 관세 및 무역 통상 압박을 통한 대중국 무역적자 해소 및 중국 견제 노력을 시도함으로써 양국 간 경제적 상호 의존을 오히려 '무기화'하려는 시도를 했다(Farrell and Newman, 2019: 42~79). 이에 대해 중국은 미중 경제 통상 관계의 안정을 자신들이 주장하는 '신형대국관계' 구축에 매우 중요한 요소로 보고 무역 협상 타결에 노력하겠지만, 원칙적 문제에 대해서는 절대 양보하지 않겠다는 방침(不願打, 不怕打, 不得不打)을 견지하고 있다.[9]

셋째, 미중 간 대립과 갈등의 영역이 기존의 전통적 안보 영역에서 벗어나 에너지와 사이버 안보 및 기술 패권 등과 같은 비전통 안보 영역으로 새롭게 확대되고 있다.[10] 2018년부터 본격화된 미중 무역 통상 분쟁이 2019년을 지나면서 다른 영역(관세, 기업제재, 금융 등)으로 확산되었고, 특히 2020년 코로

---

economy/countries-by-gdp-ppp.php) 참조. 2019년 기준 미국 국방비는 7320억 달러로 세계 국방비 지출의 38%를 차지하고 있으나, 중국은 2610억 달러로 세계 국방비 지출의 14%를 차지하는 데 그치고 있다. 자세한 내용은 스톡홀름국제평화연구소(SIPRI) 발간 자료(https://www. sipri. org/yearbook/2019) 참조.

9　2018년에 시작된 미중 무역 분쟁과 관련해 중국 정부는 2019년 6월 『미중 경제 통상 협상에 관한 중국의 입장』이라는 제목의 백서를 발간해, "중국은 무역 협상 타결을 위해 노력하지만 원칙의 문제에 대해서는 절대 양보 불가 방침을 고수할 것"이라는 입장을 밝힌 바 있다(中华人民共和国 国务院 新闻办公室, 2019).

10　미중 기술 패권 경쟁 가능성은 다음을 참조. Zhong·Mozur(2018.3.23), Lim(2019), Akita(2018. 8.19), 孙海泳(2019: 78~97), 郑永年(2018.4.24).

나19의 전 세계적인 유행으로 인해 미중 간 진원지 및 책임론 공방으로까지 이어졌다.

넷째, 최근 중국의 핵심 이익(홍콩, 대만, 신장위구르 등)에 대한 미국의 '중국 때리기' 현상이 심화되면서 미중 전략 경쟁은 좀 더 장기화되고 구조화되는 추세에 있다. 2020년 코로나19 발생 초기 발원지를 둘러싼 미중 간 책임론 공방이 치열하게 전개되는 과정에서 미국은 중국의 '홍콩판 국가안전법' 통과에 대해 제재 방침을 천명하면서 대중국 견제와 압박의 수위를 높이고 있다. 이에 대해 중국 정부는 홍콩 문제가 내정(內政)에 속하는 문제라는 점을 들어 외부 세력(특히 미국)이 간섭할 수 없다고 주장하고 있다. 또한 2020년 8월에는 알렉스 아자르(Alex Azar) 미 보건 장관이 대만을 방문해 코로나19 공동 대응에 관련된 협의를 하고, 미국과 대만 간 보건 분야 양해각서(MOU) 체결, 차이잉원 총통을 예방하는 등 중국 정부의 반발을 살 만한 일들이 이루어졌다. 이 밖에도 2020년 7월 미중 양국 주재 영사관(휴스턴, 청두) 상호 폐쇄, 언론인 상호 추방, 미국의 중국 통신장비업체 화웨이에 대한 제재, 중국 동영상 앱[틱톡(TikTok)]과 채팅 앱[위챗(WeChat)]의 미국 내 사용 금지 결정 등과 같이 미중 간 힘겨루기가 전방위적으로 확대되고 있는 추세에 있다. 더 큰 문제는 미국의 '중국 때리기'와 중국의 강력한 반발 추세가 향후에도 지속될 가능성이 높다는 점이다. 전임 트럼프 행정부 시기에도 미국 민주·공화 양당이 대중국 강경 정책만큼은 일치했다는 점에서, 2021년 1월에 출범한 미국 바이든 행정부 역시 대중국 견제와 압박을 지속할 가능성이 높다. 하지만 중국은 미국의 대중 견제와 압박에 대해 원칙적 입장에서 강력하게 대응하고 있지만 대내외적 문제(코로나19 대응, 경기부양 등) 해결에 치중해야 하는 상황에서 미국과의 전면적인 충돌은 회피할 수밖에 없다는 점에서 미중 갈등 장기화 추세는 지속될 가능성이 높다.

3. 주요 이슈별 미중 간 상호 인식

미국과 중국이 갖고 있는 상이한 정치 체제와 이데올로기 및 국가정체성 등으로 인해 상호 인식의 차이는 당연할 수 있다. 하지만 '중국의 부상'이 좀 더 현실화될수록, 그리고 미국의 압도적 힘이 상대적으로 약화될수록 양국 간 상호 인식의 간극은 좁혀지기가 쉽지 않다. 더 큰 문제는 이미 많은 분야 에서 미중 간 상호 인식의 차이가 나타나고 있다는 사실이다.

1) 중국의 부상

미국과 중국의 상호 인식의 차이는 이른바 '중국의 부상'을 둘러싸고 가장 두드러진다. 미국 주류의 시각은 이른바 '중국의 부상'이 미국에게 도전이자 기회라는 점을 인식하면서도 주로 '도전'의 측면에 주목하고 있다. 대표적인 현실주의 국제정치학자인 미어샤이머는 "부강한 중국은 절대로 현상 유지를 선호하지 않을 것이며, 역내 패권국의 지위를 성취하고자 공격적으로 나올 것"이라고 주장한 바 있다(Mearsheimer, 2001: 402). 또한 2018년 5월 11일 미국 국제전략연구소(CSIS)가 개최한 미중 수교 기념 "미중관계 40년: 지난 40년, 이 후 40년" 학술회의에서도 이러한 시각이 잘 드러나고 있는데, 미국이 중국의 부상에 대해 우려하는 시각이 강하다면, 중국은 이러한 우려를 불식하려는 양상을 보이고 있다(CSIS, 2018.5.11).

반면, 1990년대 국제사회에서 유행하던 '중국위협론'을 완화 내지 해소하 기 위해 중국 지도부는 중국이 강대국으로 부상하더라도 평화적 발전의 길 을 가겠다는 의지를 적극적으로 표명했다. 실제로 중국에서는 2003년 '평화 적 부상(和平崛起)'론이 제기되었으나 2004년을 거치면서 '평화적 발전(和平發 展)'으로 변화되었다(Glaser and Medeiros, 2007: 291~310; Bijian, 2003.11.3). 2013

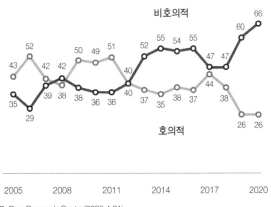

그림 6-2 **미국인의 중국에 대한 인식 변화 추이(2005~2020)**

(단위: %)

비호의적

호의적

자료: Pew Research Center(2020.4.21).

년 출범한 시진핑 지도부는 기존의 '평화적 발전' 기조를 유지하는 가운데, '신형 국제 관계' 건설 및 '인류 운명 공동체'를 구축하는 '중국 특색의 대국 외교'를 대외정책의 목표로 설정했다(신종호, 2018: 130). 이는 곧 국제사회가 제기하고 있는 '투키디데스 함정(thucydides trap)'을 우회해 '중국의 길(中國道路)'을 안정적으로 지속할 수 있는 국제 환경을 조성하겠다는 의도를 표출했다. 즉 2035년이나 2050년까지는 중국의 경제발전과 체제 안정에 우선순위를 두고, 미국과의 패권 경쟁이나 대결을 유보하겠다는 것이다.

하지만 2018년에 본격화된 미중 무역 전쟁이 향후 기술 패권으로 진화되고 더 나아가 본격적인 패권전쟁으로 확산될 가능성도 제기되고 있는 상황에서 미중 간 상호 인식의 차이는 더욱 커질 가능성이 높다. 이와 관련해 주목할 점은 미국 국민들의 중국에 대한 인식이 갈수록 나빠지고 있다는 것이다. 2020년 4월 미국의 여론조사 전문기관인 퓨리서치센터(Pew Research Center)가 진행한 설문조사에 따르면, 미국인 중에서 중국에 대해 호의적(favorable)으로 생각한다고 답한 사람은 26%에 그친 반면, 비호의적(unfavorable)으로 생각한다고 답한 사람은 66%에 달하는 것으로 나타났다(Pew Research Center, 2020.4.21). 특히 미국인의 중국에 대한 비호의적인 생각은 조사가 시작된 2005년 35%, 2008년 42%로 나빠지기 시작했고, 시진핑 국가주석이 집권한 2013년 이후에는 50%를 상회(2013년 52%, 2014년 55%, 2015년 54%, 2016년 55%)하기 시작했다. 또한 트럼프 행정부 출범 직후인 2017년(47%)과 2018년(47%) 미국인의 중국에 대한 비호의적인 생각이 잠시 하락했으나, 2019년 무역 분쟁을 거치면서 비호의적인 생각이 60%에 달했고, 2020년에는 '코로나19' 요인으로 인해 66%까지 치솟았다. 더 큰 문제는 미중관계의 전략적 갈등 추세가 장기화, 구조화되면서 미국인의 중국에 대한 부정적인 인식도 갈수록 늘어날 가능성이 높다는 점이다.

2) 국제질서와 국제규범

국제질서와 국제규범과 관련해서도 미국과 중국 간 인식 차이가 있다. 오바마 대통령 취임 이후 미국은 중국을 적으로 보지 않고 글로벌 이슈에 대한 협력동반자로 인식하고 '중국의 부상'을 환영하면서도, 그것이 반드시 국제법과 국제규범의 틀 속에서 이루어져야 한다는 점을 강조해 왔다. 2014년 4월 오바마 대통령이 필리핀 방문 시 "국제법과 국제규범에 부응하는 아시아가 중요하다"라는 점을 밝힌 바 있는데, 이는 동중국해와 남중국해의 영토 문제에 대한 국제법적 대응을 강조한 것으로써 중국을 염두에 둔 발언이라고 할 수 있다(The White House, 2014.4.29). 미국의 카터(Carter) 국방장관 역시 2016년 ≪포린 어페어스(Foreign Affairs)≫ 기고문에서 중국이 남중국해에서 규칙을 지키지 않음으로 인해 스스로 고립을 자초하고 있으며, 많은 국가들의 우려를 자아내고 있다고 강조했다(Carter, 2016).

반면 중국은 미국 주도의 국제질서를 존중하는 전제하에서 개혁과 개선을 강조하고 있다. 2015년 9월 시진핑 국가주석은 미국 방문 시 오바마 대통령과 정상회담에서 "중국은 현 국제질서의 참여자, 건설자, 공헌자인 동시에 수익자"라는 점을 강조하며, 중국은 "현 국제질서를 더욱 공정하고 합리적인 방향으로 발전시키고자 한다"라고 강조했다. 최근 미중 상호 인식 심화 추세 속에서, 중국 내 전문가들 역시 국제질서를 둘러싼 미중 간 불일치가 존재하고 있다고 보고, 양국이 국제질서 주도를 위한 '규칙 경쟁(規則之爭)'이 가속화되고 있다고 평가하고 있다. 즉 중국은 글로벌 거버넌스와 국제 체제의 변혁을 추진하고, 정치 영역에서 '국제 관계의 민주화'를 추구하는 데 비해, 미국은 '자유주의적 국제질서'를 계속 공고화하고 '세계민주화'를 추구한다는 것이다(王缉思·袁鵬·赵明昊, 2017.5.22).[11]

결국 중국과 미국은 국제무역규칙과 국제해양법 및 사이버 안보 등 방면에서 여전히 대립하고 있고, 관련 규칙에 대한 공감대가 여전히 부족하다. 따라서 미중이 향후 공동의 규칙에 기초한 국제질서를 어떻게 구축하느냐에 따라 미중관계의 미래가 결정될 가능성이 높다. 하지만 문제는 중국의 '발전 방식(model; 路)'에 대한 미국 조야의 의구심이 갈수록 높아지고 있다는 점이다.

최근 미국에서 "중국은 이데올로기적으로 완전히 다른 국가이고, 발전의 목표와 수단이 다르다"라는 인식이 강조되고 있다(Campbell and Ratner, 2018). 따라서 미국의 현실주의 국제정치학자들 역시 미중 간 정치, 사회, 법, 제도가 상이하기 때문에 동아시아에 다자 협력이나 지역주의에 기초한 협력체를 기대하기 어렵다고 주장한다(Friedberg, 1993/94: 5~33; Mearsheimer, 2001; 2006: 160~162; 2010: 381~396).

하지만 중국 지도부는 상대방의 체제와 발전 노선을 상호 존중할 것을 강

---

11   중국의 국제질서 인식 변화에 대한 최근 연구는 이동률(2020) 참조.

조해 왔다. 2013년 3월 시진핑 국가주석은 러시아를 방문해 모스크바 국립 국제관계대학교에서의 강연에서 "신발이 발에 맞는지 안 맞는지는 신발을 신은 사람만이 알 수 있고, 한 국가의 발전 방향은 그 나라 사람이 가장 잘 안다"라는 이른바 '신발론(鞋子論)'을 언급한 바 있고, 2014년 3월에도 유럽 4개국(네덜란드, 프랑스, 독일, 벨기에)과 유럽연합 본부를 방문한 자리에서 "귤이 회수를 건너면 탱자가 된다. 중국은 다른 나라의 정치제도나 발전 방식을 그대로 옮겨 적용할 순 없다"라는 이른바 '탱자론(橘化爲枳)'을 언급했다(≪中央政府网≫, 2013.3.24; ≪人民网≫, 2014.3.30). 이처럼 시진핑 지도부는 이른바 '중국 특색의 사회주의', 즉 "외국 정치 문명의 유익한 성과는 본받되 중국 정치제도의 근본을 버려서는 안 된다"라는 점을 강조함으로써(中国共产党中央宣传部, 2019), 각국이 타국의 체제와 발전 노선을 상호 존중할 것을 주장하고 있다.

하지만 민주주의 정치 체제를 기준으로 자국과 정체성을 동일시해 왔던 미국의 입장에서 볼 때, 중국의 국내 정치가 민주주의의 길을 밟지 않는 한 양국 간의 상호 인식 차이는 지속될 것이고, 특히 중국이 '중국 특색(中國特色)', 혹은 '중국 방안(中國方案)'을 강조하며 미국을 위시한 서방과는 다른 '발전 방식'을 고수할 경우, 미중 간 대립과 갈등의 폭과 깊이는 더욱 확대될 가능성이 있다(신종호 외, 2018: 25, 131~133). 이러한 가능성을 잘 드러내주는 것이 바로 미 백악관이 2020년 5월 발간한 「중국에 대한 미국의 전략적 접근 (United States Strategic Approach to the People's Republic of China)」보고서라고 할 수 있다(The White House, 2020.5.20). 미국은 동 보고서를 발간해 중국의 공산당 일당독재 체제에 대한 비판과 함께 미국의 국방·경제·외교 등 다방면의 대응 방안을 설정하고 있다.

또한 바이든 행정부 출범 이후 미국이 '글로벌 리더십 회복'을 위해 다자주의와 동맹 재구축을 강조함으로써 미중 간 인권과 민주주의를 둘러싼 갈등이 심화될 가능성이 높아졌다. 예를 들어, 2021년 8월 미 백악관은 바이든 대통령의 선거공약이었던 '민주주의를 위한 정상회의(Summit for Democracy)'를 개최하겠다는 계획을 발표했고(The White House, 2021.8.11), 실제로 동년 12월에 이 회의를 개최하면서 대만을 포함한 110여 개국이 참여했다.

3) 대만 문제[12]

이른바 '대만 문제'는 미중관계에 영향을 미친 핵심 요인으로 작용해 왔는데, 가장 중요한 이유는 양국의 대만 문제에 대한 근본적 인식 차이에서 기인한다.[13] 중국은 줄곧 '하나의 중국(One China Policy)' 원칙에 의거해 대만 문제를 자국의 주권 및 영토와 관련된 핵심이자 내정 문제로 간주해 왔다. 반면, 미국은 1950년대 한국전쟁 이후 대만의 안보를 자신들의 아태 지역에서의 전략적·경제적 이익과 직결되는 문제로 인식했다.

중국과 미국의 대만에 대한 인식 차이는 양국의 대만정책에도 영향을 주었다. 중국은 1949년 이후 무력을 통한 대만 해방정책에서 점차 평화적 방식으로 전환함과 동시에 대만의 분리 독립 시도 및 미국 등 외세의 개입에 대해서는 강력하게 반대하는 강·온 양면 정책을 실시했다. 미국은 1970년대 중국과의 관계 정상화 과정에서 대만 문제의 해결을 위해 중국과 원칙적인 합의를 했음에도 불구하고, 냉전과 탈냉전 시기를 거치면서 이른바 '전략적 모호성(strategic ambiguity)'에 기초해 대만 문제를 동북아에서 중국의 세력 확장을 견제하는 '카드'로 활용해 왔다(김재철, 2007: 206; 서진영, 2006: 273).

2008년 글로벌 금융위기 이후 미국의 대중국 전략적 협력 모색, 중국의 핵심 이익 강조와 대미 공세, 중국과 대만의 교류 협력 강화 등으로 인해 대만

12　신종호(2013: 81~104) 내용을 수정·보완.

13　대만 문제와 미중관계 관련 연구는 문흥호(2008), 신상진(2019: 47~80)을 참조.

문제가 중미 관계에서 차지하는 중요성은 과거보다 줄어들었다. 하지만 2017년 트럼프 행정부 시기는 물론 2021년 바이든 행정부 출범 이후에도 대만 문제는 미중관계의 중요한 변수로 다시 부각되고 있다. 즉 미중 간 전략 경쟁이 심화되면서 미국 정부가 대만 문제를 대중국 전략적 탐색과 견제를 위한 '전략적 카드'로 활용하기 시작한 것이다. 예를 들어, 2016년 12월 트럼프 대통령 당선자의 대만 차이잉원(蔡英文) 총통과의 축하 전화 통화, 2018년 3월 미 의회의 '대만여행법(Taiwan Travel Act)' 통과, 3월 21일 알렉스 윙(Alex Wong) 미 국무부 동아시아 태평양 담당 부차관보 대만 방문 시 미국재대만협회(AIT) 연설 및 차이잉원 총통 면담, 2019년 5월 미 하원에서 대만에 무기와 전술 등을 제공할 수 있도록 하는 '대만보증법(Taiwan Assurance Act of 2019)' 통과, 2019년 8월 미 국방부가 대만에 대한 22억 달러 규모의 무기 판매 및 F-16 전투기 66기 판매 승인, 2020년 8월 9일 아자르 미 보건 장관 대만 방문 시 보건 분야 양해각서(MOU) 체결 및 차이잉원 총통 예방 등이 대표적이다.

바이든 행정부 역시 '대만카드'를 활용한 대중국 강경정책을 지속하고 있다. 미국은 2021년 4월 미일 정상회담과 5월 한미정상회담 이후 발표된 공동성명에 '대만해협의 안정과 평화'라는 문구를 삽입하는 데 성공했고, 대만과 해양경찰 분야에서의 협력을 위한 양해각서에도 공식 서명했으며, 미국-대만 간 '무역투자기본협정(Trade and Investment Framework Agreement)'에 대한 협상을 재개함과 동시에 반도체 공급망 구축을 위한 협력 방안을 논의하기도 했다.

이와 같은 미국의 '대만카드' 활용 시도에 대해 중국은 '하나의 중국' 원칙과 관련한 미중 합의 위반이라며 강력하게 반발하고 있다. 시진핑 국가주석은 2018년 3월 전국인민대표대회 폐막 연설을 통해 '하나의 중국' 원칙을 견지하고 어떠한 국가 분열 행위도 이겨낼 수 있다고 전제한 뒤, 위대한 조국의 한 치의 영토도 절대로 중국에서 분리할 수 없고 분리될 가능성도 없음을 강조했다(≪新華网≫, 2018.3.20). 2020년 8월 아자르 미 보건 장관의 대만 방문과 관련해서도 중국 외교부 대변인은 '하나의 중국' 원칙에 의거해 미국과 대만의 실질적 관계 진전에 대해 강력한 반대 입장을 표명했다(中华人民共和国外交部, 2020.8.12).

중국은 2021년 10월 1~4일 '국경절' 연휴에 군용기 총 149대를 출동시켜 대만 방공식별구역을 침범한 바 있으며(≪연합뉴스≫, 2021.10.11), 동년 10월 22일에는 왕원빈(汪文斌) 중국 외교부 대변인이 정례 브리핑을 통해 "중국은 주권과 영토 완정과 관련된 핵심 이익에 대해 어떠한 타협과 양보도 없을 것이다"는 점을 강조했다(中华人民共和国外交部, 2021.10.22).

중국과 미국의 상호 불신과 오해로 인해 대만 문제는 여전히 양국 관계의 발전을 저해할 수 있는 가장 민감한 사안으로 남아 있다. 미국은 글로벌 이슈 해결을 위해 중국과의 협력적 관계 유지가 핵심이라고 인식하지만, 대만을 포기하거나 대만에 대한 안보 공약을 감소하기보다는 '하나의 중국' 원칙을 근본적으로 위배하지 않는 조건하에서 대만과의 비정치적인 관계를 강화할 가능성이 높다. 중국 역시 기본적으로 중미 간 전략적 협력 기조 유지를 저해하는 불필요한 갈등이나 긴장이 대만해협에서 조성될 가능성을 우려하지만, 대만 문제와 관련해 미국에 대해 현재보다 더 공세적인 입장을 추구할 것이다. 왜냐하면 중국은 여전히 대만 문제를 내정으로 인식하고 있고, 최근 중국의 국제적 지위와 영향력이 높아짐에 따라 미국을 압박할 수 있는 수단이 갈수록 많아질 것이기 때문이다. 특히 중국은 대만과의 관계를 강화함으로써 외부 요인(미국)이 내정에 개입하는 여지를 줄이고자 할 것이다.

4) 한반도 문제[14]

(1) 미중의 한반도에 대한 정책 기조

미국과 중국은 그동안 한반도를 자국의 동아시아 지역 정책의 하위 구조로 인식해 왔다.[15] 즉 동아시아는, 부상하는 중국에 대한 미국의 전략적 의도와 정책이 가장 잘 표출되는 중요한 지역이었고, 미국의 동아시아정책은 자국의 한반도정책을 형성하는 거시적이고 구조적인 환경으로 작동해 왔다. 오랫동안 미국은 한반도를 통해 동아시아 지역의 안보적·전략적 가치를 유지하고자 했고, 한미동맹은 동아시아에서 미국의 동맹 전략이 효율적으로 운용될 수 있는 중요한 구성 요소였다.

특히 2017년 출범한 트럼프 행정부는 '미국 우선'이라는 정책기조하에서 북한에 대해서는 '최대의 압박과 관여'를 강조했다. 이는 곧 전임 오바마 행정부가 중시하던 '전략적 인내'를 기반으로 한 대북정책에서 벗어나 좀 더 적극적인 대북정책을 추진하겠다는 의지의 표현이었다. 결국 트럼프 행정부는 북한의 거듭된 핵·미사일 위협에 대처하고 국내 정치(중간선거 등)에 대한 고려 차원에서 2018년 6월 싱가포르에서의 역사적인 1차 북미정상회담을 성사시켰다. 1차 북미정상회담은 새로운 북미 관계 수립과 한반도의 완전한 비핵화를 위해 노력한다고 합의하는 등 초보적인 성과를 거둔 것으로 평가할 수 있다. 하지만 2019년 2월 베트남 하노이에서 열린 2차 북미정상회담에서

---

14 한반도 문제에 대한 미중의 인식에 대해서는 신종호 외(2019: 53~60), 신종호(2016b: 133~157)를 참고해 수정·보완했다.

15 미중관계가 한반도에 구조적 영향을 미칠 것이고 한국의 전략적 선택을 제한할 것이라는 주장은 이수형(2013: 81~105), 구본학(2015: 135~160), ≪신동아≫(2020)를 참조. 이와 관련해 이남주(2020: 12~39)는 샌프란시스코 체제로 대표되는 동아시아 질서가 미중관계 변화(협조에서 대립으로)로 인해 도전을 맞이하고 있으며 이를 극복하기 위해서는 다자 협력에 대한 새로운 접근, 특히 소다자 협력에 대한 적극적인 모색이 필요하다는 점을 주장한다.

는 북미 간 비핵화와 체제 안전 보장을 둘러싼 입장 차이를 좁히지 못한 채 뚜렷한 성과 없이 종료되었다. 이후 북미 간 스톡홀름 실무 협상에서도 협상은 진전을 이루지 못한 채 2021년 현재까지 교착상태가 지속되고 있다.

바이든 행정부 출범 이후 2021년 4월 미 백악관은 '대북정책 검토(North Korea Policy Review)'를 완료했다고 언급하며 '한반도의 완전한 비핵화'를 대북정책의 목표로 제시했고, 이를 위한 수단으로 '외교적 해법'과 '단호한 억지'를 병행하겠다는 점을 강조했다(The White House, 2021.4.30). 하지만 북미 간 비핵화 해법에 대한 선후경중의 차이가 여전하고, 특히 북한은 미국의 대북 적대시 정책이 철회되지 않았다는 이유를 들어 아직까지 호응하지 않는 등 북미 교착상태는 당분간 지속될 가능성이 높다.

중국의 한반도정책 역시 기본적으로 미중관계의 틀 속에서 형성된다고 할 수 있다. 중국의 한반도 정책은 상황에 따라 우선순위가 바뀌기도 했지만 기본적으로 세 가지의 원칙적 입장(한반도의 평화와 안정 유지, 한반도 비핵화, 대화를 통한 문제 해결)을 유지해 왔다(≪新华网≫, 2013.4.13). 언뜻 보기에는 중국이 한반도의 평화와 안정을 유지하고 한반도 비핵화를 이루기 위해 적극적인 노력을 해온 것으로 보이지만, 실제 중국은 자국의 지속적인 경제발전을 보장하기 위해 주변 지역인 한반도의 평화와 안정이 유지되기를 원하는 소극적인 '현상 유지' 측면이 더 강하다고 할 수 있다. 왜냐하면 한반도에서의 급격한 현상 타파가 곧 미국과의 충돌로 비화되는 것을 우려하기 때문이다. 이러한 이유로 인해 중국은 줄곧 북한과는 전통적 우호협력 관계를 유지하고,[16] 한국과는 전략적 협력관계를 증진시키고자 하는 '두 개의 한국(two Koreas)'

---

16 북한과 중국은 오랫동안 '혈맹관계'를 유지해 왔으나, 1992년 한중 수교와 2000년대 북한의 잇따른 핵·미사일 실험으로 인해 잠시 관계가 소원해지기도 했다. 그러던 북중 관계가 최근 들어 정치적·경제적으로 더욱 밀착하면서 전통적인 우호협력 관계를 회복하고 있다. 심지어 북한 김정은 국무위원장과 중국 시진핑 국가주석은 2018년과 2019년에 총 다섯 차례의 정상회담을 개최했다.

정책을 유지하고 있다. 그리고 이러한 중국의 '현상유지'적 경향성은 미중 전략경쟁의 심화에 따라 지속될 가능성이 높다.

(2) 북핵정책과 통일 문제

미중의 한반도정책의 핵심은 북한, 특히 북핵 문제라고 할 수 있다. 북핵 문제에 대한 미중의 목표는 기본적으로 일치하지만 구체적인 셈법에는 차이가 존재한다. 즉 북한의 비핵화라는 공동의 목표는 같지만 이를 달성하기 위한 구체적인 수단과 방식에는 차이가 존재한다. 미국은 한국과의 공조를 통해 줄곧 "북한이 핵무기 및 미사일 프로그램을 즉각적이고 완전하며 검증 가능한 불가역적 방법으로 폐기할 것"을 주장했고, 북한의 잇따른 핵·미사일 도발에 대응해 자체적인 대북 독자제재 및 국제공조를 강조하고 있다. 중국 역시 그동안 한반도 정책의 3원칙을 줄곧 강조해 왔으나, 2016년 북한의 4차 핵실험 이후에는 북한 비핵화와 평화협정 체결 병행론을 주장하는 등 대화와 협상에 무게를 두기 시작했고 이러한 기조는 현재까지 지속되고 있다.[17]

이처럼 북핵 문제를 둘러싼 미중 간 셈법의 차이가 나타나는 가장 중요한 이유는 바로 양국이 한반도 문제를 미중 간 동아시아 상호 인식의 하위 구조로 인식하고 있기 때문이다. 하지만 이는 곧 미중이 한반도 문제, 특히 북핵 문제 해결 과정에서 미중의 전략적 이해관계에 기반한 '접점'을 모색하거나 '타협'을 시도함으로써 우리의 입장을 고려하지 않을 수 있다는 점을 동시에 의미하기도 한다는 점에서 매우 우려스러운 상황이다.

미중의 대북제재에 대한 입장과 정책 역시 공통점보다는 차이점을 더 많이 보여주고 있다. 미국은 북한의 완전한 비핵화를 대북제재의 목표로 삼고 있다. 미국은 트럼프 행정부 출범 이후 북한에 대한 '최대의 압박과 관여' 정

---

17   한반도 비핵화에 대한 중국의 입장에 대해서는 다음을 참조. 이동률(2019: 157~192), 이희옥(2018: 7~39).

책을 지속함으로써 북한의 비핵화에 초점을 맞추었고, 바이든 행정부 출범 이후에도 이러한 정책 기조는 당분간 유지될 가능성이 있다. 미국은 대북제재로 인해 북한 김정은 국무위원장이 북미 간 비핵화 협상에 임하게 되었다고 인식하는 등 대북제재의 효과를 긍정적으로 평가하고 있다. 따라서 미국은 북한이 여전히 한반도 정세의 긴장을 고조하고 비핵화 협상에 적극적으로 나서지 않고 있는 상황에서는 제재 완화를 고려하기 어렵다는 점을 강조하고 있고, 유엔 회원국들의 철저한 대북제재 준수를 촉구하고 있다.

반면, 중국은 2016년 1월 북한의 4차 핵실험 이후부터 좀 더 적극적으로 대북제재에 동참하고 있지만, 국제사회의 대북제재가 북한 정권의 붕괴를 목표로 하는 것에 대해서는 반대하는 입장을 분명히 밝히고 있다. 이러한 이유로 2019년 12월 중국은 러시아와 함께 유엔 안보리에 대북제재 완화 결의안 초안을 제출한 바 있고, 이는 곧 대북제재 완화를 통해 북미 비핵화 협상을 촉진하려는 노력으로 보인다. 그리고 미중 전략 경쟁이 심화될수록 중국은 대북제재를 완화하기 위해 다양한 시도를 할 가능성이 높다.

한반도 통일 문제와 관련해서도 미중 양국은 한반도의 평화적·자주적 통일을 지지한다는 원칙적 입장을 갖고 있지만, 실제로는 통일 과정에서 한반도에 대한 영향력 경쟁을 가장 중요하게 고려하고 있다. 즉 미국은 통일한국이 친중 국가화되는 것을 가장 우려하고 있고, 중국 역시 통일 과정 및 통일 이후의 한반도가 최소한 중국과 미국 사이의 중간 지대에서 중립적 성격의 국가가 되기를 희망하며, 가장 경계하는 것은 한반도 전체가 미국의 영향권에 전면 편입되어 친미·반중 국가화되는 것이다(Yi, 2000: 71~118). 이는 곧 한반도가 통일을 이루기 위해서는 이와 같은 미중의 우려를 해소하려는 작업이 우선적으로 이루어져야 한다는 점을 시사한다.

4. 결론

미중 수교 40년 동안의 상호 인식의 역사를 볼 때, 향후 미중관계는 클린턴-장쩌민 시기의 '건설적인 전략적 협력동반자', 부시-후진타오 시기의 '전략적 경쟁자' 및 '책임 있는 이익 상관자', 오바마-시진핑 시기의 '신형대국관계'보다는 전략적 경쟁과 갈등이 심화될 가능성이 높다.

그동안 미국의 대중 인식과 관련해 민주당은 협력에 기반했고 공화당은 경쟁에 기반한 인식 수준을 보여주었지만, 최근 중국과의 무역 전쟁을 겪으면서 미국 조야에서는 중국에 대한 우려와 두려움이 증대됨으로 인해 대중국 견제의 필요성에 대한 공감대가 광범위하게 형성되기 시작했다. 미국의 대중국 견제의 영역 역시 그동안 미중관계에서 금기시되었던 대만 문제와 홍콩 문제로 확대되고 있고, 양국 간 전략적 불신이 여전히 해소되지 않고 있다는 점에서 미중 전략 경쟁은 더욱 구조화되고 장기화될 가능성이 있다.

중국도 2018년 시진핑 2기 지도부의 공식 출범과 함께 시진핑 '1인 우위' 체제가 본격화되면서 국내 정치와 외교정책, 특히 미중관계에 영향을 미칠 가능성이 높아졌다. 즉 시진핑과 측근 인사들이 산적한 국내 경제사회적 현안을 해결하기 위해 중화민족주의 정서를 과도하게 활용함으로써 외교정책 결정 과정에서 정책적 판단 실수가 나타날 경우, 이로 인한 비(非)시진핑 파벌들의 반발과 견제 강화 등 국내 정치에 부정적 영향을 미치는 상황이 나타날 수도 있는 것이다. 또한 최근 들어 주변국과의 문제가 발생하고 있는 중국의 일대일로 구상 및 중국경제의 경착륙 현상 등이 두드러질 경우, 중국지도부는 국내 문제에 집중하기 위해 미국과의 관계에서 보다 소극적인 태도를 보일 가능성도 배제할 수 없다(신종호, 2018: 115~124). 특히 중국 내에서 미국에 대한 패배주의와 과도한 경제적 의존도 심화에 대한 비판이 존재하고 있는 상황에서[18] 일정 정도의 양보를 통해 미국에 대해 유연한 대응 전략을 취할 수밖에 없는 상황이다.

결국 중국이 여전히 미국과의 전략적 협력을 강조하고 있음에도 불구하고 미국이 군사·안보와 정치 및 대만 문제 등에서 중국과의 관계를 어떻게 설정하느냐에 따라, 그리고 시진핑 지도부가 미국의 중국에 대한 전면적인 견제와 봉쇄에 어떻게 대응하느냐에 따라 미중관계의 미래 전개 방향은 달라질 것이다. 특히 2018년부터 본격화된 미중 전략 경쟁이 2020년 '코로나19'의 전 세계적 유행(Pandemic)을 거치면서 더욱 '가속화'되었고, 바이든 행정부 출범 이후에도 지속될 가능성이 높다는 점에서, 향후 미중관계의 전개 방향에 따라 한반도를 포함한 동아시아 정세에도 영향을 미칠 가능성이 높다.

한국의 입장에서 미중관계가 어떻게 전개될 것인가에 대해 관심을 갖는 이유는 그것이 남북관계와 한반도 통일에 많은 영향을 미치기 때문이다. 한국은 '분단국가'라는 특수성으로 인해 대북·통일 정책을 추진하는 데 있어서 이른바 '북한 변수'뿐만 아니라 미중 갈등과 같은 '외부 변수'도 동시에 고려해야 한다. 따라서 최근 미중 두 강대국이 국익을 놓고 벌이고 있는 경쟁과 갈등은 남북관계와 한반도 통일에 부정적인 영향을 줄 수 있다. 왜냐하면 미중 모두 한반도를 자국의 영향력 아래에 두기 위해 우리에게 이른바 '줄 세우기'를 강요할 가능성이 있기 때문이다. 미국은 자국의 경제적 이익과 한미동맹을 연계하고, 한·미·일 3국 협력을 압박할 것이며, 중국 견제를 위한 '인도·태평양 전략'에도 한국이 적극 동참하기를 희망할 것이다. 중국 역시 한반도에 대한 '현상 유지' 정책을 유지하는 가운데 북한이나 러시아와 긴밀하게 협력할 것이고, '일대일로 구상'에 한국이 좀 더 적극적으로 동참할 것을 요구할 것이다. 이와 같은 미중의 한국에 대한 영향력 행사는 우리의 대북·통

---

18   대표적으로 리샤오(李曉) 지린대학교 교수는 2017년 6월 27일 지린대학교 경제학원 졸업식 연설문에서 미국 시장과 미국 제조업, 핵심기술, 미국 농산물, 달러 시스템 등에 대한 중국의 심한 의존도를 지적했다. 리샤오 교수의 연설문은 ≪吉林大學新聞網≫(2017.7.2)을 참조.

일정책을 추진하는 데 있어서 일종의 '선택의 딜레마'를 안겨줄 가능성이 높다.

이처럼 미중 경쟁과 갈등이 심해지면 우리 정부의 대북정책과 한반도 평화 프로세스에도 부정적인 영향을 미칠 것이고, 중장기적으로도 우리의 통일정책을 추진하는 데 장애요인으로 작용할 수 있다. 따라서 우리는 미중 갈등이 초래하는 부정적인 영향을 최소화하고 오히려 이를 기회로 활용할 수 있어야 한다. 이를 위해 먼저, 미국과 중국의 국가 전략인 인도·태평양 전략과 일대일로 전략에 기계적·순응적으로 연계하기보다는 우리의 국익에 기반한 대응 전략을 마련하고 이를 중장기적으로 관철해 나가야 한다. 다음으로, 미중 모두 한반도의 '현상 유지'를 선호할 가능성이 매우 높다는 점에서 '남북관계 개선과 한반도 비핵화 및 평화 체제 구축'과 같은 한반도 문제의 근본적인 해결을 위해 한국이 주도적인 역할을 해야 한다. 셋째, 중장기적으로도 미중 모두 한반도 통일에 대해 적극성을 보이지 않을 수 있기 때문에 우리의 입장에서는 통일한국이 미중을 포함한 주변국에게 적대적이지 않을 것이라는 점을 설득하는 논리를 개발하는 것이 중요하다.

참고문헌

구본학. 2015. 「한·미동맹과 한·중 전략적 동반자관계의 조화」. ≪신아세아≫, 22(4), 135~ 160쪽.

김재철. 2007. 『중국의 외교전략과 국제질서』. 폴리테이아.

_____. 2010. 「세계금융위기와 중국의 대미정책」. ≪중소연구≫, 34(2), 15~40쪽.

문홍호. 2008. 「중미관계와 대만문제: 미국의 대대만정책을 중심으로」. ≪중소연구≫, 117.

서진영. 2006. 『21세기 중국외교정책』. 폴리테이아.

신상진. 2019. 「시진핑 신시대 중국의 대만정책과 양안관계의 변화: '평화발전'에서 '평화통일'로의 이행」. ≪중소연구≫, 43(3), 47~80쪽.

신종호. 2013. 「글로벌 금융위기 이후 중미관계와 대만문제」. ≪국방연구≫, 56(3), 81~104쪽.

_____. 2016a. 「미·중 전략경쟁 시대와 한국의 전략적 선택」. ≪Jpi 정책포럼≫, 2016-04.

_____. 2016b. 「시진핑 시기 중국의 대외전략 변화와 한반도 정책에 대한 영향」. ≪통일정책연구≫, 25(2), 133~157쪽.

_____. 2018. 『중국 시진핑 2기 지도부 구성과 대외정책 전망』. 통일연구원.

신종호 외. 2018. 『2030 미중관계 시나리오와 한반도』. 통일연구원.

_____. 2019. 『뉴노멀시대 미중관계 변화와 한국의 대북·통일전략』. 통일연구원.

이남주. 2020. 「동아시아 질서의 변화와 새로운 지역협력의 모색: 샌프란시스코체제의 동학(動學)을 중심으로」. ≪경제와 사회≫, 125, 12~39쪽.

이동률. 2019. 「한반도 비핵, 평화 프로세스에 대한 중국의 전략과 역할」. ≪한국과 국제정치≫, 35(1), 157~192쪽.

_____. 2020. 「중국의 국제질서에 대한 인식 및 전략의 변화와 시진핑 정부의 강국화 전략」. ≪JPI PeaceNet≫, 2020-16.

이수형. 2013. 「제2기 오바마 행정부의 동아시아 전략과 미중 관계: 남북한 한반도 정치에 미치는 영향과 대응방안」. ≪국방연구≫, 56(1), 81~105쪽.

이희옥. 2018. 「중국의 대북한 영향력과 북중관계의 '재정상화'」. ≪중소연구≫, 42(3), 7~39쪽.

전재성. 2012. 「2008년 경제위기와 미중관계의 변화, 한국의 전략」. ≪한국과 국제정치≫, 28(1).

할로란, 리처드(Richard Halloran). 2008.1.31. "중국의 동남아 패권 야욕". ≪세계일보≫.

≪신동아≫. 2020. "윤영관 前장관 '한반도, 美中 대리전 戰場 될 수도'". ≪신동아≫, 8.

≪연합뉴스≫. 2021.10.11. "중국 군용기 3대, 쌍십절에 대만 방공식별구역 진입". (검색일:

2021.12.1).

孙哲 编. 2010. 『全球金融危机与中美关系变革』. 北京: 时事出版社.

孙海泳. 2019. 「特朗普政府对华科技战略及其影响与应对」. ≪国际展望≫, 第3期, 78~97쪽.

王毅. 2016.2.26. "发展中的中国和中国外交: 王毅在美国战略与国际问题研究中心的演讲". ≪人民日报≫.

王义桅. 2014.7.8. 「亚洲新安全观是中国版门罗主义?」. ≪观察者网≫.

王缉思. 2016. 「中美关系进入一个'新常态'」. 北京大学国际战略研究院 专题资料汇编. 『中国国际战略评论2016』. 北京: 世界知识出版社.

王缉思·袁鹏·赵明昊. 2017.5.22. "中美智库研究报告① l 两国应根据新现实制订新的共同准则". ≪澎湃新闻≫.

郑永年. 2018.4.24. "技术冷战与中美冷战的序曲". ≪联合早报≫.

中国共产党中央宣传部. 2019. 『习近平新时代中国特色社会主义思想学习纲要』. 北京: 学习出版社, 人民出版社.

中华人民共和国 国务院新闻办公室. 2019. 『"关于中美经贸磋商的中方立场"白皮书』. 北京: 国务院新闻办公室.

中华人民共和国外交部. 2020.8.12. "2020年8月12日外交部发言人赵立坚主持例行记者会". https://www.fmprc.gov.cn/web/wjdt_674879/fyrbt_674889/t1805875.shtml (검색일: 2020.9.15).

中华人民共和国外交部. 2021.10.22. "2021年10月22日外交部发言人汪文斌主持例行记者会." https://www.mfa.gov.cn/web/wjdt_674879/fyrbt_674889/202110/t20211023_9729494.shtml (검색일: 2021.12.1).

陈玉刚. 2009. 「金融危机, 美国衰落与国际关系格局扁平化」. ≪世界经济与政治≫ 第5期.

黄平倪编. 2013. 『美国问题研报告』. 北京: 社会科学文献出版社.

≪吉林大学新闻网≫. 2017.7.2. "你们赶上了一个伟大的时代".

≪新华网≫. 2013.4.13. "王毅强调中方在朝鲜半岛问题上三个'坚持'立场".

_____. 2018.3.20. "习近平: 在第十三届全国人民代表大会第一次会议上的讲话".

_____. 2019.1.1. "中美两国领导人互致贺信庆祝两国建交40周年".

≪人民网≫. 2014.3.30. "中欧友谊和合作: 让生活越来越好".

≪中国网≫. 2019.3.8. "王毅谈中美建交40周年: 合则两利 斗则俱伤".

≪中国新闻网≫. 2011.1.20. "中美建设相互尊重互利共赢的合作伙伴关系".

≪中央政府网≫. 2013.3.24. "国家主席习近平在莫斯科国际关系学院的演讲(全文)".

Akita, Hiroyuki. 2018.8.19. "US-China Trade War is Battle for Tech Hegemony in Disguise." *Nikkei ASIAN REVIEW*.

Bijian, Zheng. 2003.11.3. "A New Path for China's Peaceful Rise and the Future of Asia."

Campbell, Kurt M. and Ely Ratner. 2018. "The China Reckoning: How Beijing Defied American Expectations." *Foreign Affairs*, Mar/Apr.

Carter, Ash. 2016. "The Rebalance and Asia-Pacific Security: Building a Principled Security Network." *Foreign Affairs,* Nov/Dec.

Clinton, Hillary. 2011.11.10. "America's Pacific Century." *U.S. Department of State*.

CSIS. 2018.5.11. "Forty Years of U.S-China Relations: The First Forty, The Next Forty."

Dupont, Alan. 2020.7.8. "The US-China Cold War Has Already Started." *The DIPLOMAT*.

Farrell, H. and A. L. Newman. 2019. "Weaponized Interdependence: How Global Economic Networks Shape State Coercion." *International Security*, 44(1), pp.42~79.

Ferguson, Niall. 2020.7.5. "America and China are Entering the Dark Forest." *Bloomberg*.

Friedberg, Aaron L. 1993/94. "Ripe for Rivalry: Prospects for Peace in a Multipolar Asia." *International Security*, 18(3), pp.5~33.

Glaser, B. and E. Medeiros. 2007. "The Changing Ecology of Foreign Policy-Making in China: The Ascension and Demise of the Theory of 'Peaceful Rise'." *The China Quarterly*, 190, pp.291~310.

Jervis, Robert. 1976. *Perception and Misperception in International Politics*. Princeton: Princeton University Press.

Karabell, Zachary. 2018.10.31. "A Cold War is Coming, and It isn't China's Fault." *Foreign Policy*.

Kurlantzick, Joshua. 2006. "China's Charm: Implications of Chinese Soft Power." *Policy Brief*, 47(Carnegie Endowment for International Peace), pp.1~8.

Land, Michael. 2018.4.15. "America vs. Russia and China: Welcome to Cold War II." *The National Interest*.

Lieberthal, K. and W. Jisi. 2012. *Addressing U.S.-China Strategic Distrust*. John L. Thornton China Center Monograph Series 4. Washington, D.C.: Brookings Institution.

Lim, Darren. 2019. "The US, China and 'Technology War'." *Global Asia*, 14(1).

McCoy, Alfred. 2017.9.26. "Why We're on Track to War With China by 2030."

Mearsheimer, J. 2001. *The Tragedy of Great Power Politics*. New York: W.W. Norton.

_____. 2006. "China's Unpeaceful Rise." *Current History*, April, pp.160~162.

_____. 2010. "The Gathering Storm: China's Challenge to US Power in Asia." *China Journal of International Studies*, 3, pp.381~396.

Mendis, Patrick. 2014.5.26. "Chinese behaviour in Asian seas driven by Monroe Doctrine of its own." *South China Morning Post.*

Pew Research Center. 2020.4.21. "U.S. Views of China Increasingly Negative Amid Coronavirus Outbreak."

South China Morning Post. 2020.5.5. "Coronavirus: China and US in 'New Cold War' as Relations Hit Lowest Point in 'More than 40 Years', Spurred on by Pandemic."

Tellis, Ashley J. 2013. "U.S.-China Relations in a Realist World." in David Shambaugh(ed.). *Tangled Titans: The United States and China.* Lanham: Rowman and Littlefield Publishers, Inc.

The Department of Defense. 2019.6.1. "Indo-Pacific Strategy Report: Preparedness, Partnerships, and Promoting a Networked Region."

The White House. 2013.6.7. "Remarks by President Obama and President Xi Jinping of the People's Republic of China Before Bilateral Meeting."

_____. 2014.4.29. "President Obama Speaks at Port Bonifacio."

_____. 2017.12.8. "National Security Strategy of the United States of America."

_____. 2020.5 20. "United States Strategic Approach to the People's Republic of China."

_____. 2020.8.11. "President Biden to Convene Leaders' Summit for Democracy".

_____. 2021.4.30. "Press Gaggle by Press Secretary Jen Psaki Aboard Air Force One En Route Philadelphia, PA".

Yi, Xiaxiong. 2000. "A Neutralized Korea? The North-South Rapprochement and China's Korean Policy." *The Korean Journal of Defence Analysis*, 12(2) (winter), pp.71~118.

Zhong, Raymond and Paul Mozur. 2018.3.23. "For the U.S. and China, a Technology Cold War That's Freezing Over." *The New York Times.*

제3부
양안 관계와 일국양제

제7장
양안 관계와 중국의 경제특구 전략
푸젠성 핑탄을 중심으로

| 조정원 원광대학교 한중관계연구원 |

1. 서론

1978년 개혁개방 이후 중국은 외부 자본 유치와 선진 기술, 경영 노하우 습득을 위해 경제특구를 설립·운영해 괄목할 만한 성과를 거뒀다. 특히 홍콩 자본의 중국 대륙 유치를 위해 최초의 경제특구를 설립한 광둥성(廣東省) 선전(深圳)은 중국 남방의 창업 및 기술 진보의 허브로서의 기능을 수행하고 있다. 중국은 선전 경제특구 설립 이후 대만 자본의 유치와 중국과 대만의 경제협력을 위해 1980년 10월 대만과 지리적으로 인접한 푸젠성(福建省) 샤먼(廈門)에 경제특구를 설립했다. 그 이후 샤먼은 1992년 중국 국무원으로부터 계획단열시로 지정되어 성(省)급 행정 구역과 동등한 경제적 권한을 향유하고 대만의 자본과 인력, 기술을 받아들이면서 양안 경제협력의 중추적인 역할을 해왔다. 샤먼 경제특구 설립 이후 대만의 기업들은 샤먼 외에도 중국의 다른 도시에도 진출해 중국에서 적극적으로 사업을 하고 있다. 그중 애플,

소니 등 해외 유명 업체들의 OEM 제품 생산에 강점이 있는 폭스콘(Foxconn)은 광둥성 선전을 시작으로 중국 연해 지역과 내륙에 생산 라인을 구축해 중국의 저렴한 노동력을 적극적으로 활용하고 있기도 하다. 대만 대기업들 외에도 대만 중소 상공인들의 중국 대륙 진출로 인해 양안 경제협력은 중국에서 자본과 일자리 창출에 중요한 부분의 하나로 자리 잡았다.

2008년 중국 대륙과의 경제협력을 중시하는 국민당의 마잉주(馬英九) 총통의 당선은 양안 경제협력이 더욱 강화되는 계기로 작용했다. 마잉주 총통 취임 이후 대만과 중국은 양안 경제협력 기본협정 협상을 진행했고 2010년 6월 29일 중국 충칭에서 양안 경제협력 기본협정(Economic Cooperation Framework Agreement, 이하 ECFA)을 체결하면서 대만과 중국 간의 상품 무역의 관세 장벽을 철폐했다(中央政府门户网站, 2010.6.29). ECFA 체결 이후 중국 중앙정부의 국무원 국가발전개혁위원회(이하 발개위)는 대만의 자본과 인력, 기술 유입의 활성화를 유도하기 위해 2011년 11월에 핑탄 종합실험구 종합발전규획을 내놓으며 현재까지 개발을 진행하고 있다(国家发展和改革委员会, 2011: 1~10). 종합실험구가 위치한 핑탄은 섬의 면적이 371.91km^{2}로 중국에서 다섯 번째로 큰 섬이며 아직 개발되지 않은 지역들이 많기 때문에 새로운 도시와 산업단지와 연구개발 단지를 건설, 운영할 수 있다(绿野, 2015.9.6). 그리고 핑탄은 대만해협과 가까워서 개발이 성공할 경우 대만과의 인적 교류와 경제협력을 추진하는 플랫폼 역할을 할 수 있는 강점이 있다.

기존 연구에서는 양안 관계와 중국의 경제특구 전략과 관련해서 1980년 10월 경제특구 설립 이후부터 1992년까지 샤먼 경제특구의 대만 투자 현황과 문제점에 대한 연구(Luo and Howe, 1993: 746~769), 1997년까지의 샤먼에서의 중국의 개혁개방 정책과 산업 개혁에 대한 단행본이 나와 있다(Luo, 2001: 1~174). 그러나 핑탄을 포함한 중국 중앙정부의 새로운 경제특구 전략인 종합실험구에 대한 연구는 찾아보기 어렵다. 현재 중국 중앙정부가 개발을 추진하고 있는 핑탄 종합실험구는 이전의 경제특구와는 달리 창업을 통한 새로운 아이디어와 신기술의 상업화, 풍력발전을 통한 에너지 전환을 통해 중국 대륙의 새로운 사회·기술 시스템의 전환을 추구하는 개념으로 볼 수 있다. 그렇다면 중국 중앙정부는 왜 푸젠성 핑탄을 새로운 개념의 경제특구인 종합실험구로 지정했는가? 중국 중앙정부는 푸젠성 핑탄 종합실험구 개발을 통해 양안 관계에 어떤 변화를 주고자 하는가? 현재까지 핑탄 종합실험구의 성과와 문제점은 무엇인가? 이 글에서는 이 세 가지 질문을 중심으로 양안 관계와 중국의 경제특구 전략 변화의 과정 및 현황을 설명하고 향후 핑탄 종합실험구가 양안 관계의 질적 변화를 유도할 수 있을지를 예측해 보고자 한다.

2. 핑탄 종합실험구의 설립 배경과 원인

중국 중앙정부의 핑탄 종합실험구 설립과 개발은 대외적 요인과 국내적 요인이 함께 작용한 결과이다. 우선 대외적으로는 양안 간의 무역과 인적 교류가 꾸준히 늘어났으며 2008년 12월 마잉주의 국민당 정권이 3통 정책(항공, 해운, 우편의 자유 왕래)을 시행하면서 양안 간의 교류, 협력이 더욱 강화되는 계기가 마련되었다. 1979년부터 2011년까지 대만의 대중국 수출 규모는 4260배 증가했고 중국의 대대만 수출 규모는 781배 증가했다(유병규·이해정·이용화, 2012: 6).

또한 1988년 대만의 3불 원칙(접촉, 대화, 타협 금지)과 1995~1996년의 미사일 위기에도 불구하고 양안 간의 인적 교류도 꾸준히 증가해 1988년부터 2011년까지 대만의 대중국 인적 교류는 12배, 중국의 대대만 인적 교류는 1370배 증가했다(유병규·이해정·이용화, 2012: 6).

양안이 무역과 인적 교류를 통해 얻는 이익이 커지면서 중국 중앙정부는

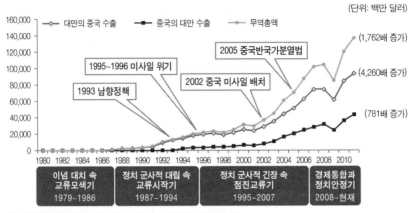

그림 7-1 **중국-대만 수출입 추이(1980~2011)**

(단위: 백만 달러)

자료: 대만해협교류기금회, 대만경제부, 유병규·이해정·이용화(2012: 6).
(　　): 1979년 대비 2011년 증가 배수

기존의 샤먼 경제특구 외에 새로운 개념의 특구를 개발해 대만과의 경제협력을 강화하고 중국의 청년들에게 새로운 일자리를 창출하고자 했다.

국내적 요인으로는 시진핑 국가주석의 푸젠성 근무 경력과 핑탄의 지리적 조건에 대한 경험, 이해가 가장 크게 작용했다. 시진핑은 1985년 푸젠성 샤먼 부시장을 시작으로 1993년부터 1996년까지 푸젠성 푸저우시 공산당 서기, 1996년부터 1999년까지 푸젠성 공산당 부서기 및 푸젠성 성장 대리, 2000년부터 2002년까지 푸젠성 성장을 역임했다(百度百科, 2019). 그는 17년 동안 푸젠성에 근무하면서 푸젠성의 양안 경제협력 거점으로서 그 기능을 강화하기 위해서는 핑탄섬의 개발이 필요하다는 점을 알게 되었다. 핑탄은 대만해협과 가까우며 아직 개발되지 않은 공간이 많고 바람이 강한 곳이기 때문에 중국의 새로운 산업 발전과 창업, 풍력발전 산업 진흥에 유리한 특성을 가지고 있다. 또한 핑탄은 대만 북부의 타이베이 항까지 3시간 30분, 대만 남부의 가오슝 항까지는 4시간 30분이면 선박으로 이동이 가능하다. 그렇기 때문에 핑탄 종합실험구의 교통 물류 인프라 개발이 완성되면 중국과 대만

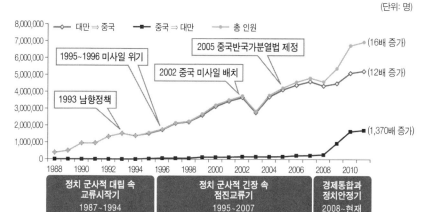

그림 7-2 중국-대만 인적 교류(1988~2011)

(단위: 명)

범례: ─◇─ 대만 ⇒ 중국　─■─ 중국 ⇒ 대만　─●─ 총 인원

1995~1996 미사일 위기

2005 중국반국가분열법 제정

2002 중국 미사일 배치

1993 남향정책

(16배 증가)

(12배 증가)

(1,370배 증가)

| 정치 군사적 대립 속 교류시작기 1987~1994 | 정치 군사적 긴장 속 점진교류기 1995~2007 | 경제통합과 정치안정기 2008~현재 |

자료: 대만해협교류기금회, 대만경제부, 유병규·이해정·이용화(2012: 6).
(　　): 1988년 대비 2011년 증가 배수

의 인적 교류와 무역을 비롯한 경제협력을 강화하는 데 활용할 수 있다.

3. 핑탄 종합실험구 설립 규획의 주요 내용

2011년 11월 발개위가 내놓은 핑탄 종합실험구 설립 규획을 살펴보면 핑탄 종합실험구도 샤먼 경제특구와 마찬가지로 대만의 자본과 기술, 인력의 유입을 유도하고 있다. 그러나 발개위는 핑탄에 전통 제조업의 육성보다 화석연료에서 재생에너지로의 에너지 전환과 새로운 산업의 육성에 초점을 맞추고 있다.

핑탄 종합실험구의 조석 에너지 발전은 2008년에 만들어진 핑탄 싱푸 양차오 조석발전소를 활용해 전력을 생산하고 있기 때문에 가능하다. 양차오 조석발전소는 조차 평균이 4.45m, 최대 조차가 7.16m이며 매년 31.5억Wh

표 7-1 핑탄 종합실험구의 에너지 전환과 신산업 육성

산업	주요 내용
풍력발전	핑탄의 강한 바람을 활용한 해상 풍력발전 추진
조석 에너지	핑탄 주변 바다의 간만의 차와 조석 에너지를 활용
IT	자동차 전장 산업, 광전자, 신형 모니터, 집적회로 설계 산업 육성
신재료	나노 기술과 고분자 신재료 산업을 중심으로 푸젠성 푸저우(福州), 샤먼, 취안저우(泉州)의 관련 산업 발전 유도
해양산업	중국의 농어업 인력·기반과 대만의 인력·자본·기술을 활용해 농업의 발전·해산물의 가공·해산물의 냉동 보존 기술 발전 공동 추진 해양 생물을 활용한 의약품 개발, 해양 자원 종합 이용 기술개발을 위한 양안 협력 추진

자료: 国家发展和改革委员会(2011: 3~4).

의 전력 생산을 할 수 있다(百度百科, 2018).

발개위는 양차오 조석발전소를 기반으로 생산되는 전력을 활용해 석탄 화력발전에 의존하지 않는 친환경 전력 생산과 소비를 추진하려 하고 있다.

또한 발개위는 중국 대륙과 핑탄섬, 대만을 연결하는 육상 교통의 연계와 핑탄의 해상 교통 물류 인프라 강화도 추진하기로 했다.

핑탄 종합실험구는 풍력발전을 중심으로 하는 신재생에너지 산업의 육성과 바다에서 추출되는 물질을 활용한 제약 산업의 발전, 나노 기술을 기반으로 하는 새로운 산업의 진흥을 목표로 하고 있다. 이는 네덜란드가 에너지 전환을 중심으로 새로운 사회·기술 시스템의 구축을 추구했던 것과 유사하다.[1] 중국 중앙정부는 종합실험구를 해상 풍력발전과 조석 에너지, 나노 기술과 신약 산업 등의 새로운 산업 육성의 실험 공간으로 활용하고자 한다. 종합실험구는 혁신적 기술이 실험을 통해 사회적으로 수용 가능한 기

---

1   네덜란드의 경제부(Ministerie van Economische Zaken; Ministry for Economic Affair, EZ)는 2000년대 초부터 '에너지전환(energietransite)' 정책을 추진하기 시작했다. 네덜란드의 '에너지 전환'에서 각별히 주목해야 할 점은 교통, 생산 공정, 농업 등에서의 에너지 활용에 대한 관심이다(김병윤, 2008: 2).

표 7-2 핑탄 종합실험구의 교통 물류 인프라 구축과 해양산업 발전 계획

분야	주요 내용
육상 교통 물류 인프라 구축	스마트 교통관제 시스템 도입 핑탄해협 대교의 복교 건설 푸저우 창러공항-핑탄 고속도로 건설 푸저우-핑탄 철도 건설
친환경 교통수단 보급	전기자동차와 자전거의 보급 경전철 건설 및 운행
해상 교통 물류 인프라 구축	진징 작업구 건설을 통한 핑탄항 기능 강화 핑탄항-대만 고속 여객 및 화물 노선 운행

자료: 国家发展和改革委员会(2011: 5~6).

술로 육성되는 보호 공간인 니치(niche)의 역할을 수행한다(이영석·김병근, 2014: 184). 종합실험구에서의 연구개발과 실험을 통해 신기술에 대한 불확실성과 부정적 인식이 줄어들고 신기술 확산과 신산업 발전의 장애 요인을 완화할 수 있다(Schot and Geels, 2008: 537~554). 중국 중앙정부는 핑탄 종합실험구에서의 새로운 사회·기술 시스템의 육성을 위해 대만의 자본과 기술, 인력을 활용하면서 양안 경제협력의 수준을 제고하려 하고 있다. 중국 중앙정부의 핑탄 종합실험구의 발전 방향은 선전과 샤먼을 비롯한 기존 중국의 경제특구가 석탄과 석유 등의 화석연료와 내연기관 자동차, 철강과 같은 기존 제조업을 중심으로 산업과 경제 발전을 추구했던 것과 분명한 차이를 보이고 있다.

4. 핑탄 종합실험구의 성과와 문제점

현재 핑탄 종합실험구의 가장 큰 성과는 중국 대륙과 핑탄섬, 핑탄섬 내부의 교통 인프라 구축이다. 핑탄섬과 푸젠성 푸저우시, 핑탄섬과 푸저우 창러

공항를 연결하는 도로가 완공되어 핑탄섬의 도로 교통 접근성이 강화되었다. 또한 매일 핑탄-타이베이항, 핑탄-가오슝항의 여객 노선이 운행하면서 양안 간의 인적 교류에 활용되고 있다. 2020년 12월 26일에 푸젠성(福建省) 푸저우(福州)와 핑탄을 35분에 주파하는 푸핑 고속철도가 개통되었다(郜曉安, 2020). 향후 핑탄의 고속철도 네트워크가 베이징, 상하이, 선전 등의 대도시와 연결되면 중국 우수 인력의 핑탄으로의 유입, 핑탄의 관광 산업 활성화에 기여할 수 있을 것이다.

그러나 핑탄 종합실험구는 중국 중앙정부의 지원에도 불구하고 몇 가지 장애 요인에 직면해 있다. 우선 가장 의욕적으로 만들었던 대만창업원은 중국 중앙정부의 세제 혜택과 초기의 입주 열기에도 불구하고 창업의 성공 사례를 찾아보기 어렵다. 또한 광둥성 선전에서와 같이 창업을 위해 자발적으로 핑탄을 찾아오는 대류과 대만의 청년들도 늘어나지 않고 있다. 그리고 2008년 5월 20일부터 2016년 5월 20일까지 집권한 마잉주 총통의 국민당 정권하에서도, 대만의 고학력 기술 인재들은 중국 대류 기업들을 평생직장으로 생각하지 않았고 복리후생과 근로 여건이 좋은 기업으로의 이직이 가능하면 다시 대만으로 돌아올 수 있다고 보았다(Chou and Tung, 2019: 92). 그렇기 때문에 중국 대류의 종합실험구를 포함한 각종 해외 인재 유입 정책에도 불구하고 대만의 고학력 기술 인재들의 중국 대류으로의 유입이 대만 중앙정부가 우려할 만한 수준에 도달하지 않았다(Chou and Tung, 2019: 93).

그리고 핑탄 종합실험구에 대한 대만의 유명 대기업의 투자와 생산 라인 설치 및 운영도 부진하다. 핑탄 종합실험구에 대한 대만 자본의 투자뿐만 아니라 대만의 대중국 무역에 대한 기여도 아직 가시적인 성과가 나오지 않고 있다. 2018년 대만의 대중국 투자는 4911억 달러, 대만과 중국의 무역액은 2262억 5000만 달러로 사상 최대를 기록했지만 핑탄 종합실험구가 양안 간의 무역과 투자 증대의 요인으로 작용하지 않았다(中共中央台湾工作办公室·国务

院台湾事务办公室, 2018.5.14a; 2018.5.14b). 핑탄 종합실험구에 대만 제품을 면세로 판매하는 면세점이 매일 오전 9시부터 오후 5시까지 운영되고 있지만 핑탄섬 주민들과 핑탄섬을 방문한 관광객들만이 혜택을 누릴 수 있다(趣平潭网, 2019).

다행히 중국 중앙정부의 지속적인 교통 인프라 투자와 관광업의 회복, 양안 간의 무역 수요는 핑탄 종합실험구의 경제 성장에 도움이 되고 있다.

코로나19 팬데믹의 영향으로 핑탄도 중국 국내 관광객 유입에 어려움을 겪을 때가 있었지만 2021년 상반기에는 중국의 코로나 방역 정책으로 인해 코로나 확진자 증가 추세가 완화되면서 핑탄으로의 관광객 유입이 다시 늘어나는 모습을 보였다.

중국 국무원 국가발전개혁위원회의 통계에 따르면 2021년 5월 노동절 연휴 기간에 핑탄을 방문한 관광객은 58만 3000명, 관광수입 4억 9000만 위안으로 2019년 5월 노동절 연휴에 비해 각각 41.73%, 25.53% 증가했으며, 일일 최고 방문객 수는 16만 명을 돌파했다(中华人民共和国国家发展和改革委员会 综合司, 2021).

중국 국무원 대만판공실의 2021년 2월 24일 언론 브리핑에 따르면 핑탄-타이베이, 핑탄-가오슝의 통로를 지나는 양안 농수산품 무역, 해운 익스프레스, 전자상거래는 최근 몇 년간 40~60%의 고속성장을 유지하고 있다(石龙洪·查文晔·刘欢, 2021).

2021년 1월부터 5월까지 핑탄 종합실험구의 수출입 총액은 전년 동기 대비 75.1% 증가했는데, 이 중 수출 총액은 전년 동기 대비 150.7% 증가했고, 수로 화물 유통량은 전년 동기 대비 57.6%가 늘어났으며, 컨테이너 물동량은 전년 동기 대비 62.7% 증가했다(中华人民共和国国家发展和改革委员会 综合司, 2021). 특히 코로나19 팬데믹으로 인한 비대면 전자상거래의 성장은 핑탄 종합실험구의 양안 무역 활성화에 도움을 주고 있다.

5. 결론 및 전망

핑탄 종합실험구는 2008년부터 8년간 집권한 대만 국민당 정권의 3통 정책과 푸젠성에 장기간 근무한 현 중국 국가주석 시진핑의 양안 경제협력에 대한 의지가 결합해 추진되고 있는 사업이다. 중국 중앙정부는 핑탄 종합실험구 개발을 중국 수도권의 허베이성(河北省) 바오딩시(保定市) 슝안신구(雄安新區)와 함께 시진핑 국가주석의 주요 개발 프로젝트 중의 하나로 추진하고 있다. 핑탄 종합실험구 개발은 현재까지 해상 교통 인프라 구축에서 가시적인 성과를 거뒀다. 그리고 현재까지 중국 중앙정부의 정치적 지원도 계속되고 있다. 2019년 3월 중국 전국정치협상회의 위원 우즈밍(吳志明) 등이 언급한 핑탄과 대만 신주를 연결하는 해저 터널 계획도 중국에서는 이미 준비가 되어 있고 대만과 건설 관련 실무 합의가 되면 착공이 가능하다.[2] 핑탄-신주 해저터널이 완공, 개통되어 양안 간의 고속철도 운행이 가능해지면 양안 간의 인적 교류와 경제협력이 보다 활발해지는 계기가 될 수 있다. 2016년 5월 20일부터 집권하고 있는 차이잉원(蔡英文)의 민주진보당 정권하에서도 중국과 대만 간의 무역 수요는 지속되고 있다. 대만과 인접한 핑탄 종합실험구는 중국 중앙정부의 지속적인 인프라 투자를 통해 양안 간의 수출입 물류 유입을 늘리고 있으며 전자상거래 활성화를 통해 양안 무역의 규모 증대를 시도하고 있다.

그러나 상술한 바와 같이 핑탄 종합실험구는 종합실험구에서의 대만 자본과 기술 유입, 대만 청년들의 창업 붐 조성에 어려움을 겪고 있다. 이는 대만

---

2   중국공정원의 지원을 받은 연구 팀이 핑탄에서 대만해협을 건너 대만 신주(新竹)를 연결하는 135km 의 해저 터널 설계안을 2017년에 완성했는데 계획대로 터널이 완공되면 '영국-프랑스해협 터널(37.9km)' 의 3배가 넘는 세계 최장 해저 터널이 된다. 계획안에 따르면 해저 터널은 3개의 별도 터널로 구성된다. 서로 반대 방향으로 시속 250km의 고속철도가 다니는 2개의 터널과 함께 전력선, 통신 케이블, 비상 통로 등을 포함한 1개의 터널로 구성된다(박은경, 2018.8.6).

의 우수 인력들이 중국 대륙을 자신의 복리후생 제고에 도움이 되는 데만 활용하려는 경향이 남아 있다. 그리고 핑탄의 거센 바람은 겨울에 난방이 확실하게 제공되지 않으면 대만의 우수 인력들이 핑탄에서 일하고 생활하기를 꺼리는 요소로 작용할 수 있다. 그렇기 때문에 대만의 우수 인력들이 중국 중앙정부가 제공하는 세제 혜택과 지원금만으로는 핑탄 종합실험구에서 창업을 기피할 수 있다.

그리고 종합실험구와 같은 새로운 니치의 육성과 발전은 중국과 해외 유명 기업들의 자본과 우수 인력, 기술의 유입, 중국과 대만 및 해외 유수의 대학 및 연구 기관들 간의 협력이 없는 상태에서는 단기간에 괄목할 만한 성과를 내기가 쉽지 않다. 특히 창업과 새로운 기술의 유입, 풍력발전 산업의 발전은 기존의 화석연료, 제조업 중심의 사회·기술 시스템의 변화를 시도하는 것이므로 외부의 자본과 선진 기술의 유입, 국내외 전문가들과의 네트워킹 및 협업이 필수적이다.[3] 그러므로 중국 중앙정부의 핑탄 종합실험구 개발은 중국과 대만의 민간 참여와 네트워킹 및 연구개발 협력의 활성화를 유도할 수 있는지에 따라서 중장기적 성과 창출의 가능 여부가 결정될 것으로 보인다.

---

3 중국이 친환경 사회기술 시스템의 도입을 위해 의욕적으로 추진했던 생태성(eco-city) 프로젝트들 중에 성과를 낸 것으로 평가되는 곳은 중국과 싱가포르의 중앙정부 차원의 지원과 양국 전문가들의 참여를 통해 추진한 톈진 빈하이신구(濱海新區)의 생태성 한 곳에 불과하며 다른 지역에서 추진한 생태성 프로젝트들은 만족할 만한 성과를 거두지 못했다.

참고문헌

김병윤. 2008.「네덜란드의 에너지 전환」. STEPI WORKING PAPER SERIES, 2008.8, 1~38쪽.

박은경. 2018.8.6. "중국~대만 '해저 터널' 계획 완성". ≪경향신문≫, A12면.

유병규·이해정·이용화. 2012.「지속가능을 위한 경제주평─중국과 대만에서 배운다: 정경 분리를 통한 남북한 경제협력 방안」. 현대경제연구원. ≪한국경제주평≫, 505(0).

이영석·김병근. 2014.「사회-기술 전환이론 비교 연구─전환정책 설계와 운영을 위한 통합 적 접근」. ≪한국정책학회보≫, 23(4), 178~204쪽.

国家发展和改革委员会. 2011. "平潭综合实验区总体发展规划", 1~10쪽.

国新网. 2012.2.14. "平潭综合实验区探索两岸合作新模式". 国务院新闻办公室. http://www.scio. gov.cn/m/34473/34576/34516/Document/1477627/1477627.htm (검색일: 2019.7.13).

绿野. 2015.9.6. "中国第五大岛─平潭岛". 今日头条. https://www.toutiao.com/a6191269655 824744705/ (검색일: 2019.8.12).

林超. 2019.6.16. "福建平潭公布36条措施推动两岸融合发展". ≪新华网≫. http://www.xinhu anet.com/2019-06/16/c_1124630494.htm (검색일: 2019.8.11).

百度百科. 2018. "潮汐发电站". https://baike.baidu.com/item/%E6%BD%AE%E6%B1%90 %E5%8F%91%E7%94%B5%E7%AB%99 (검색일: 2019.8.21).

百度百科. 2019. "习近平". https://baike.baidu.com/item/%E4%B9%A0%E8%BF%91%E5% B9%B3 (검색일: 2019.8.7).

石龙洪·查文晔·刘欢. 2021.2.24. "国台办"推介"平潭综合实验区促进两岸融合发展探索与成效." ≪新华网≫. http://www.xinhuanet.com/2021-02/24/c_1127134640.htm (검색일: 2021.5.20).

中共中央台湾工作办公室·国务院台湾事务办公室. 2018.5.14a. "历年两岸贸易统计表". http://www. gwytb.gov.cn/lajm/lajm/201805/t20180524_11958201.htm (검색일: 2019.8.11).

_____. 2018.5.14b. "台湾企业投资大陆统计表". http://www.gwytb.gov.cn/lajm/lajm/201805/t201 80525_11958860.htm (검색일: 2019.8.12).

中央政府门户网站. 2010.6.29. "海峡两岸经济合作框架协议". http://www.gov.cn/jrzg/2010-0 6/29/content_1640769.htm (검색일: 2019.7.11).

中华人民共和国国家发展和改革委员会 综合司. 2021.7.13. "福建平潭综合实验区经济增速快速 回升". https://www.ndrc.gov.cn/fzggw/jgsj/zhs/sijudt/202107/t20210713_1290

346.html?code=&state=123 (검색일: 2021.7.23).

趣平潭网. 2019.2.21. "平潭台湾免税市场营业时间及攻略". http://www.7pingtan.com/archives
/794 (검색일: 2019.8.11).

邰晓安. 2020.12.26. "祖国大陆距台湾最近铁路通车运营". ≪新华网≫. http://www.xinhua
net.com/local/2020-12/26/c_1126910309.htm (검색일: 2021.5.20).

Chou, Chelsea C. and Hans H. Tung. 2019. "Exit and Voice: Mainland China's Talent
Policy and Taiwan's Weak Response During the Ma Administration." *Modern China
Studies*, 26(1), pp.80~103.

Luo, Qi and Christopher Howe. 1993. "Direct Investment and Economic Integration in the
Asia Pacific: The Case of Taiwanese Investment in Xiamen." *The China Quarterly*,
136, pp.746~769.

Luo, Qi. 2001. *China's Industrial Reform and Open-door Policy 1980-1997: A Case Study
from Xiamen*. Routledge.

Schot, J. W. and F. W. Geels. 2008. "Strategic Niche Management and Sustainable Innovation
Journeys: Theory, Findings, Research Agenda and Policy." *Technology Analysis
and Strategic Management*, 20(5), pp.537~554.

제8장
2019년 홍콩시위와 일국양제

| 신원우 한양대학교 중국문제연구소 |

1. 서론

중국은 제19차 중국공산당 전국대표대회(이하 제19차 당대회)에서 '시진핑 신시대 중국 특색의 사회주의 사상'을 공식 지도 사상으로 선포하며 '중국의 꿈(中國夢)' 실현에 더욱 정진할 것을 대내외에 표명했다. 이후 중국은 대만과의 관계를 언급하며 '일국양제(一國兩制)'에 대한 변하지 않는 관점을 강조하고 나아가 통일 문제를 강조하기 시작했다. 즉 중국은 2017년을 기점으로 대만과의 통일 문제에 대해 이전보다 훨씬 공세적인 압박 전략을 공식적으로 구사하고자 했다(习近平, 2017.10.27). 중국의 이러한 변화는 크게 대내 요인과 대외 요인의 영향을 받은 결과였다. 대외 요인으로는 2016년에 등장한 대만의 차이잉원(蔡英文) 정권에 대한 경고를 보냄과 동시에 대만을 바라보는 중국 지도부의 위기의식을 반영한 것이다. 대내 요인으로는 시진핑 2기가 출범하

---

*   이 장은 신원우, 「2019년 홍콩 시위의 특징과 일국양제 위기론에 관한 고찰」, ≪아시아연구≫, 23권 1호(2020년 2월)를 수정·보완한 것이다.

면서 추진되고 있는 권력 공고화 작업의 일환으로 진행되었다고 볼 수 있다.[1] 중국은 덩샤오핑 시기 이래 '일국양제'에 대한 일관된 기조, 즉 장기적 관점에서 현상을 유지하며 평화로운 통일을 추구한다는 기조를 유지해 왔다. 그러나 시진핑 집권 2기가 들어서며 급격히 진행되는 중국의 대내외 정책 변화는 반발을 불러오고 있다. 이러한 상황에서 '일국양제'에 직접적인 영향을 받는 홍콩에서 2019년 범죄인 인도 법안(또는 송환법)을 계기로 불만이 터져 나오게 되었다.

2019년 홍콩시위의 전개 양상은 2014년 홍콩시위와 비교했을 때 시위 참여 구성원, 발생 지역, 시위 확산의 원인에 있어 다소 다른 양상을 나타낸다. 그러나 두 시위가 정치적 문제로 촉발되었지만, 그 내면에는 경제적 문제가 혼재되어 있다는 점, 즉 비슷한 불만의 원인이 직간접적으로 축적되어 폭발했다는 점에서 2019년 홍콩시위 원인은 2014년 홍콩시위[2]와 비슷하다고 할 수 있다. 다만 2019년 홍콩시위는 2014년 홍콩시위와는 달리 모든 면에서 더 크고 격렬히 진행되었다. 그렇다면 2014년과 2019년 사이에 홍콩에서 어떠한 일이 일어났고, 이것이 2019년 홍콩시위에 어떠한 영향을 주었는가에 대한 고민이 필요하다.

중국은 늘 그래왔듯이 이번에도 홍콩시위에 대해 강경한 입장을 고수하고

---

1   중국은 덩샤오핑(鄧小平)이 장쩌민(江澤民)에게 권력 승계를 실시한 이후 10년에 한 번씩 다음 세대로 평화로운 권력 승계를 시행하는 집단지도를 정착해 왔다. 일반적으로 집권 10년 중 전반기 5년을 집권 1기, 후반기 5년을 집권 2기라 칭한다. 권력 공고화 작업은 정도의 차이가 있을 뿐 1기에서 2기로 넘어가는 사이에 추진되는 경향이 있었다. 권력 공고화의 가장 일반적인 패턴은 인사권을 활용한 세력 확장, 반부패 및 정풍운동 전개를 통한 반대 세력 제거, 지도자의 지도 사상을 공식 지도 사상으로 선포함으로써 지도자의 권위 확보 등이 있다. 시진핑은 이러한 권력 공고화 과정을 집단지도가 정착된 이후 가장 강력하게 추진하고 있다 평가받는다. 중국의 권력 공고화 과정에 대한 설명은 조영남(2019: 28~30)을 참고했다.

2   2014년 홍콩시위에 대한 공식적으로 규정된 명칭은 없다. 다만 학계, 언론 등에서 일반적으로 우산혁명, 우산운동, 2014년 홍콩 민주화 시위 등으로 다양하게 불린다. 여기서는 2019년 홍콩시위와 비교를 위해 2014년 홍콩시위라 한다.

있다. 이는 중국이 홍콩 문제를 대만과의 통일 문제에 관해 공세적 정책을 펴나가는 상황에서 나타나는 심각한 위기 신호로 받아들이고 있기 때문이다. 즉 중국은 홍콩 문제를 대만 문제와 연결하고 있다. 필자는 2019년 홍콩시위 발생 원인을 정치적·경제적 불평등과 상대적 박탈감에서 오는 홍콩 시민들의 불만, 중국 공산당의 홍콩에 대한 강압적 정책과 이에 대한 홍콩 정부의 적극적 호응으로 발생했다 평가하고자 한다. 그러나 홍콩시위로 인해 향후 중국의 '일국양제'가 실패하게 될 것이라는 일각의 예상에 대해서는 의문을 제기한다. 본론에서 살펴보겠지만 필자는 2019년 홍콩시위는 '제도의 실패'가 아닌 '정책의 실패'로 발생했다고 주장하고자 한다.

이를 증명하기 위해 우선 홍콩시위의 배경을 정치적·경제적 측면에서 분석할 것이다. 또한 홍콩시위의 특징을 시민운동의 관점에서 분석할 것이다. 1997년 홍콩이 반환된 이래 홍콩에는 대규모 시위가 2003년, 2014년, 2019년 총 세 차례 발생했다. 2019년 시위는 역대 최장기간, 최대 규모인데 이 글에서는 이에 대한 이유를 분석하겠다. 다음으로 '일국양제' 실패론에 대한 의문을 제기할 것이다. 이를 위해 시민운동의 원인과 지속성에 관한 이론을 동원할 것이다. 그러나 이론만으로 이 모든 현상을 증명하기에는 한계가 있기 때문에 몇 가지 사례들을 추가함으로써 이를 보완할 것이다. 또한 홍콩시위에 관한 사례를 분석할 때 다른 국가의 시위를 사례로 비교하는 것은 무리가 있기 때문에 홍콩에서 발생했던 과거 시위와 현재의 시위를 비교할 것이다.[3] 이러한 분석을 바탕으로 필자는 2019년 홍콩시위에 대한 전망과 중국과 홍콩의 관계 변화를 예상해 보고, 홍콩의 '일국양제'에 관해 고찰해 보고자 한다.

---

3   일부 학자들 중에는 홍콩시위를 한국의 민주화운동과 비교하려는 시도가 있지만, 이는 다음과 같은 문제를 갖고 있다. 양국은 체제가 너무 이질적이고, 대내외 영향 요인이 다르며, 비교 대상으로서 분석 수준이 다르다. 따라서 필자는 홍콩시위의 과거와 현재를 분석하는 것이 더 합리적이라 판단했다.

2. 2019년 홍콩시위의 원인

이 장에서는 홍콩시위가 일어나게 된 원인을 두 가지 측면에서 분석할 것이다. 우선 정치적 측면에서 분석할 것이다. 이를 통해 왜 홍콩 시민이 선거 참여와 같은 제도권 내의 정치 활동에서 시위와 같은 제도권 밖의 정치 활동을 하게 되었는지, 왜 홍콩 시민은 중국을 불신하게 되었는지를 확인할 수 있다. 다음으로 경제적 측면에서 분석할 것이다. 이를 통해 홍콩의 불평등, 상대적 박탈감과 같은 사회 문제가 시위에 영향을 미친 요인이 되었음을 확인할 것이다. 이러한 결과를 바탕으로 홍콩시위의 과거와 현재를 비교함으로써 2019년 홍콩시위의 특징을 도출하고자 한다.[4]

1) 정치적 요인

2019년 홍콩시위는 2018년 2월 8일 타이베이(臺北) 퍼플 가든 호텔(Purple Garden Hotel)에서 홍콩인인 찬퉁카이(陳同佳)가 홍콩인 여자 친구를 살해하고 홍콩으로 혼자 돌아간 것에서 시작되었다. 홍콩과 대만 간에 범죄인 인도 협정이 체결되어 있지 않았던 홍콩은 대만에서 일어난 이 사건에 대해 홍콩인인 찬퉁카이를 기소할 수도, 대만으로 돌려보낼 수도 없었다. 이에 홍콩 정부는 범죄자를 대만으로 이송할 수 있게 하는 법인 범죄인 인도 법안을 입법 예고했고, 이를 계기로 대규모 군중 시위가 폭발하게 되었다. 사실 범죄인 인도 법안 그 자체로는 특별할 것 없는 일반적인 법이다. 그러나 홍콩에서

---

4   2019년 홍콩시위의 특징을 정치 경제적 요인만으로 모두 설명할 수 있는 것은 아니다. 예를 들어 사회 문화적 요인, 또는 시위 현장에서 실시간으로 변화하는 역동적 시민운동의 특징 등도 매우 중요한 요소이다. 따라서 이 글은 홍콩시위를 정치 경제적 요인들을 중심으로 설명하면서 홍콩 시민들의 인식 변화 등과 같은 사회 문화적 요소 또한 본문에서 일부 다루고 있다.

이 법에 대한 복잡한 정치적 해석이 제기되면서 우려감이 표출되었다. 즉 대만을 중국의 일부로 인식하고 있는 중국과 '일국양제'의 독특한 제도로 인해 홍콩에서 범죄인 인도 법안이 통과가 될 시 중국을 비판하는 반체제 인사가 중국으로 송환될 수 있는 법적 근거로 악용될 수 있다는 해석이 제기되었다. 2015년 발생한 '퉁뤄완서점(銅鑼灣書店) 사건'[5]은 홍콩 시민들이 범죄인 인도 법안에 대해 격렬히 반대하는 이유를 짐작하게 한다. 여기에는 홍콩만의 독특한 정치적 요인들이 있다. 이는 법적 요인과 제도적 요인으로 설명할 수 있다.

언론과 방송에 공개된 홍콩시위대의 요구 사항을 종합해 보면, 결국 '일국양제'가 보장하고 있는 자유와 민주의 원칙에 대한 권리를 보장하라는 것이다. 시위대의 성격이 반중시위로 확산하고 있는 상황에서 오히려 "일국양제 원칙을 존중하라"는 시위대의 요구를 이해하기 위해서는 홍콩과 중국이 가진 두 개의 모순적 법 해석의 충돌을 살펴봐야 한다. 홍콩과 중국의 관계를 설정하는 데 가장 중요한 문서는 '중영공동선언(Joint Declaration)'과 '홍콩특별행정구기본법(The Basic Law of Hong Kong, 이하 홍콩기본법)'[6]이다. 이 두 개의 문서를 살펴보면 홍콩이 갖게 될 권리와 중앙정부가 갖게 될 권리에 관한 충돌을 발견할 수 있다. 우선 중영공동선언에서는 홍콩의 기존 삶의 방식, 법과 경제 체제, 표현, 언론, 결사의 자유를 보장하고 있다(Jackson, 1987: 416~425). 홍콩기본법에서는 홍콩의 높은 수준의 자치권(Article 12), 투표권(Article 26),

---

5　퉁뤄완서점은 중국 대륙에서 판매할 수 없는 책을 파는 곳으로 유명하다. 2015년 퉁뤄완서점은 『시진핑과 그의 여섯 여인(Xi and His Women)』이라는 책을 출간하려 준비하다 서점 주인과 종업원 5명이 차례로 실종되었다(*Guardian*; 2016.1.5). 특히 다섯 번째 실종자인 리보의 경우 홍콩에서 실종되었기 때문에 고도의 자치를 보장받고 있다는 믿음을 갖고 있던 홍콩 시민들은 충격에 빠졌다. 이러한 경험은 홍콩 시민들이 범죄인 인도 법안을 격렬히 반대하는 촉매제로 작용했다.

6　중영공동선언은 1984년 12월 19일 영국과 중국 간에 체결되었으며, 홍콩기본법은 1990년 4월 4일 공포되어 1997년 7월 1일부로 시작되었다. 중화인민공화국 헌법 제31조의 규정에 근거했으며 '일국양제'의 방침을 재확인하는 내용을 담고 있다.

표현·언론·집회의 자유(Article 27) 등에서 홍콩의 권리를 보장하고 있다.[7]

그러나 중국 헌법은 모든 법률의 해석 권한을 전국인민대표대회(이하 전국인대)에 두고 있다. 이것은 홍콩기본법의 해석 역시 전국인대의 권한으로 볼 수 있다는 뜻이다. 이러한 모순된 구조는 논란의 여지를 만든다. 왜냐하면 홍콩은 홍콩기본법에 따라 입법·사법·행정의 권한을 갖고 있는데, 전국인대가 홍콩기본법의 해석 권한을 갖게 됨으로써 홍콩의 사법권(최종 심판권)을 침해할 수 있기 때문이다(김보훈, 2016: 430~432). 홍콩기본법 중 관할 제한(Article 19)에 관한 부분 역시 문제가 된다. 이 조항이 문제가 되는 이유는 홍콩이 국방과 외교에 대한 관할권이 없다고 규정하고 있기 때문이다. 이것은 '일국양제' 본래의 취지를 보장하기 위해 만든 법인데, 여기서 국가의 행위라는 말을 중국이 경직적으로 해석하며 문제가 되기 시작했다. 중국의 해석에 따르면 중국은 국가 최고권력기구(전국인대)의 입법 행위에 대한 홍콩 종심법원의 이의제기 권한을 인정하지 않고 있다고 할 수 있다. 이를 반대로 해석하면 전국인대의 입법 행위가 홍콩 법원의 관할권을 침해하지 않는다고 해석할 수 있다. 즉 홍콩 법원의 관할권은 홍콩기본법에서 나오지만, '홍콩기본법 해석'에 관한 부분(Article 158)을 인용하게 되면 홍콩기본법 해석에 관한 권한이 전국인대에 속하게 되는 것이다(Chai, 1999: 5). 홍콩기본법을 중국이 경직적으로 해석하면, 중국은 언제든 홍콩이 가진 관할권에 대한 권한을 침해할 수 있게 되는 것이다.

〈그림 8-1〉은 홍콩기본법과 중국 헌법의 관계에 관한 해석을 바탕으로 홍콩기본법과 중앙당국의 관계를 도식화한 것이다. 도식을 보면 홍콩기본법의

---

7 Chapter II: Relationship between the Central Authorities and the Hongkong Special Adminis-trative Region, The Basic Law of the Hong Kong Special Administrative Region of the People's Republic of China, Decree of the President of the People's Republic of China 26(4), April 1990, pp.5~11.

그림 8-1 홍콩기본법: 중앙당국과 홍콩특별자치구의 관계

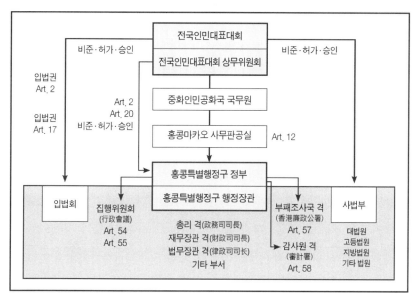

자료: Wu(2012: 62).

해석과 적용은 전국인대 또는 전국인대 상무위원회와의 수직적 관계로 적용되고 있음을 알 수 있다. 또한 제도 운용은 홍콩기본법이 보장하지만 이에 대한 해석 역시 그림에서 나타나듯이 전국인대에 의해 해석 적용됨을 알 수 있다. 즉 홍콩의 중국 내 법적 권리는 중영공동선언과 홍콩기본법에서 보장하고 있지만, 이는 중국 헌법을 침해하지 않는 범위 내에서, 다시 말해 '일국양제'의 원칙을 훼손하지 않는 범위 내에서 보장되고 있다고 할 수 있다. 문제는 홍콩의 권리와 중국의 권리가 법 해석에 따라 언제든 충돌할 여지가 있다는 것이다(김보훈, 2016: 429~435). 그런데 홍콩기본법은 1997년 홍콩 반환 이후 10여 년간 비교적 안정적으로 시행되어 왔던 역사적 사실이 있다. 같은 법률에 상반된 결과가 나타난 것이다. 이는 '일국양제'의 추진 동력이 법과 제도의 완성도에 있는 것이 아니라 법과 제도에 대한 신뢰 문제에 있었다고

해석할 수 있을 것이다. 즉 이번 홍콩시위대가 주장하고 있는 '일국양제' 원칙 준수 요구는 홍콩기본법에 내재한 모순적 법 규정 때문이 아니라 법과 제도에 대한 홍콩 시민들의 신뢰가 변화되었기 때문이라 할 수 있다.

정치적 요인 중 두 번째 요인은 홍콩 민주주의의 독특한 특성이다. 홍콩은 민주적으로 선출된 대표로 구성된 입법부(Legislative Council, 약칭 LegCo)를 갖고 있으며 70석으로 구성되어 있다. 홍콩의 행정장관은 1200명의 선거인단이 간접적으로 선출하는데, 이들 역시 사실상 중국의 영향력 아래에 있다는 평가가 지배적이다. 홍콩 행정장관은 선출되어도 중국의 승인을 받아야 하는 절차를 거쳐야 한다. 또한 홍콩에도 많은 정당이 존재하는데, 크게 친민주주의(Pro-Democracy) 성향과 친중국(Pro-Establishment) 성향의 정당으로 나뉜다.[8] 문제는 1998년 이후 치러진 여섯 번의 보통 선거에서 친민주주의 정당들이 모두 승리했지만, 절반 이상의 의석수를 차지한 적은 없다.[9] 왜냐하면 홍콩기본법에는 모든 의회의 구성원은 시민에 의해 선출될 것(Article 68)이라 명시되어 있지만, 홍콩 시민은 총 70명의 의석 중 40석에 대해서만 투표를 하고 있기 때문이다. 나머지 30석은 다양한 분야에서 선출되는데 대부분 기업인(금융, 의료, 보험 등) 중에서 선출된다. 그렇기 때문에 선출된 30명의 의원은 거대 시장인 중국에 대해 친중 성향을 띠는 경향이 있다. 즉 홍콩의 선거제도는 홍콩 시민들이 친민주주의 성향의 정당들에 더 많은 표를 안겨주어도 결국 홍콩의회는 친중 성향의 정당이 과반을 차지하게 되는 구조이다. 홍콩이 중국에 반환된 이래 약 10년간 중국은 홍콩에 대한 우호적인 정

---

8   홍콩의 정당들은 크게 정치 성향에 따라 친민주주의 성향의 Pro-Democracy, 친중국 성향의 Pro-Establishment, 반체제 성향의 Independent로 분류된다.

9   홍콩의 보통선거는 1997년 이후 1998, 2000, 2004, 2008, 2012, 2016년에 실시되었다. 홍콩선거에 관한 최신 자료들은 '홍콩선거사무소(Registration and Electoral Office)'에서 제공한다(https://www.reo.gov.hk).

책을 실시하며 신뢰를 쌓았고, 이 기간에는 선거제도의 구조적 문제들이 제기되어도 대규모 시위로 연결되지는 않았다. 그러나 홍콩이 반환된 지 10여 년이 지난 시점부터 중국은 홍콩에서의 '일국양제' 정책에 대한 경직된 태도를 보임에 따라 이러한 독특한 구조에서 오는 홍콩 시민들의 누적된 불만이 범죄인 인도 법안으로 폭발하게 되는 요인으로 작동하게 되었다. 즉 홍콩시위대가 '일국양제' 약속을 지키라 외치며 시위를 하는 이유는, 어떠한 새로운 권리를 쟁취하기 위함이 아니라 이미 법·제도적으로 보장받고 있는 권리를 지키기 위해서라고 할 수 있다.

2) 경제적 요인

홍콩시위는 역사적으로 볼 때 젊은 층이 주도해 진행되었다. 이번 시위 역시 마찬가지인데, 이는 일반적으로 젊은 세대가 현재 홍콩의 상황에 가장 직접적인 영향을 받는 세대이기 때문이다. 홍콩시위의 경제적 요인과 특히 젊은 층이 홍콩시위의 주도 세력이 된 이유를 부동산 가격, 부익부 빈익빈, 홍콩의 대내외 경제적 지위 변화 등 세 가지 요인으로 설명할 수 있다.

홍콩에는 '극소(極小) 주택'이라는 것이 있다. 극소 주택이란 10m²(약 3평)의 좁은 공간에 평균 2.3명이 거주하는 형태의 주택10을 말한다. 홍콩정부가 발표한 홍콩의 「저소득층 주거환경 통계(2017)」와 「홍콩의 빈곤 현황 분석 보고서(2018)」에 따르면, 2016년 기준 21만 명(인구의 3%)의 홍콩 시민이 이러한 형태의 주택에 살고 있다. 이 극소 주택의 월 임대료는 4500 홍콩달러(약 570 미국달러)로 단위 면적당 임대료가 세계 최고 수준이다(≪朝日新聞デジタル≫, 2018.1.23). 또한 홍콩의 주택 가격은 평균 123만 달러로 세계에서 가장 높다

10　극소 주택의 형태는 아파트 방을 여러 개로 나누고 기타 부대시설(화장실, 주방 등)을 공동으로 사용하는 방식이다.

그림 8-2 CCL(Centa-City Leading Index, 1994~2020.4)[1]

(1997년 7월 =100)

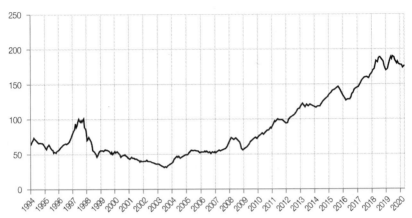

자료: http://www1.centadata.com/cci/cci_e.htm.
1) CCL은 홍콩 최대 부동산 중개 업체인 센타 라인의 중고 주택 가격 변화 추이를 나타내는 표를 말한다. 매주 금요일 홍콩의 민
간 주거용 부동산의 가격 지표를 나타내고 있으며, 부동산 지수는 매매 예정 및 구매 일자에 근거한다. 홍콩 부동산 시장에 대
한 공신력 있는 지표 중 하나로 활용된다.

(CBRE, 2019).[11] 사실 홍콩의 부동산 가격은 1997년 이전에도 세계 최고 수준으
로 높았다. 문제는 부동산 가격 상승률이다. 〈그림 8-2〉가 이러한 상황을 잘 나
타내 주고 있다.

　홍콩의 주택가격지표(CCL)를 100으로 했을 때(1997년 7월=100), 2020년 5월
기준 홍콩의 주택가격지표는 175.9로 급격히 상승했다. 위 그래프를 따라가
보면 홍콩의 주택가격지표는 1994년부터 하락하다 1995년에 저점(50)을 기
록한 후 1996~1998년 사이에 약 두 배 이상 급격히 상승해 100을 돌파했다.
이후 2003년까지 완만한 하락세, 2003년부터 2007년까지 완만한 상승세를
기록한다. 즉 홍콩의 주택가격지표는 홍콩 반환 전 50을 유지하다 반환 직전
약 두 배로 급격히 상승했으며 이후 약 10년간 홍콩 반환 전 수준인 50을 유

11　2위는 싱가포르 87만 달러, 선전은 5위로 68만 달러이다.

지해 왔다. 그리고 2008년 이후 현재까지 지속해서 상승하고 있으며, 2019년부터 170~190 정도를 나타내고 있다(2022년 1월 기준). 이 수치를 근거로 홍콩 부동산 시장에 관해 두 가지 의미 있는 분석을 도출할 수 있다. 첫째, 홍콩의 부동산 시장 안정은 중국이 홍콩에 대한 우호적인 '일국양제' 정책을 적극적으로 시행한 기간과 일치한다. 둘째, 2008년 이후의 부동산 가격 상승은 중국 본토 출신 부동산 부호 또는 기업들이 홍콩에 급속히 유입되는 기간과 일치한다. 특히 홍콩 부동산 재벌 기업들[12]의 경우 홍콩 주택을 사재기하는 것뿐만 아니라 토지를 사들인 후 택지 개발을 하지 않고 지가 상승만을 기다리는 행태를 보임으로써 시민들의 불만을 더욱 증폭시켜 왔다. 최근 중국의 ≪인민일보≫, ≪신화통신≫ 들이 부동산 재벌기업들의 부도덕성을 질타하고, 이에 대해 기업들이 공공주택 건설 등을 위해 기부를 하겠다고 발표하고 있는 것은 중국 역시 홍콩의 부동산 시장 문제가 홍콩 시민들이 분노한 중요한 이유 중 하나라 인식하고 있다는 것을 알 수 있다(Kwan, 2019.9.25).

다음으로 홍콩의 양극화 문제이다. 물론 홍콩의 양극화는 영국령이었던 시절에도 문제가 심했다. 문제는 본래 심했던 양극화가 홍콩이 중국으로 반환된 이후 세계 최고 수준으로 심화되었다는 것이다. 홍콩특별행정구정부 통계처(이하 통계처)는 2016년 가계 수입 지니계수가 0.539라고 발표했다. 이는 2011년에 비해 0.02 상승한 결과이며 2006년에 비해서는 0.06 상승했음을 나타냈다. 이러한 결과를 근거로 홍콩의 빈부격차가 10년 전과 비교해 그리 악화하지 않았다는 주장이 있다(≪中国新闻网≫, 2017.6.9). 그러나 문제는 홍콩의 지니계수는 오래전부터 이미 세계 최고 수준이었다는 것이다. 2016년을 기준으로 홍콩과 주변국들의 지니계수를 보면 중국은 0.465, 싱가포르는

---

12 홍콩의 4대 부동산 재벌 기업은 핸더슨 랜드(Henderson Land), 선헝카이 프로퍼티스(Sun Hung Kai Properties), 뉴 워드 디벨로프먼트(New Word Development), 시케이 에셋(CK Asset)을 말한다. 이들이 보유한 토지는 1억 제곱피트에 달한다.

0.458이다(香港01, 2017.6.9). 통계처는 2016년 중산층의 월수입은 1980달러로 2011년 1530달러와 비교해 23.3% 증가해(가격변동을 고려한 실질 상승폭은 9.5%) 가계소득이 상승하고 있다고 발표했다. 그러나 홍콩의 계층 간 소득 격차를 살펴보면 내용이 달라진다. 홍콩 시민을 소득 기준으로 10단계로 나눌 때 월 소득이 가장 낮은 계층(제1등급)의 수입은 670달러이며 월 소득이 가장 높은 계층(제10등급)의 수입은 8685달러로 12배 이상 차이가 난다(香港政府統計處, 2016: 23~26). 또한 2019년 2분기의 홍콩 산업별 1인당 실질 임금은 1분기에 비해 -9.0%로 하락했다. 특히 주목할 부분은 금융 및 보험 분야로 1분기에 비해서 -23.6%로 급격히 하락했고, 소매업은 -12.1%, 제조업은 -11.7%로 하락했다. 유일하게 부동산 관련 분야만 2.3% 상승했다(香港政府統計處, 2019: 10). 이는 최근의 홍콩시위에 학생뿐만 아니라 전문직 종사자, 자영업자 등 다양한 직업군의 시민이 참여하고 있는 이유를 설명할 수 있다.

마지막으로 홍콩의 중국 내 경제적 지위 하락이 있다. 1997년 홍콩이 중국으로 반환되기 직전 중국의 경제 규모는 445억 달러였다. 같은 시기 홍콩의 경제 규모는 120억 달러였다. 이는 홍콩의 경제 규모가 중국 전체 경제의 약 1/4(27%)을 차지하고 있었다는 뜻이며(World Bank, 1993a; 1993b), 당시 홍콩이 중국에서 가장 생산성이 높은 도시였다는 것을 의미한다. 따라서 중국은 '일국양제'의 해석을 매우 유연하게 해석했고 적극적으로 홍콩을 지원했다. 그러나 시간이 지나면서 상황이 바뀌었다. 상하이·충칭·선전·광저우 등 중국 본토 도시들이 급격한 발전을 한 것이다. 특히 선전의 발전 상황은 좋은 예시가 될 수 있다. 선전은 과거 인구 3만 명의 어촌에서 현재 인구 1000만 명의 거대 도시로 성장했다. 2019년 「선전시인민정부공작보고(深圳市人民政府工作報告)」에 따르면 선전시의 생산 총액은 2009년 11억 달러에서 2018년 344억 달러로 약 10배가량 늘어났다. 또한 취업자 평균 연봉은 2009년 3500달러에서 2017년 1만 4000달러로 4배가 늘었다(≪人民网≫, 2019.2.1). 같은 기간 홍콩의 생산 총액은 2009년 214억 달러에서 2018년 364억 달러로 선전시의 생산 총액이 홍콩을 거의 따라잡고 있다는 것을 알 수 있다. 각종 지표들과 당시 중국 정부의 동부·동남 해안 도시들에 대한 개발 정책들을 검토하면, 2007년을 기점으로 이 도시들이 홍콩을 추월하거나 따라잡기 시작하고 있다는 것을 알 수 있다. 그리고 이러한 역전 현상이 나타나기 시작한 이후 중국은 홍콩에 대한 '일국양제' 정책을 경직적으로 해석하기 시작했고, 이와 동시에 홍콩이 누려온 중국 내의 특별한 지위가 상실되기 시작했다.

현재 홍콩이 중국 내에서 차지하는 GDP 비율은 3% 이하이다(McCarthy, 2019. 9.2). 이는 서양으로의 관문이었던 홍콩이 중국의 급격한 성장과 이에 따른 중국 본토 신흥 도시들의 급격한 성장으로 경제적 비중에 있어 역할이 축소되고 있다고 할 수 있다. 이러한 홍콩의 지위 변화는 더는 중국이 홍콩에 특혜를 부여할 이유가 사라지게 했다.[13] 즉 중국의 '일국양제' 정책은 홍콩의 중국 내 경제적 지위가 하락함에 따라 양제(兩制) 중심에서 일국(一國) 중심으로 변화하게 되었다. 그리고 특혜가 사라지고 급격한 중국화(본토화)가 진행되면서 기존의 홍콩 시민의 기득권이 침해당하고, 본토 자본이 홍콩의 자본을 잠식해 들어감에 따라 홍콩의 부동산 가격 폭등, 경기침체, 양극화가 더욱 심화하는 현상이 발생하게 되었다. 그리고 이러한 구조적 배경은 홍콩 시민들의 중국에 대한 불신과 반감이 쌓이게 했으며 2019년 홍콩시위 발생의 원인이 되었다.

---

13 경제학적 측면에서 중국에 대한 홍콩의 GDP 비중의 감소만으로 홍콩의 중국 내 경제적 지위가 하락했다고 해석하는 것에는 무리가 있다. 홍콩은 여전히 아시아의 금융허브 역할을 충실히 수행하고 있고, 중국 자본이 운용되는 창고로서도 중요한 역할을 차지하고 있기 때문이다. 그러나 홍콩의 상황을 경제 관계적 측면으로 접근할 때, 홍콩의 중국 내 경제적 지위 하락은 홍콩 시민들의 불만과 분노를 쌓이게 하는 요인이 될 수 있다.

3. 2019년 홍콩시위의 특징과 일국양제

1) 2019년 홍콩시위의 특징

2019년 홍콩시위의 특징을 다른 국가의 시위와 비교해 파악하는 것은 어렵다. 홍콩의 통치 체제가 '일국양제'라는 특수한 제도로 운영되고 있기 때문에 적절한 비교 대상을 찾을 수 없다. 따라서 홍콩시위를 연구할 때 가장 적합한 방법은 홍콩의 과거와 현재를 비교해 분석하는 것이다. 여기서는 2014년 홍콩시위의 원인 및 특징 등을 먼저 살펴보고 2019년 홍콩시위의 특징을 설명하고자 한다.

2014년 홍콩시위는 그해 12월 15일에 공식적으로 종료되었기 때문에 이후 홍콩시위를 분석한 글들이 많이 발표되었다.[14] 2014년 홍콩시위 발생의 배경과 원인에 대한 기존의 연구를 종합하면 대체로 2014년 홍콩시위는 정치적·경제적 원인이 혼재되어 있다는 데 동의하고 있다. 필자 역시 2장에서 2019년 홍콩시위의 발생 원인을 정치적 요인과 경제적 요인으로 나누어 설명했다. 2019년 홍콩시위의 정치적 요인으로는 법 제도의 충돌과 선거제도의 불합리성으로 설명했고, 경제적 요인으로는 부동산 가격 폭등, 불평등, 홍콩의 경제적 지위 하락으로 설명했다. 따라서 2014년 홍콩시위의 발생 원인 역시 2019년 홍콩시위와 크게 다르지 않다고 할 수 있다.

그렇다면 왜 2019년 홍콩시위가 지금까지 홍콩에서 발생했던 시위 중 가장 큰 대규모 대중 시위가 되었는지 설명해야 한다. 이는 널리 알려진 데이

---

[14] 홍콩시위와 '일국양제'에 관한 연구로는 박광득(2014), 중국과 홍콩의 관계 변화에 관한 연구로는 이희옥(2016), 홍콩시위를 미중 패권 경쟁 측면에서 분석한 연구로는 이신욱(2019)의 연구가 있다. 또한 홍콩의 대중운동과 홍콩의 정당정치 변화 요인들에 관한 연구로는 샹바오(项飚, 2019)의 연구가 있다.

비스의 J-곡선 이론(Davies, 1962: 5~19)으로 설명할 수 있다. J-곡선 이론에 따르면 대부분의 혁명은 가난에서 오는 것이 아니라 일정한 수준의 경제적·사회적 발전 이후에 찾아오는 기대치에 미치지 못하는 현실, 즉 상대적 박탈감이 증가할 때 발생한다. J-곡선 이론은 사람들이 원하는 것과 실제로 얻을 수 있는 것과의 차이가 참을 수 없는 수준으로 커질 때 혁명이 발생하며, 폭력적인 수단을 동원하는 데도 참여할 수 있다고 설명한다. 여기서 사람들이 원하거나 기대하는 가치의 내용은 의식주와 같은 인간의 기본적 욕구에서부터 경제적 기회, 정치적 기회, 문화적 욕구 등 매우 다양하다. 따라서 이 이론에 따르면 경제적 번영의 시기가 있고 난 뒤에 경제적 상승이 둔화하거나 하락하고 또는 경제성장에서 소외된 사람들이 늘어날 때, 절대적 빈곤보다 상대적 빈곤이 더 문제가 된다. 그리고 이러한 상대적 빈곤에 처한 시민들의 사회적 불만(social discontent)이 일정한 임계점에 도달하면 사회적 저항을 폭발시키는 주요 원인으로 작용한다는 것이다(임희섭, 2016: 44~45).

데이비스가 말한 '집합행동'이 일어나는 이유가 상대적 박탈감에 의한 사회적 불만에 있다면, 홍콩에서 발생한 시민운동을 〈그림 8-3〉과 같이 나타낼 수 있다.[15] 〈그림 8-3〉은 데이비스의 J-곡선 모델에 2003·2014·2019 홍콩시위를 포함해 간단히 도식화한 것이다. 그림에서 a는 기대 욕구와 욕구 충족 간의 차이가 일정한 간격을 띄우는 시점으로 혁명이 일어나는 시점이다. 홍콩의 경우에는 2003년 홍콩시위라고 할 수 있다. b는 2014년 홍콩시

---

[15] 홍콩시위를 바라보는 다수의 공통된 의견을 한 가지만 꼽자면 홍콩 사회의 '불평등'에 대한 문제의식을 들 수 있다. 사회과학 이론을 현실에 적용하면서 필연적으로 발생하게 되는 불완전성을 생각할 때, J-곡선은 가장 단순한 형태로 홍콩시위의 과거, 현재, 미래의 불평등과 시민운동을 도식화할 수 있다는 장점이 있다. 이 글에서 사용된 J-곡선의 용도는 J-곡선 이론으로 2019년 홍콩시위의 원인에 대한 것을 모두 설명하기 위함이 아니라 홍콩시위의 과거와 현재 그리고 미래에 대한 부분적 분석 틀을 제공하고 이를 간략히 도식화해 독자들의 이해를 돕기 위한 시각적 도구로서 사용되고 있다.

그림 8-3 데이비스의 J-곡선 모델과 2014·2019년 홍콩시위 비교

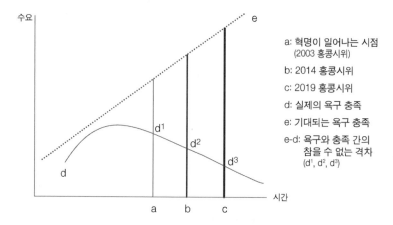

a: 혁명이 일어나는 시점
   (2003 홍콩시위)
b: 2014 홍콩시위
c: 2019 홍콩시위
d: 실제의 욕구 충족
e: 기대되는 욕구 충족
e-d: 욕구와 충족 간의
     참을 수 없는 격차
     (d¹, d², d³)

b: 2014 홍콩시위

일반사항	발생 원인	홍콩 행정장관 후보 선출 방식
	시위 기간	9.28~12.15
	참여 인원	약 10만 명
	요구 사항	직선제

사회적 불만 요인 (social discontent)		
정치적 기회	법적 지위	불평등
	선거제도	불평등
	정체성	중국인: 19.5% 홍콩인: 67.3%
	일국양제 불신	47.4%
경제적 기회	부동산	126.14
	지니계수	0.537
	선전, 홍콩 (GDP)	선전: 205bn 홍콩: 291bn

c: 2019 홍콩시위

일반사항	발생 원인	범죄인 인도법안
	시위 기간	19.6.9~20.2 (잠정 중단)
	참여 인원	약 200만 명
	요구 사항	5대 요구 사항

사회적 불만 요인 (social discontent)		
정치적 기회	법적 지위	불평등 심화
	선거제도	불평등 심화
	정체성	중국인: 10.8% 홍콩인: 76.3%
	일국양제 불신	61.5%
경제적 기회	부동산	184.96
	지니계수	0.539
	선전, 홍콩 (GDP)	선전: 344bn 홍콩: 364bn

주: J-곡선 모델은 Davies(1962: 6)를, 〈표 b〉, 〈표 c〉 중 참여인원 항목은 주최 측 추산, 정체성 항목은 b=2014.6, c=2019.6 기준, '일국양제' 불신 항목은 b=2014.12, c=2019.8 기준이며 Hong Kong Public Opinion Research Institute 자료를 참고했음. 부동산 항목은 b=2014.9, c=2019.11.24 기준이며 Centa-City Leading Index CCL(1997=100) 자료를, 선전 GDP는 중국통계국, 홍콩 GDP는 World Bank 자료를 참고했음.
자료: 필자 작성.

위, c는 2019년 홍콩시위를 뜻한다. e는 시민들이 기대하고 있는 욕구이며 d는 실제의 욕구 충족을 말한다. 그림에서 주목할 점은 e와 d의 격차이다. 데이비스는 e와 d의 격차가 일정 수준으로 벌어지면 혁명이 일어난다고 했는데, 이를 홍콩의 역대 시민운동에 적용하면 e와 d의 차이가 시간이 흐르면서 점점 커지고 있다는 것(d^1, d^2, d^3)을 볼 수 있다. 표는 홍콩 시민들이 느끼는 사회적 불만을 본문 내용을 바탕으로 정리한 것이다. 우선 사회적 불만을 발생하게 하는 원인을 크게 정치적 기회와 경제적 기회로 나누었다. 정치적 기회를 다시 법적 지위, 선거제도, 홍콩인의 정체성, '일국양제' 불신으로 구분했다. 경제적 기회는 홍콩의 부동산 상황, 불평등(지니계수), 홍콩의 경제적 지위 하락(선전과의 비교) 등으로 구분했다.

2014년 홍콩시위의 일반적 사항을 살펴보면 2014년 홍콩시위는 홍콩 행정장관의 후보 선출 방식에 대한 반발이라는 정치적 이유에 의해 시작되었고, 9월 28일부터 12월 15일까지 진행된 후 해산되었다. 최대 참여 인원은 주최 측 추산 10만 명이었다. 시위대의 요구 사항은 홍콩 행정장관 선출에 대한 직선제 실시였으며 관철되지 못했다. 2019년 홍콩시위는 범죄인 인도 법안 입법 예고에 대한 반발이라는 정치적 이유에 의해 시작되었고, 6월 9일에 시작되어 현재 소강상태에 있다(2022년 1월 기준).[16] 최대 참여 인원은 주최 측 추산 약 200만 명이다. 시위를 주도하는 주된 조직인 홍콩 민간인권전선(民間人權陣線; CHRF)과 야권이 내걸었던 요구 사항은 다섯 가지인데, ① 홍콩 범죄인 인도 법안의 완전한 철회, ② 홍콩시위대에 대한 폭도 지정 철회, ③ 홍콩 경찰의 시위대 무력 진압에 대한 정식 사과 및 독립적 조사위원회 설치, ④ 체

---

16 홍콩시위는 중국에서 발생한 전염병인 코로나19 사태로 2020년 2월 이후 잠정 중단된 상태이다. 그러나 2019년 홍콩시위는 시위 진압, 정치적 타협, 또는 동력 상실에 의해 종료된 것이 아닌 '코로나19' 사태라는 외부적 변수에 의해 중단된 것이기 때문에 현재 사태가 진정된 이후에 재개될 가능성이 있다. 따라서 2019년 홍콩시위는 종료되었다기보다는 소강상태에 있다고 해석하는 것이 더 타당해 보인다.

포된 시위대에 대한 전면 석방, ⑤ 홍콩 행정장관 직선제 및 홍콩 입법회 보통선거·평등선거 실시가 그것이다. 다섯 가지 요구 사항 중 요구항 ①의 범죄인 인도 법안의 완전한 철회는 10월 23일 홍콩 행정장관이 전면 폐지를 발표함으로써 받아들여졌다.[17]

앞서 2절에서 살펴보았듯이, 홍콩 사회의 사회적 불만 요인 중 정치적 기회 사항을 보면 홍콩은 국방과 외교를 제외한 입법, 사업, 행정에 관한 권리를 홍콩기본법과 중영공동선언에서 보장받고 있다. 다만 그 해석의 권리는 전국인대가 갖고 있기 때문에 실질적으로 권한을 침해받고 있다. 그리고 중국의 '일국양제'에 대한 경직된 해석으로 인한 홍콩의 권리 침해 사례는 증가하고 있다. 선거제도 역시 2014년 홍콩시위가 실패로 끝난 후 2019년 홍콩시위가 발생하기까지 의미 있는 변화는 없었다. 홍콩 시민의 적극적인 시위 참여는 시민들의 정체성 변화와도 관련이 깊다. 홍콩 시민의 정체성의 경우 2014년 홍콩시위 때에는 자신을 홍콩인으로 생각한다는 응답이 67.3%, 중국인으로 생각한다는 응답이 19.5%였고, 2019년 홍콩시위에서는 자신을 홍콩인으로 생각한다는 응답이 77.8%, 중국인으로 생각한다는 응답이 10.9%로 나타났다(香港民意研究所, 2019a). 이런 정체성의 변화는 홍콩에 대한 중국의 통제 정책에 대한 홍콩 시민들의 불만과 반대가 반영되었다는 것이 홍콩대학교의 분석이다. 또한 2014년 시위가 끝난 직후 시행된 여론조사에서 '일국양제'를 불신한다는 응답은 47.4%였고, 2019년에는 61.5%로 나타났다(香港民意研究所, 2019b). 이는 홍콩 시민들이 자신의 정치적 기회가 박탈되고 있다는 생각이 강화되고 있다는 것을 보여준다.

---

[17] 2019년 홍콩시위에 관한 일반 사항은 2019년 12월 26일 검색 기준이다. 또한 첫 번째 시위는 3월 31일에 시작되었다는 의견이 있지만, 여기서는 조직이 결성되고(대학생 중심) 이들 조직이 중심이 되어 시위 예고를 했으며, 여기에 일반 시민들이 대대적으로 참가(약 103만 명)한 시점을 2019년 홍콩시위의 시작일로 정했다.

다음으로 홍콩 사회의 사회적 불만 요인 중 경제적 기회에 대한 박탈감 역시 강화되고 있다. 2014년 홍콩의 부동산 지수는 126.14(1997=100)였고 지니계수는 0.537을 기록했다. 또한 홍콩의 GDP는 291억 달러를 기록했고, 인접 도시인 선전은 205억 달러를 기록했다. 2019년 홍콩의 부동산 지수는 184.96으로 상승했고 지니계수 역시 0.02 상승했다(香港政府統計處, 2016). 홍콩의 GDP는 364억 달러를 기록했고 같은 기간 선전의 GDP는 344억 달러를 기록함으로써 홍콩의 GDP를 거의 따라잡았다. 즉 GDP 기준 홍콩 경제가 중국 경제에 차지하는 비중은 2018년 2.7%로, 1997년 27%에서 1/10 수준으로 하락했다. 같은 기간 선전의 GDP는 홍콩의 95% 수준으로 근접했다 (World Bank 1993a; 중국국가통계국).

이러한 비교 결과를 바탕으로 필자는 2019년 홍콩시위의 특징을 세 가지로 정리했다. 첫째, 2019년 홍콩시위는 2014년 홍콩시위와 비교했을 때 상대적 박탈감의 크기와 시위 규모의 차이가 있을 뿐이지 근본적 원인은 동일하다. 즉 두 시위 모두 민주와 인권이라는 정치적 요구가 표면화되어 있지만, 그 이면에는 상대적 박탈감, 불안, 불신, 경제 문제, 반공(反共), 반중(反中)과 같은 누적된 불만들이 복잡하게 얽혀 있다는 공통점이 있다.

둘째, 2019년 홍콩시위는 2014년 홍콩시위와 비교해 훨씬 다양한 직업군이 참여하고 있다. 2014년 홍콩시위의 실패 원인으로 지목되는 것 중 하나가 확장성 부족이었다. 홍콩시위는 역사적으로 학생이 중심이 되어 진행되어 왔기 때문이다. 그러나 이번 2019년 시위는 시위대의 전(全) 직업군화, 전(全) 계층화가 진행되었다. 특히 중산층과 전문직 종사자의 참여는 시위가 장기화로 갈 수 있는 동력이 되었다. 이는 사회운동 참여에 있어서 비용과 이득의 관계를 설명한 '자원동원이론'(MacCarthy and Zald, 2001: 533~565)으로도 설명이 가능하다. 2014년의 홍콩시위는 시위에 참여함으로써 개인이 지불해야 할 비용이 이득보다 컸기 때문에 학생들을 제외한 일반 중산층 시민들의 지지를 끌어내는 데 성공하지 못했다. 그러나 2019년의 홍콩은 2014년의 홍콩보다 정치 경제적으로 악화되었기 때문에 비용과 이득이 역전되었다고 볼 수 있다. 이러한 상황이 2014년 실패의 경험과 결합하면서 중산층의 참여를 끌어내게 되었다고 할 수 있다.

마지막으로, 홍콩의 사회적 불만 요인들이 지속적으로 강화되면서 2019년 홍콩시위를 역사상 최대 규모의 시위로 만들었다. 2019년 홍콩시위의 발생 원인은 2014년 홍콩시위와 비슷한 불만이 직간접적으로 축적되어 폭발했다는 데에 있다. 그럼에도 불구하고 시위가 전개되는 양상을 보면 시위의 모든 면에서 역사상 최대·최장 규모의 시위로 진화했다. 이는 데이비스가 말한 사회적 불만 요인들이 시간이 지날수록 강화되었기 때문이라 해석할 수 있다. 즉 시민의 욕구와 충족 간의 격차가 시간이 지날수록 더욱 벌어졌으며, 벌어진 격차만큼 시위의 동력이 강화되었다고 할 수 있다.

2) 홍콩의 일국양제

덩샤오핑의 절묘한 해법으로 탄생한 '일국양제'는 1997년 홍콩 반환 후 일정 기간 홍콩에 성공적으로 정착한 듯 보였다. 이는 '황금알을 낳는 거위'라 불렸던 당시 홍콩경제의 높은 국제적 위상과 홍콩에 '일국양제'를 성공적으로 정착해 중국식 정치 체제의 우수성을 대내외에 증명하고자 하는 중국의 전략적 선택이 있었기 때문이다. 또한 '일국양제'는 결국 대만과의 통일 문제와 연결되기 때문에 중국 입장에서 홍콩의 '일국양제'는 반드시 성공적으로 운영이 되어야 할 필요가 있었다.

'일국양제'는 중국과 영국이 서명한 중영공동선언을 기본으로 홍콩기본법에서 보장되고 있다. 홍콩기본법은 홍콩의 자유와 민주에 대한 권리를 보장하고 있지만, 이 권리에 대한 해석과 적용은 전국인대에서 나오게 되어 있다. '일국양제'는 태생적으로 권리와 권한이 충돌을 일으키는 모순적 제도이다. 홍콩기본법에서 보장하고 있는 '일국양제'의 법률적 보장 내용을 해석하면, 최근의 중국은 홍콩기본법에 대한 해석과 적용에 있어 명백히 일국(一國)을 양제(兩制)에 우선하고 있다. 이런 조건에서 제도가 유지되려면 제도의 합리성보다는 신뢰성이 더 중요하다. 그동안 홍콩의 '일국양제'는 중국의 홍콩기본법에 대한 유연한 해석과 배려, 그리고 홍콩 시민의 '일국양제'에 대한 신뢰로 유지되어 왔다. 그러나 현재 중국의 홍콩에 대한 태도는 1997년 중국이 홍콩을 대했던 태도와는 아주 다르다. 특히 현재의 중국은 '중국의 꿈(中國夢)'을 향해 달려가는 대국으로서 주변국들과의 관계를 다시 설정하고 있다. 중국은 제19차 당대회에서 '시진핑 신시대 중국 특색의 사회주의 사상'을 공식 지도 사상으로 선포하고 '신형국제관계이념' 구축을 제시하며 이후 대만과의 통일 정책을 보다 적극적으로 변화할 것을 모색하고 있다. 중국의 이러한 대외 전략 변화에 가장 큰 피해자는 홍콩이었다. 홍콩은 선전, 상하이 등 중국 본토 도시들에 비해 경제 규모 면에서 그 지위가 축소되어 왔고, 불합리한 선거제도, 중국 자본 유입으로 인한 부동산 가격 폭등과 같은 불만이 누적되어 왔다. 이것이 표출된 것이 2014년 홍콩시위이다. 2014년 홍콩시위는 단기간에 성과 없이 끝났지만, 홍콩이 갖고 있던 사회적 불만 요인들은 이후 해결되지 않고 오히려 더욱 커져 2019년 역대 최대 규모의 시위로 폭발하게 되었다.

"Free Hong Kong, Revolution Now(光復香港 時代革命)", "Free Hong Kong, Democracy Now(撤回惡法 還我自由)"는 2019년 홍콩시위에서 가장 많이 쓰인 구호이다. 일부 학자와 언론은 홍콩이 갖고 있는 모순적 권리와 법률체계 그리고 홍콩시위의 폭발적 상황을 바탕으로 중국의 '일국양제'가 위기에 처했고 사실상 실패했다고 말한다. 나아가 중국 소수민족의 분리 독립운동과도 연결하고 있다. 이러한 주장들의 문제는 어떠한 경우를 '일국양제'의 실패라

하는지에 대해 정의하지 않고 있다는 것이다. '일국양제'의 실패는 홍콩이 중국으로부터 독립하는 경우에만 성립될 수 있다. 홍콩은 홍콩에 사회주의 체제가 영구적으로 도입되지 않는다는 것을 법률적으로 보장받고 있다. 법률적 보장에 대한 불신이 있다 하더라도 중국은 현재까지 홍콩에 대한 직접적인 개입을 하고 있지 않다. 현재까지 홍콩시위에 대한 대응은 홍콩 정부의 책임하에 있으며 홍콩 정책을 총괄하는 인물 역시 시진핑 국가주석이 아닌 한정(韓正) 상무위원이다. 즉 홍콩시위의 결과에 대한 책임은 홍콩 정부와 한정 상무위원에 있기 때문에 중국 정부와 시진핑 국가주석에 있는 것이 아니다. 또한 분리 독립운동에 대한 중국 정부의 강경한 태도를 볼 때, 분리 독립을 주장하는 것은 홍콩시위대의 입장에서 엄청난 부담이 될 것이다. 더구나 홍콩은 역사적으로 영국의 식민지 시대를 포함해 단 한 번도 분리 독립을 요구하는 대규모 시민운동을 전개한 적이 없다. 이번 홍콩시위를 주도하는 세력 역시 공식적으로 홍콩의 독립을 주장하고 있지 않다. 오히려 시위대는 '일국양제'의 원칙을 존중하라는 주장에 무게를 두고 있다. 좀 더 정확히 말하자면 '일국양제'에서 보장하고 있는 양제(兩制), 즉 자유와 민주에 대한 권리를 보장하라는 것이다. 구호 역시 그 의미를 지나치게 확대해석하고 있다. 여기서 쓰이는 'Free', 'Revolution', 'Democracy'가 의미하는 것은 홍콩의 독립이나 중국을 부정하는 것이라 해석할 수 있지만, 홍콩기본법에서 보장하고 있는 자유와 민주를 보장하라는 것으로 해석할 수도 있다. 오히려 분리 독립을 주장하는 시위대는 시위대 전체 규모를 놓고 볼 때 소수이기 때문에 후자의 해석이 더 타당해 보인다. 이러한 분석을 종합해 볼 때 2019년 홍콩시위는 새로운 권리를 쟁취하기 위한 시위가 아니라 이미 가진 권리를 보장받기 위한 시위라고 할 수 있다. 따라서 2019년 홍콩시위가 '일국양제'의 일시적 위기를 초래할 수 있어도 실패로 연결된다고 보기는 어렵다.

2019년 홍콩시위가 주는 함의를 미중 패권 경쟁이라는 측면에서도 바라

볼 수 있다. 미국의 예방전쟁과 중국의 통일정책에 대한 연계성을 가정한다면, 자유민주주의와 사회주의 체제 대결 또는 세력 균형이 이루어지는 중간지로서 홍콩시위를 해석할 수 있다(이신욱, 2019: 267~270). 홍콩시위가 세계적으로 주목받기 시작한 계기는 홍콩시위에서 주도적 역할을 한 인물 중 한 명인 홍콩 가수 드니스 호(Denise Ho)가 7월 8일 유엔 인권이사회(UN Human Rights Council)에서 홍콩의 민주주의와 인권이 위협받고 있다고 연설한 데에 있다. 이 연설 이후 홍콩 내 민주주의와 인권 문제가 세계적으로 주목받기 시작했다. 홍콩시위가 세계적으로 주목받기 시작함에 따라 그동안 홍콩 문제에 대한 소극적 태도를 취해왔던 국가와 언론들이 더 적극적으로 홍콩 문제를 지적하기 시작했다. 특히 미국은 중국을 견제하기 위해 홍콩시위를 전략적으로 최대한 활용하고자 하는 것으로 보인다. 2019년 홍콩시위 초기 미국의 홍콩에 대한 발언은 미 국무부를 통해서 원론적인 수준으로 발표되어 왔다. 그러나 시위가 심각한 국면으로 접어들고 세계적인 관심을 끄는 이슈가 되자 트럼프 대통령이 직접 강도 높은 발언을 발표했다. 예를 들어 "홍콩시위에 대한 중국의 접근 방식이 제2의 천안문 사태를 야기한다면 무역 합의를 어렵게 할 것이다"(Ng, 2019.8.19)[18]라는 발언이 대표적이다. 또한 트럼프 대통령은 11월 27일 미국 상·하원에서 압도적으로 통과된 '홍콩인권법(Hong Kong Human Rights and Democracy Act of 2019)'에 서명했다. 이는 미국이 홍콩시위에 대한 인도주의적 태도를 나타냄과 동시에 중국과의 무역 협상 카드로 홍콩시위를 활용함으로써 명분과 실리를 동시에 획득하고자 하는 전략이라 할 수 있다. 분명히 미국은 홍콩에서 벌어지고 있는 사건을 전략적으로 활용하고 있다. 그러나 이것이 홍콩에 대한 중국의 통제력을 약화시켜 '일국양제'의 실패를 유도할 것이라는 주장은 지나친 해석이다. 미국은 홍콩을 전

---

18 원문은 다음과 같다. "No, I think it would be very hard to deal if they do violence. If it's another Tiananmen Square ⋯⋯ I think it's a very hard thing to do if there's violence."

략적으로 활용하고 있을 뿐이지 홍콩의 독립을 조장하거나 '일국양제'에 의문을 제기하고 있지 않기 때문이다. 역사적으로도 미국은 중국과의 협상 카드로 대만 문제와 같은 중국의 핵심 이익을 건드리는 전략을 활용해 왔으며, 이는 미국이 언제나 취해왔던 일반적인 전략일 뿐이다. 따라서 미국의 개입이 홍콩시위에 영향을 일정 부분 미칠 수 있으나 이것이 홍콩 독립운동의 도화선이 된다거나 '일국양제'가 실패할 것이라고 해석하는 것은 무리가 있다.

마지막으로 이번 홍콩시위는 정책의 실패로 발생했다고 볼 수는 있지만, 이것을 제도의 실패라고 말하는 것은 어려워 보인다. 중국이 그동안 홍콩의 '일국양제'에 대해 경직된 해석을 해왔던 것은 사실이다. 그렇다고 해서 중국이 홍콩에 직접적인 개입을 한 적은 없다. 선거에서도 법과 제도를 통해 친중 성향의 인사가 입법부를 장악하게 하는 방식을 택해왔고, 홍콩 개발도 기업가들이 주도해 왔다. 물론 간접적인 개입으로 인한 부작용도 크지만 이번 시위의 직접적인 도화선이 되지는 않았다. 아무리 중국이 '일국양제'를 경직적으로 해석한다고 해도 '일국양제'의 근본 자체를 부정할 수는 없는 입장이다. 따라서 중국 입장에서도 홍콩에 대해 간접적인 개입 이외에는 달리 선택의 여지가 없었다고도 볼 수 있다. 이러한 이유가 중국이 조급함을 느끼게 했을 가능성도 있다. 오히려 이번의 홍콩시위는 홍콩 정부의 전략적 오판에 의한 것이라 할 수 있다. 홍콩 정부는 범죄인 인도 법안에 대한 홍콩 시민들의 반발이 이렇게까지 확대될 것으로 생각하지 못했을 것이다. 2014년 홍콩시위의 경우에도 홍콩 행정장관의 직선제를 요구했지만, 시민들의 전폭적인 지지를 받지 못하면서 짧은 시간에 동력을 상실했기 때문이다. 즉 2019년 홍콩시위는 양제(兩制)를 가벼이 여긴 중국 지도부의 조급함과 중앙정부에 대한 홍콩 정부의 과잉 충성에서 비롯되었다고 할 수 있다(문흥호, 2019.7.24). 그러므로 이번 홍콩시위는 정책의 실패이지 제도의 실패는 아니라고 할 수 있다.

4. 결론

2019년 홍콩시위가 발생한 원인은 2014년 홍콩시위와 비교했을 때 크게 다르지 않다. 홍콩 시민들은 홍콩의 법적 지위, 불합리한 선거제도 등에서 정치적 기회를 박탈당해 왔고, 살인적인 주택 가격, 불평등, 홍콩의 경제적 지위 하락 등 경제적 기회를 박탈당해 왔다. 즉 홍콩 사회는 사회적 불만 요인들이 지속해서 증가해 왔다. 그리고 이러한 요인들이 증가한 만큼 홍콩시위가 더욱 격렬한 대규모 대중시위 형태로 나타났다는 것이 홍콩시위의 특징이라 할 수 있다. 다시 말해 역대 홍콩시위를 살펴보면 홍콩시위 발생 요인들의 구성은 비슷하지만, 요인들의 정도가 다르다고 할 수 있다. 그리고 이것이 2019년 홍콩시위의 규모를 결정했다고 할 수 있다. 2019년의 홍콩시위는 이러한 이유로 역대 최대 규모의 시위가 되었다.

불행하게도 중국이 홍콩의 '일국양제' 해석에 대한 관대함을 보인 첫 10여 년을 제외하고, 홍콩의 고질적인 사회적 불안 요인들은 더욱 악화되거나 고착화되었다. 홍콩 시민은 행정장관을 직접 선출할 수 없으며, 기형적인 선거제도로 인해 홍콩 시민들의 의견이 제대로 반영되지 못하고 있다. 주택 가격은 세계 최고 수준을 유지하고 있으며, 지니계수 또한 여전히 세계 최고 수준이다. 이러한 상황에서 홍콩이 가진 고질적인 정치·경제적 문제들의 출구는 보이지 않는다. 전국인대가 모든 최종 결정권을 갖고 있는 한 홍콩기본법에서 보장된 홍콩 시민의 권한은 언제든 다르게 해석될 수 있다. 경제 문제 역시 선전과 상하이와 같은 중국 본토 도시들이 발전하면서 예전의 위상을 찾기는 힘들 것으로 보인다. 이제는 물러설 곳이 없다는 홍콩 시민들의 외침에 절박함이 느껴지는 이유이다.

중국의 홍콩 정책에 변화가 나타나게 된 원인에는 두 가지가 있다. 하나는 홍콩이 중국에서 차지하는 경제적 위상이 1997년과는 많이 다르다는 것이다. 이렇게 된 원인은 중국의 급격한 경제 발전으로 홍콩이 중국 경제에 차지하는 비중이 자연스럽게 감소할 수밖에 없는 여건이 조성되었기 때문이다. 또한 선전·상하이와 같은 도시들이 급격히 발전함에 따라 중국으로서는 홍콩이 갖고 있던 경제적 특혜를 제한적으로 인정하게 되었다. 즉 중국은 세계와 중국을 연결하는 금융허브로서 홍콩의 확고한 지위는 여전히 인정하고 있지만, 동시에 부동산·금융·기업 등 홍콩의 자산을 본토화(중국화)하고 있다. 이러한 점들이 홍콩이 우수한 인력과 아시아 금융허브로서의 확고한 지위를 여전히 유지하고 있음에도 불구하고 홍콩 시민들의 불만을 야기하는 원인이 되고 있다. 다음으로는 중국의 대외정책이 전면적으로 변화되고 있다. 중국은 2049년까지 '사회주의 현대화 강국'을 실현하고자 한다. 대만과의 통일 문제 역시 이러한 목표의 핵심 분야로서 중요하게 다루어지고 있다. 그리고 홍콩에 이식된 '일국양제'가 대만과의 통일 문제에서 바로미터가 될 수 있다는 점에서 '일국양제'의 성패가 더욱 중요하게 되었다. 문제는 시진핑 체제가 들어서면서 지나치게 대륙 중심적인 관점으로 '일국양제'를 해석하고 있다는 것이다. 즉 중국은 홍콩에 대한 정책의 방향을 양제(兩制) 중심에서 일국(一國) 중심으로 옮겼다.

홍콩 사회가 가진 불안정성의 원인이 '일국양제'의 태생적 한계에 있다는 주장은 타당하다. 그러나 '일국양제'가 홍콩 반환 직후 10여 년간 홍콩에 성공적으로 정착했던 역사적 사실 역시 직시할 필요가 있다. 이러한 사례는 '일국양제'의 성공과 실패가 '일국양제'의 제도적 모순에 있는 것이 아니라, 그것을 어떻게 해석하고 적용하느냐에 따라 달려 있다는 주장을 가능하게 한다. 또한 홍콩시위가 홍콩의 독립을 주장하는 것은 아니라는 점, 미국의 홍콩 개입은 단기적으로는 무역 협상 카드, 중·장기적으로는 대중국 압박 전략의 일환으로 제한적으로 활용될 뿐이라는 점, 중국 중앙정부는 홍콩시위에 직접적으로 관여하지 않고 있다는 점, 홍콩시위가 중국의 조급함과 홍콩 정부의 오판으로 촉발되었다는 점에서 2019년 홍콩시위는 '일국양제'의 실패라기보다는 정책의 실패라 할 수 있다.

현재(2022년 1월 기준) 홍콩시위는 종료되었다기보다는 소강상태에 있다고 해석하는 것이 더 타당해 보인다. 2019년부터 진행되어 온 홍콩시위는 시위 진압, 정치적 타협, 또는 시위대의 동력 상실 등에 의해 종료된 것이 아닌 코로나19 사태라는 외부적 변수에 의해 중단된 것이기 때문에 현재 사태가 진정된 이후에 재개될 수 있다. 그럼에도 불구하고 2019년 발생한 홍콩시위는 점진적으로 동력을 상실하며 해산될 것으로 보인다. 다만 그 기간이 언제까지인지 해산 과정은 어떤 식이 될지 예상하기는 현재로서는 불분명하다.

분명한 것도 있다. 2019년 홍콩시위는 두 가지를 배태(胚胎)했다. 하나는 홍콩 시민 특히 홍콩 청년들의 기억 속에 대규모 대중시위의 기억이 이식되었다. 다른 하나는 "오늘의 홍콩이 대만의 내일(今日香港, 明日台灣)"이라는 인식이 대만에 이식되었다. 2020년 1월 치러진 선거에서 대만 민진당의 차이잉원 총통은 역대 최다 득표로 재선에 성공했다. 중국으로서 이 두 가지는 두고두고 뼈아픈 일이 될 것이다.

2019년 홍콩시위를 기점으로 향후 중국은 홍콩에 대해 전략적 유연성을 발휘할 가능성이 커졌다. 홍콩시위에 대한 중국의 대응을 중심으로 세 가지 시나리오를 생각해 볼 수 있겠다. 첫째는 중국의 무력 개입이다. 이 경우는 제2의 천안문 사태가 된다는 뜻이며 '일국양제'의 완전한 실패, 그리고 '하나의 중국' 원칙에 대한 완전한 위기를 맞이하게 되는 것을 말한다. 둘째는 홍콩시위가 해산되기를 기다린 후 홍콩에 대한 전략적 유연성을 발휘해 홍콩 시민들을 달랠 수 있는 경제적 보상책을 실시하는 것이다. 셋째는 홍콩시위가 자연스럽게 해산된 이후 홍콩에 대해 더욱 경직된 정책을 취하는 것이다. 이 경우 다음 시위는 2019년 시위의 규모를 넘어서게 될 가능성이 높아질 것이다.

이와 같은 세 가지 시나리오 중에서 중국은 두 번째 시나리오를 채택할 것으로 보인다. 중국은 2049년까지 '사회주의 현대화 강국' 실현을 중요한 과제로 상정하고 있다. 이를 실현하기 위해서 반드시 해결해야 할 과제가 미국의 공세에 대한 성공적 방어와 하나의 중국 실현임은 분명하다. 이러한 과제를 성공적으로 해내기 위해서는 홍콩의 '일국양제' 성공이 필요하다. '일국양제'는 결국 양안 관계의 문제이기 때문이다. 현재 상황을 종합해 볼 때 2019년에 시작된 홍콩시위의 평화적 해결과 '일국양제'의 성공에 가장 필요한 것은 중국의 인내심이라 할 수 있다.

참고문헌

김보훈. 2016. 「중국특별행정구에서 전국인민대표대회와 전국인민대표대회 상무위원회의 법적 지위: 홍콩특별행정구 기본법 해석을 중심으로」. ≪법학연구≫, 27(2), 430~432쪽.

문홍호. 2019.7.24. "덩샤오핑의 약속, 홍콩의 '일국양제'는 지속 가능한가". ≪중앙일보≫.

박광득. 2014. 「홍콩 민주화 시위와 '일국양제'의 전망에 대한 연구」. ≪대한정치학회보≫, 22(4).

샹뱌오(项飚). 2019. 「홍콩을 직면하다 ― 대중운동의 민주화 요구와 정당정치」. 박석진 옮김. ≪역사비평≫, 128.

이신욱. 2019. 「미·중 패권경쟁과 홍콩」. ≪세계지역연구논총≫, 37(4), 268~270쪽.

이희옥. 2016. 「중국과 홍콩 관계의 성격 변화: 후견주의, 조합주의, 직접지배로 발전」. ≪현대중국연구≫, 18(1).

임희섭. 2016. 『집합행동과 사회운동의 이론』. 고려대학교출판부.

조영남. 2019. 『중국의 엘리트 정치』. 민음사.

중국국가통계국. http://www.stats.gov.cn.

홍콩선거사무소. https://www.reo.gov.hk.

习近平. 2017.10.27. "习近平: 决胜全面建成小康社会, 夺取新时代中国特色社会主义伟大胜利 ― 在中国共产党第十九次全国代表大会上的报告(2017.10.18)". http://news.cnr.cn/native/gd/20171027/t20171027_524003098.shtml (검색일: 2020.5.1).

香港01. 2017.6.9. "香港堅尼系數再升 創45年來最高 月入相差近12倍". https://www.hk01.com/社會新聞/96740/貧富懸殊-香港堅尼系數再升-創45年來最高-月入相差近12倍 (검색일: 2020.12.1).

香港民意研究所. 2019a. "身分類別認同". https://www.hkupop.hku.hk/hkpori_poppoll_internalmatrial_tempstorage/ethnic/eidentity/poll/eid_poll_chart.html (검색일: 2020.5.1).

_____. 2019b. "咁整體黎講, 你對一國兩制有冇信心?" https://www.pori.hk/pop-poll/macau/people-confidence-in-one-country-two-systems (검색일: 2020.12.1).

香港政府統計處. 2016. 「主體性報告: 香港佳戶收入分布」. 『2016 中期人口統計』.

_____. 2019. 「工資及薪金總額按季統計報告」.

≪人民網≫. 2019.2.1. "深圳市2019年政府工作报告(全文)". http://sz.people.com.cn/n2/20

19/0201/c202846-32602521.html (검색일: 2020.12.1).

≪朝日新聞デジタル≫. 2018.1.23. "香港, 10平方メートルに2人が生活「極小住宅」が社会問題". https://www.asahi.com/articles/DA3S13325438.html (검색일: 2020.5.1).

≪中国新闻网≫. 2017.6.9. "香港基尼系数升至0.539 收入差距有所扩大". http://news.sina.com.cn/o/2017-06-09/doc-ifyfzhpq6447472.shtml (검색일: 2020.5.1).

CBRE. 2019. "Global Living Report 2019." https://www.cbreresidential.com/uk/sites/uk-residential/files/property-info/FINAL%20REPORT.pdf (검색일: 2020.12.1).

CENTADATA. 2019.11.10. "Centa-City Leading Index(CCL)." http://www1.centadata.com/cci/cci_e.htm (검색일: 2020.5.1).

Chai, Y. 1999. "A Play in Two Acts: Reflections on the Theatre of the Law." *Hong Kong Law Journal*, 29(5).

CMAB. 2007.7.1. "The Joint Declaration." https://www.cmab.gov.hk/en/issues/jd2.htm (검색일: 2020.12.1).

Davies, J. 1962. "Toward A Theory of Revolution." *American Sociological Review*, 27(1), pp.5~19.

Government of the Hong Kong Special Administrative. 2018.11. "Hong Kong Poverty Situation Report 2017." https://www.censtatd.gov.hk/hkstat/sub/sp461.jsp?productCode=B9XX0005 (검색일: 2020.12.1).

Guardian. 2016.1.5. "'Smear campaign' against Chinese president linked to disappearance of Hong Kong booksellers." https://www.theguardian.com/world/2016/jan/05/smear-campaign-chinese-president-linked-disappearance-hong-kong-booksellers (검색일: 2020.12.1).

Jackson, N. 1987. "The Legal Regime of Hong Kong After 1997: An Examination of the Joint Declaration of the United Kingdom and the People's Republic of China." *International Tax and Business Lawyer*, 5, pp.416~425.

Kwan, S. 2019.9.25. "Hong Kong Developer to Donate OwnLand for Housing." Bloomberg, https://www.bloomberg.com/news/articles/2019-09-25/hong-kong-developer-to-donate-own-land-for-housing-amid-protests (검색일: 2020.12.1).

McCarthy, John and Mayer Zald. 2001. "The Enduring Vitality of the Resource Mobilization Theory of Social Movements." *Handbook of Sociological Theory*. Boston: Springer Press.

McCarthy, N. 2019.9.2. "How China's Economic Boom Eclipsed Hong Kong." Statista. https://www.statista.com/chart/19190/hong-kongs-economy-as-a-share-of-chinas (검색일: 2019.5.1).

Ng, T. 2019.8.19. "Donald Trump says Tiananmen Square-style crackdown in Hong Kongwould harm trade talks." *South China Morning Post.* https://www.scmp. com/news/hong-kong/politics/article/3023340/us-president-donald-trump-say s-tiananmen-square-style (검색일: 2020.12.1).

Wu, Bangguo(吳邦国). 2012. *The Basic Law and Hong Kong: The 15th Anniversary of Reunification with the Motherland.* Hong Kong: The Working Group on Overseas Community.

World Bank. 1993a. "Hong Kong GDP." https://data.worldbank.org (검색일: 2020.5.1).

_____. 1993b. "China GDP." https://data.worldbank.org (검색일: 2020.5.1).

장덕준

현재 국민대학교 유라시아학과 교수로 재직 중이다. 미국 뉴욕주립대학교(버펄로 소재) 정치학과에서 정치학 박사를 취득한 다음, 한국슬라브학회 회장, 국민대학교 사회과학대학장 등을 역임했다. 주요 연구 관심 분야는 러시아의 정치엘리트, 외교정책, 한러관계 등이다. 주요 논저로는 「푸틴시기 러시아의 정치체제: '푸틴주의'의 특성을 중심으로」, 『자본주의로의 험난한 여정: 사유화로 본 러시아의 체제전환』, 『중러관계와 한반도』, 『현대러시아의 해부』 등이 있다.

정은이

현재 통일연구원 인도협력연구실 연구위원을 맡고 있다. 2007년 일본 도호쿠대학교에서 박사학위를 취득한 후 전북대학교 경제학부 겸임조교수, 경상대학교 사범대학 연구교수, 일본 ERINA 경제연구소 해외초빙연구원 등을 역임했으며 북한 경제와 북중 경제 관계에 대한 심도 있는 연구를 진행하고 있다. 주요 논저로는 「북한 부동산 가치변화와 개발에 관한 연구: 평양을 중심으로」, 「북한의 대중국 철광 무역에 관한 연구: 무산광산의 개발현황을 중심으로」, 「북한의 석탄산업과 북·중무역에 관한 연구: 북한 순천탄광지구를 중심으로」, "The economic policy of North Korea as a duet with control and relaxation: Focusing on dynamics arising from development trend of public market since the North Korean famines in the 1990's", 『동아시아 경제협력과 경제성장』(공저) 등이 있다.

문흥호

현재 한양대학교 국제학대학원 중국학과 교수이다. 1991년 박사학위 취득 이후 통일연구원 중국 담당 책임연구원, 미국 오리건대학교 정치학과 초빙 교수, 한양대학교 국제학대학원 원장 등을 역임했다. 또한 현대중국학회 회장, 외교부, 통일부, 산업통상자원부의 정책자문위원 등을 통해 '한반도의 평화와 공동번영을 위한 대중국 전략과 정책'을 폭넓게 자문하고 있다. 특히 최근에는 '동아시아의 공영 네트워크 구축과 한반도 평화체제'를 대주제로 한 중장기 연구 과제를 진행하면서 중국과 남북한, 중국과 대만, 중미, 중일, 중러 관계 등을 심도 있게 연구하고 있다. 주요 저서로는 『13억인의 미래: 중국은 과연 하나인가?』, 『중국의 대외전략과 한반도』, 『중화전통과 현대 중국』, 『북한, 어디로 가는가?』, 『한국-타이완 관계사 1949~2012』, 『동아시아 공동번영과 한반도 평화』 등이 있다.

조정원

현재 원광대학교 한중관계연구원 동북아시아인문사회연구소 조교수로 재직 중이다. 중국인민대학에서 경제학 박사를 취득한 후에, 연세대학교, 한양대학교, 국민대학교, 인천대학교, 경기대학교, 부경대학교에서 강사, 연세대학교 미래사회통합연구센터에서 연구교수를 역임했다. 주요 연구 분야는 중국 환경정책, 중국의 대외 경제협력 및 정책, 중국 자동차 산업, 중국-러시아 관계이다. 주요 논저로는 「중국의 사회기술 시스템 전환은 왜 어려운가?: 신에너지자동차 정책을 중심으로」, 「중국의 일대일로와 카자흐스탄의 누를리졸의 연계: 산업 협력을 중심으로」, 「우크라이나 사태 이후 러·중 경제협력: 극동지역의 성과를 중심으로」, 「바오딩시의 환경 거버넌스와 기후변화 정책」 등이 있다.

윤익중

현재 한림국제대학원대학교 정치외교학과 교수 겸 학과장으로 재직 중이다. 영국 글래스고대학교에서 정치학 박사학위를 받은 후 통일연구원 연구자문위원, 러시아 노보시비르스크 아카뎀고로도크 방문교수, 연세대학교 동서문제연구원 연구교수, 연세대학교 국제학대학원 국제학연구소 초빙연구위원을 역임했다. 주요 논문으로는 "Strategic Implications of Belt and Road Initiative for the U.S.-ROK Allied Relationship", 「한국-러시아 간 에너지협력 고찰: 소다자주의 협력 관점에서」, 「러시아와 일본의 전략적 관계발전의 요인 분석(2012-2017): SWOT 분석을 적용하여」가 있으며 주요 저서로는 공동 저자로 참여한 *The Future Development of Korean-Russian Relations: In Search of Trilateral Cooperation in Northeast Asia*, 『유라시아의 심장 다시 뛰다!: 중앙아시아 지역의 형성과 역동성』 등이 있다.

이영학

현재 한국국방연구원 안보전략연구센터 국제전략연구실장으로 재직 중이다. 2011년 박사학위 취득 이후 외교통상부 동북아시아국 중국정세분석팀 선임연구원, 성균관대학교 성균중국연구소 연구교수, 미국 국방대학교 방문학자 등을 역임했다. 주요 연구 분야는 중국의 외교 안보 정책이며, 특히 중국의 대한반도 정책과 미중관계에 초점 맞춰 연구를 수행하고 있다. 주요 논저로는 「중국의 군사안보: 시진핑 시기 중국군 개혁의 평가와 함의」, 「중국 시진핑 지도부의 신(新) 북핵 정책 동향 및 시사점: 4차 및 5차 북핵 실험을 중심으로」, 「북한의 세 차례 핵실험과 중국의 대북한 정책 변화 분석」, 『미중 경쟁이 북핵문제에 미치는 영향 및 시사점』, 『중국의 트럼프 행정부에 대한 안보 정책과 한반도 안보에 대한 함의』 등이 있다.

신종호

현재 통일연구원 평화연구실 선임연구위원으로 재직 중이다. 2003년 중국 북경대학에서 박사학위를 취득한 후, 국회입법조사처 외교안보팀 입법조사관 및 경기연구원 통일동북아센터 연구위원, 한양대 국제학대학원 겸임교수, 통일부 정책자문위원 등을 역임했다. 현재 국립통일교육원 통일교육위원 및 민주평화통일자문회의 상임위원으로 활동하며 '한반도 평화 실현을 위한 국제협력 방안'과 관련된 활발한 정책 자문을 하고 있다. 주요 논문으로는 "China's Great Power Identity and Its Policy on the Korean Peninsula in the Xi Jinping Era", 「발전패러다임전환기 중국의 지역발전전략과 중앙-지방 관계: 일대일로 구상을 중심으로」, 「중국 시진핑 시기 반부패정책의 특징과 함의」, 저서는 『뉴노멀시대 미중관계 변화와 한국의 대북통일전략』, 『2030 미중관계 시나리오와 한반도』, 『미중 전략경쟁과 한국의 대응: 역사적 사례와 시사점』, 『한반도 평화 실현을 위한 주변국 협력 방안』, 『강대국 경쟁과 관련국의 대응: 역사적 사례와 시사점』 등이 있다.

신원우

현재 한양대학교 중국문제연구소 연구위원이다. 2019년 한양대학교에서 양안 협상과 남북한 협상 비교연구로 국제학 박사학위를 취득했다. 주요 논저로는 "Comparative Study on the Distinctive Strategies and Factors of China's Negotiation with Taiwan and South Korea's Negotiation with North Korea", 「홍콩에서의 일국양제 제도화 과정과 불안요인에 관한 연구」, 『2020 동아시아 평화와 번영을 위한 대화』(공저) 등이 있다. 거시적 관점에서 동아시아 정치체제를 분석하기 위해 양안, 남북한, 일본, 홍콩과 같은 동아시아 분단국가 및 불완전 주권국가 문제를 연구하고 있다.

한울아카데미 2342

동아시아 공영 네트워크와 한반도 평화

ⓒ 장덕준·정은이·문흥호·조정원·윤익중·이영학·신종호·신원우, 2022

엮은이 | 문흥호·조정원
지은이 | 장덕준·정은이·문흥호·조정원·윤익중·이영학·신종호·신원우
펴낸이 | 김종수
펴낸곳 | 한울엠플러스(주)
편집책임 | 이진경
편집 | 김하경

초판 1쇄 인쇄 | 2022년 3월 10일
초판 1쇄 발행 | 2022년 3월 30일

주소 | 10881 경기도 파주시 광인사길 153 한울시소빌딩 3층
전화 | 031-955-0655
팩스 | 031-955-0656
홈페이지 | www.hanulmplus.kr
등록 | 제406-2015-000143호

Printed in Korea.
ISBN 978-89-460-7342-5 93340

이 저서는 2015년 대한민국 교육부와 한국연구재단의 지원을 받아 수행된 연구임.
(NRF-2015S1A5A2A03047798)